말씀묵상기도를 통한
청소년 분노 조절하기

말씀묵상기도를 통한
청소년 분노 조절하기

오윤선 저

예영 B&P

> 저자와의
> 협의에 의해
> 인지는
> 생략합니다.

말씀묵상기도를 통한
청소년 분노 조절하기

저자 · 오윤선

초판 1쇄 펴낸날 · 2011년 5월 10일
초판 2쇄 펴낸날 · 2011년 7월 5일

펴낸이 · 조석행
디자인 / 편집 · 차순주, 최지희
펴낸곳 · 예영 B&P
등록번호 · 가제 제 17-217호(1998. 9. 24)
주소 · 130-844 서울시 동대문구 장안1동 431-4번지 411호
T.02)2249-2506 F.02)2249-2508

총판 · 예영커뮤니케이션
T.02)766-7912 F.02)766-8934

ISBN 978-89-90397-41-6 93180

값 15,000원

■ 잘못 만들어진 책은 언제든지 교환해 드립니다. ■

머리말

　지속적인 분노감정은 마음과 육체를 상하게 할 뿐만 아니라 신앙성숙의 발목을 잡기도 한다. 하지만 분노조절이 쉽지 않기에 성경은 성(城)을 다스리는 것보다 어렵다고 표현하고 있다. 나 역시 치료의 과정을 통하여 현재 휴화산과 사화산의 경계에 있지만 과거에는 자타가 공인하는 활화산이었다. 성장 과정 속에서 아버지의 일방적이고 권위적인 양육태도가 억압이라는 방어기제를 양산하고 무의식 가운데 핵심감정으로 자리 잡게 되었기 때문이라고 생각한다.

　잦은 분노표출은 자신과 타인의 영혼과 육체에 피로감을 쌓이게 할 뿐만 아니라 정서적 상처를 남기게 한다. 오늘날 청소년들은 분노의 세대라고 지칭 될 만큼 감정이 격해 있다. 그리하여 최근에는 청소년 분노조절을 위한 다양한 방법들이 모색되고 있다. 그중에서 가장 많이 사용되고 있는 방법으로는 심호흡법과 명상, 심리치료방법으로써 인지행동치료 등이 있다. 하지만 이러한 방법들은 분노감정을 조절하는데 어느 정도 도움은 되겠지만 보다 본질적인 접근에는 미치지 못한 것으로 보인다. 왜냐하면 죄로 오염된 인간의 마음을 자력으로 비우고 조절한다고 하여도 그 비운 자리에는 또 다른 것이 다시 자리하기 때문이다. 그리고 인간의 이성 기능으로 내면의 역동을 어느 정도 통제할 수 있겠지만, 온전성을 잃어버린 인간의 이성으로는 비합리적인 생각을 합리적인 생각으로 바꾸는 데는 한계가 있다. 잠 4:20-23을 보면 지금의 모든 치유방법들은 성경의 해석본에 불과하다는 것을 알 수 있다. 하나님의 말씀은 본질적인 근원을 치료하고 NK세포(Natural Killer Cell)를 활성화시켜 몸속의 분노로 인한 독소를 제거하는 능력을 가지고 있기 때문이다.

본서가 나오기까지 오랫동안 심리학의 방법을 사용하여 청소년들의 분노문제를 해결해 오는 가운데 한계를 느끼고 고민하였다. 그리고 십대 때부터 시작한 신학작업을 통해 지성화된 사고의 틀을 깨고 순수한 하나님의 말씀의 젖을 사모하며 1차적으로 내 자신에게 적용하고, 여러 청소년에게 적용하는 임상과정을 거치게 되었다. 그리하여 본서는 분노세대인 청소년들에게 살아계신 하나님의 말씀을 음식을 씹듯 반복적으로 씹어 입 안에 가득 담고 가슴으로 내려 보내 깊이 묵상하며, 묵상된 내용을 가지고 성령 하나님을 의존하여 기도드리고 하나님의 만지시는 경험 속에서 분노의 쓴 뿌리가 녹아내리게 하는 맵(map)을 만들기 위한 시도이다. 이러한 시도는 이성적으로 용서할 수 없는 대상일지라도 용서하게 되며 활화산과 같은 분노감정이 휴화산이 되고 또 다시 사화산이 되어 예수 그리스도의 장성한 분량에 이르는 성숙함에 이르게 될 것이다.

본서의 내용은 전체 6장으로 구성되었다. 1장에서는 청소년들의 분노조절을 위한 현재까지의 다양한 시도들과 한계점을 진단하고 새로운 대안으로 말씀묵상의 필요성을 제시하였다. 그리고 2장에서는 과거는 길지만 실제적으로 짧은 청소년 연구의 현주소와 심리 및 신앙발달을 통한 청소년들의 역동을 피력하였다. 3

장에서는 분노의 일반적 이해를 돕기 위해 다양한 학문적 영역을 통한 접근을 시도했으며, 4장을 통해서는 청소년의 분노에 대해서 구체적으로 피력하였다. 5장에서는 말씀묵상기도에 대한 의미와 역사적 고찰 그리고 수행방법까지 제시하였고, 6장에서는 말씀묵상기도를 통하여 청소년 분노조절에 대한 프로그램을 구성하였으며, 임상을 실시하여 그 효과성을 검증함으로 객관화하였다.

바라기는 본서를 읽는 독자들이 좀 더 청소년들의 분노감정을 이해하고 공감하며, 그들의 분노감정을 조절하는데 도움을 줄 수 있는 기회가 되고, 청소년들을 지도하는 여러 현장에서 적으나마 도움이 될 수 있기를 소망한다.

어려운 여건 속에서도 매년 출판을 허락해주신 예영B&P 사장님과 직원들에게 깊이 감사드린다. 그리고 부족한 사람으로 하여금 학문에 눈을 뜨게 해주신 여러 은사님들에게 마음 속 깊이 감사를 드리며, 이 책이 나올 수 있도록 원고정리와 수정에 도움을 준 사랑하는 석·박사과정의 제자들과 표지 그림을 그려준 임경록 선생님에게도 진심어린 감사를 전한다.

그리고 바쁜 연구 활동 때문에 충분한 시간을 함께 하지 못함에도 아무 불평 없이 이해해주고 응원해주는 사랑하는 아내와 청소년 시기를 보내고 있는 나의 기쁨이 되는 세 자녀에게 미안함과 고마움을 전한다.

2011. 5. 2
밀알관 연구실에서
마음수선공 오윤선

◆ 머리말 · 5

 1장 청소년 분노조절을 위해서 말씀묵상이
왜 필요한가? · 13

1. 화가 난 세대 청소년 · 15
2. 청소년 분노조절의 시도와 한계 · 16
3. 청소년 분노조절을 위한 새로운 대안 · 17

 **2장** 청소년 역사와 문화 및 발달특성
이해하기 · 21

1. 청소년 역사와 문화 이해 · 23
2. 청소년 발달특성 이해 · 34

3장 일반적 분노 이해하기 · 53

1. 분노의 개념이해 · 55
2. 정신장애 진단체계에 따른 분노이해 · 58
3. 경험유형과 반응에 따른 분노이해 · 64
4. 분노의 심리학적 이해 · 72
5. 한국문화에서의 분노이해 · 95
6. 분노의 성서적 이해 · 98
7. 분노의 기능성과 역기능성 · 106

 4장 청소년 분노 이해하기 · 111

1. 청소년 분노의 특성 · 113
2. 청소년 분노의 원인 · 115
3. 청소년 분노조절을 위한
   선행연구 분석 · 118
4. 청소년 분노조절의 기독교 관점과
   말씀묵상기도 · 121

차례 **9**

5장 말씀묵상기도 이해하기 · 129

1. 말씀묵상기도의 의미 · 131
2. 말씀묵상기도의 역사적 고찰 · 133
3. 말씀묵상기도의 단계 · 152
4. 말씀묵상기도와 큐티(QT)의 차이점 · 167
5. 말씀묵상기도 수행 전 준비 · 168
6. 말씀묵상기도 수행 시 일반적 원칙들 · 171

 6장 말씀묵상기도를 통한 청소년 분노조절하기 · 175

1. 말씀묵상기도를 통한 분노조절 실행 · 178
2. 말씀묵상기도를 통한 분노조절 리트릿 · 183
3. 말씀묵상기도를 통한 분노조절 집단 프로그램 · 186
4. 말씀묵상기도를 통한 분노조절 프로그램의 효과 · 189

◆ 부록 · 201
　1. 귀고 2세가 묵상생활에 대해서
　　 제르바제에게 쓴 편지 · 203
　2. 분노유형 체크리스트 · 225
　3. 분노지수검사 · 228
　4. 청소년 분노측정을 위한 검사도구 · 232

◆ 참고문헌 · 243

◆ 찾아보기 · 266

제1장

청소년 분노조절을 위해서 말씀묵상이 왜 필요한가?

1. 화가 난 세대 청소년
2. 청소년 분노조절의 시도와 한계
3. 청소년 분노조절을 위한 새로운 대안

chapter 1
청소년 분노조절을 위해서 말씀묵상이 왜 필요한가?

1. 화가 난 세대 청소년

분노감정은 인생주기 가운데 가장 급격한 변화를 경험하는 청소년들에 있어서 흔히 경험되고 쉽게 표현되는 정서이다(G. Keith Olson, 1984). 이러한 청소년들을 바라보는 많은 기성세대들은 이들을 화가 난 세대로 지칭하기도 하고, 청소년들의 모습을 어디로 튈 줄 모르는 '럭비공' 또는 조금만 건드려도 터지는 '폭탄'에 비유하기도 한다.

비록 청소년들의 감정의 동요와 기분변화가 충분히 이해될 수 있는 자연스러운 것일지라도 정도를 지나쳐서 분노감정을 역기능적으로 터트린다거나 공격적인 행동을 일삼는 것은 병리적인 수준에 이른 것으로써 순기능적인 조절능력이 배양되어야 할 사안으로 이해할 수 있다.

최근 들어 정부와 사회단체의 많은 노력에도 불구하고 우리 사회에서의 청소년 폭력은 해를 거듭할수록 증가하고 있으며, 청소년 범죄는 날로 조직화, 흉포화, 연소화 되면서 사회적 문제로 크게 대두되기에 이르렀다. 그리고 많은 학자들이 청소년들의 분노감정을 조절하기 위한 방안 마련을 위해 노력하고 있지만 아직까지 뚜렷한 성과가 없는 것으로 보고되고 있다.

이러한 청소년들의 여러 형태의 폭력행위와 역기능적 분노감정 표출은 학교와 가정은 물론이고 교회 안으로까지 밀려오고 있지만, 교회가 이에 따른 효율적인 대안을 갖지 못하고 있는 것이 현실이다.

만일, 다양한 요인에서 비롯되는 청소년들의 분노감정 조절에 대해서 구체적인 방안을 제시하지 못하게 된다면 청소년의 폭력은 더욱 증가할 것이고, 신앙생활 또한 메마르고 무기력해지며 영적 침체기를 맞게 될 것이다(최명희, 2007).

2. 청소년 분노조절의 시도와 한계

최근까지 조사된 청소년들의 분노조절을 위한 선행연구들을 살펴보면, 절대다수가 노바코(Novaco, 1976)의 연구를 기본으로 한 인지행동치료적 접근(Bistline & Frieden, 1984; Novaco, 1986; Feinder & Ecton, 1986; Kadzin, 1987; Goldstein & Glick, 1987; Dangel & Deschner, 1989; Guerra, 1990; Crick & Dodge, 1996; Sherri & Enenencio, 1999; Deffenbacher & Mckay, 2000; Beck, 2000; 강신덕, 1997; 천성문, 1999; 임소영, 2000; 태상록, 2001; 이성식, 2003; 이은주, 2008)과 공격성 대체훈련프로그램(Goldstein

& Glick, 1994)이 대세를 이루고 있음을 본다.

청소년들의 분노문제는 기독교 청소년들에게도 예외가 될 수는 없다. 그러므로 교회 안에서도 효율적인 분노조절 프로그램이 필요하지만 아직까지 우리나라에는 마땅한 프로그램이 없는 실정이다. 그리고 미국에서 실시된 기독교 청소년들을 대상으로 하는 분노조절 프로그램 또한 일반 인지치료에 근간을 두고 있기에 '기독교'라는 단어를 붙인 것 외에는 일반 심리치료와 크게 다르지 않음을 알 수 있다(Mark P. Cosgrove, 1988; Josh McDowell & Bob Hostetler, 1996; Tim LaHaye & Bob Phillips, 2002).

오늘날 가장 많이 활용되고 있는 인지행동치료모델에 근거한 청소년 분노조절 프로그램들은 분노감정의 각성(arousal) 조절, 인지재구조화, 친사회적 행동을 위한 프로그램으로 의미가 있지만, 심리치료를 통한 부정적인 감정의 문제해결은 이미 1980년대부터 한계가 있다는 것이 서구에서 주장되어 왔다. 그리하여 서구에서는 치료 대안으로써 동양종교, 초월심리학, 신비주의 등과 같은 다른 대용물이 나오게 된 것이다. 그러나 기독교적 입장에서 볼 때, 이러한 방법들은 다원주의적이거나 뉴에이지적인 시도들로써 잘못된 영성의 길을 추구하고 있는 것임을 알 수 있다.

3. 청소년 분노조절을 위한 새로운 대안

이러한 상황 가운데 최근 들어 기존의 여러 심리적 방법의 한계를 극복해보고자 구미(歐美)를 중심으로 청소년들을 위한 영적지도 또는 영성훈련에 대한 관심이 높아가고 있음은 매우 의미 있는 일이라고 생각된다. 하지만 아쉽게도 성인들을 위한 영성훈련에 비하면 청소년들을 위한 접근은 아직까지는 미흡한 실정이다 (Mark Yaconelli, 2007).

한국교회에서는 지난 10여 년 동안 기독교 청소년들을 대상으로 겨울 및 여름방학 그리고 특별기간에 대중집회를 통하여 영성회복과 내적치유를 도모하기 위해서 많은 선교단체와 지도자들의 수고가 있었다. 그러나 집회에 참석했던 청소년들의 삶은 이전과 비교해 볼 때 크게 변화되지 않는가 하면, 갈수록 교회를 떠나는 청소년 숫자도 증가하고 있는 실정이다. 이러한 현상은 기독교 청소년 단체와 교회 지도자들이 추구하는 영성훈련이 개개인의 영적 성숙보다는 감성세대들의 심리적 환기와 신앙적 분위기를 형성하는데 초점이 주어진 것에서 문제 요인을 찾아 볼 수 있다. 이는 한국 청소년 지도자들이 영적으로 메말라 있는 청소년들을 위해 체계적이고 지속적으로 대처하지 못함에서 비롯되었다고 볼 수 있다. 그리고 한국교회와 지도자들이 성서에 대한 중요성을 강조하고 있지만 말씀에 대한 지나친 지성화 작업과 학문적인 접근으로 정작 삶과는 괴리감을 가지게 했기 때문이기도 하다.

그러므로 영적 전쟁의 마지막 시대(The Last Era of Spiritual Warfare)를 맞이하여 그 어느 때보다 부정적 분노감정 문제에 봉착해 있는 청소년들을 위해서 성서를 통한 근본적인 접근이 필요하다고 하겠다. 왜냐하면 하나님께서는 신·구약성서를 통해서 분노에 대해 수없이 반복하여 말씀하시고 성령 하나님과 함께 할 때 충분히 조절이 가능함을 말씀하고 계시기 때문이다(약 1:18-21; 갈 5:22-23). 특별히, 청소년들의 다양한 역동 속에서 치솟는 분노는 말씀묵상기도를 통해서 효율적으로 조절할 수 있다고 본다.

지금까지의 연구에서 보면, 말씀묵상과 기도는 스트레스, 불안, 분노 증상을 완화시키는 심리적 유익을 주며(Baker, 2002; Delmonte, 1987; Sacks, 1979), 분노감정을 가라앉히고 긍정적인 에너지를 가지게 할 수 있다고 하였다(허성준, 2005).

나아가 말씀묵상기도를 통한 영적훈련은 성숙에 목표를 두며 하나님과 함께 하는 삶을 지향하기 때문에 청소년의 분노감정에 대한 일시적 조절이 아닌 지속적 조절을 가능하게 해줄 수 있다. 또한 기복적이며 요청적인 기도의 형태에서 벗어나 청소년들을 더욱 내적으로 성숙하게 할 수 있다고 본다(David Benner, 1998).

제 2 장

청소년 역사와 문화 및 발달특성 이해하기

1. 청소년 역사와 문화 이해
2. 청소년 발달특성 이해

chapter 2 청소년 역사와 문화 및 발달특성 이해하기

1. 청소년 역사와 문화 이해

1) 고대와 중세시대 청소년 이해하기

청소년은 인류의 첫 출발과 함께 시작되었기 때문에 어느 시대, 어느 사회에서도 존재한다. 고대 문명사회에서도 청소년들에 대한 논의가 이루어진 것은 시대와 상관없이 그 시기만의 독특성 때문이라고 할 수 있다.

인간의 전 생애발달과정 중 청소년기에 대한 관심을 시대별로 살펴보면 먼저, 고대 희랍 시대로 거슬러 올라간다. 초기 희랍시대에 청소년의 본질에 대해서 언급한 대표적인 학자는 플라톤(Platon, 427-347 B.C)과 아리스토텔레스(Aristoteles, 384-322, B.C)를 들 수 있다. 플라톤은 청소년기의 중요성에 대해서 인간의 이성 발달 가운데 가장 높은 차원의 초기 발달이 이 시기라고 하였다. 그리고 그의 제자 아리스토텔레스는 인간발달 단계를 구체적으로 기술한 최초의 사람으로 청소년에 대해서 나이에 따른 발달특성의 차이를 구분하였다. 청소년 초기는 불안정하고 인내심이 부족하며 자기통제능력도 부족하지만, 후기 청소년기인 21세경에 이르러서는 자기통제능력이 많이 개선되어진다고 하였다.

중세(A.D. 400-1400)는 인간발달에 있어서 매우 편협한 시각이 지배적이었다. 그 결과 청소년에 대한 사회적 시각은 매우 냉소적이고, 비인격적인 존재로 취급되었다. 중세기에 청소년은 '축소된 성인'(miniature adult)으로 간주될 뿐만 아니라 엄격한 교리주의 전통은 사춘기 청소년들의 행동을 악령이 내재되어 있다고 보고 혹독한 훈육과 체벌, 노동을 통해 악령을 몰아내야 한다는 생각을 하였다(Rolf E. Muuss, 1986).

2) 근대시대 청소년 이해하기

청소년에 대한 사회적 관심은 19세기 후반부터 높아지게 되었다. 그 이유는 그들이 차지하는 사회적 영향력이 커지고, 인구 비례의 증가로 인한 청소년 계층이 증가하면서 청소년 문제는 사회문제로 대두되었기 때문이다. 그로 인하여 이들에 대한 과학적 연구의 필요성을 갖게 되었다. 즉, 초기 산업 사회 당시에는 특정 부유층을 제외한 일반 아동들은 생산 활동에 반드시 참여해야 했기 때문에 청소년기라는 단계가 굳이 필요하지 않았다. 그러나 산업화, 도시화, 교육기간 등의 연장으로 인하여 청소년들에 대해 큰 관심을 갖게 되었다.

그 이후 근대적 관점에서 청소년기의 개념을 처음으로 정립한 사람은 프랑스의 자연주의 철학자 루소(Jean-Jacques Rousseau, 1712-1778)이다. 특히, 루소는 아동과 청소년이 성인과 동일하게 취급받아서는 안 되는 신념을 펼치는데 주력하였다. 그는 저서 『에밀』(1762)에서 아동과 청소년은 '축소된 성인'이 아니라 '독립된 인격체'라고 주장하였고, 청소년기는 자기만의 가치와 장점을 정립하여 재탄생(rebirth) 혹은 제2의 탄생(the second birth)을 경험하는 시기라고 하였다(오윤선, 2010).

3) 청소년에 대한 학문적 논의

1890년부터 1920년 사이에 심리학자, 도시개혁자, 교육학자, 청년사업가, 상담자들 사이에서 현재 사용하고 있는 청소년이라는 개념이 창안되고, 학문적 연구가 시작되었다. 이 가운데 '청소년학'을 학문적으로 정립하는데 크게 공헌한 학자는 미국의 심리학자 홀(Stanley Hall, 1844-1924)이라고 볼 수 있다. 홀은 넓게는 찰스 다윈(Charles Darwin)과 좁게는 루이스 헨리 모건(Lewis Henry Morgan)의 진화론에 영향을 받아 『청년기』(1904)라는 두 권의 저서를 출간하며 청소년에 대한 개념을 정립시켰다. 그리고 홀은 청소년을 포함한 인생의 발달과정을 반복이론(theory of recapitulation)으로 전개하였다. 그뿐만 아니라, 홀은 1770년에서 1780년에 걸쳐 독일에서 계몽주의 사조에 반항하면서 일어난 슈투름 운트 드랑(Sturm und Drang) 문학운동의 기수였던 괴테(Johann Wolfgang Goethe, 1749-1832)와 실러(Friedrich von Schiller, 1759-1805) 등이 많이 사용한 '슈투름 운트 드랑'이라는 용어를 청소년에 처음 적용하여 표현했다. 그의

"청소년기는 야만인이 문명인이 되기 위한 과정으로 질풍노도(storm and stress)라는 현상이 불가피하게 나타난다"라고 하는 표현은 전 세계에 청소년기를 대표하는 고정관념으로 자리잡게 되었다(Rolf E. Muuss, 1996).

그리고 미드(Margaret Mead, 1901-1978)는 홀에 의해서 주장된 청소년에 대한 생물학적인 관점에 대한 검증 연구를 시도하는 과정에서 청소년들의 차이는 생물학적인 원인보다는 문화 환경적 요인이라고 주장하였다. 이외에도 청소년을 설명하는 이론 가운데는 프로이드(Sigmund Freud, 1856-1939)와 안나 프로이드(Anna Freud, 1895-1982)에 의한 정신분석학적 조망과 에릭슨(Erik Erikson, 1902-1994)에 의한 심리/사회학적 조망, 반두라(Albert Bandura, 1925-)와 셀만(Robert Selman, 1942-)에 의한 사회인지적 조망, 설리반(Harry S. Sullivan, 1892-1949)에 의한 대인관계적 조망, 레빈(Kurt Lewin, 1890-1947)과 브론펜브레너(Urie Bronfenbrenner, 1917-2005), 러너(Richard M. Lerner, 1946-)에 의한 맥락적 조망 등이 있다.

4) 서구와 미국사회의 청소년 이해하기

1890년부터 1920년 사이에 청소년에 대한 개념은 여러 학자들에 의해서 주장되었고, 이 시기에 미국의 경우에는 모든 주에서 청소년 관련법이 많이 제정되고 실행되게 되었다. 그리고 1920년에서 1950년까지 30년 동안 청소년들은 복잡한 변화와 사회적 지위가 달라지는 현상이 생겼다. 1920년 쾌락주의를 추구했던 청소년들에게 1930년대 대공항과 1940년대 제2차 세계대전의 발발은 그들의 삶을 위협하는 심각한 문제들이 부과되었다. 하지만 1950년대 미국의 모든 주에서 16세와 18-20세 사이의 청소년을 대상으로 특별법이 제정되면서 많은 청소년들이 대학을 진학하게 되었다. 1960년대 말부터 1970년대 초에는 청소년의 정치적 저항운동이 일어났는데, 당시 미국의 비합리적인 베트남전쟁 개입이 이슈가 되면서부터이다. 1970년대는 청소년들이 교육을 통해 성취 지향적 직업이나 지위 상승적 직업에 관심을 갖게 되었고, 물질적 관심이 청소년들의 동기를 지배하기 시작하였으며, 여성에 대한 관심의 비중이 높아졌다(한상철, 2008).

5) 한국의 청소년 이해하기

한국의 근대사에서 청소년은 가족의 일원에서 '학생'이라는 독자적인 위상을 갖게 되면서부터 큰 의미를 갖는다고 할 수 있다. 소수의 선택된 청소년들만이 '학생'에 속할 때 주변적인 범주에 속한 청소년들은 '근로 청소년'으로 구분 되었고, 1970년대에 국가는 이들에게 '산업역군'이라는 이름을 붙여주었다. 하지만 1980년대에 근대화가 지행하면서 다수의 청소년이 진학하게 되어 학생 청소년과 근로 청소년이라는 구분은 성립되지 않았다. 다수의 청소년이 학생이 되면서 나타난 현상은 '착한 청소년'과 '비행 청소년'으로 분류되었다. 그리고 1980년대 중·고등학교에서 강압적이고 통제 일변도의 학교 분위기가 형성되면서 청소년은 '공부하는 사람'으로서 학교에서 공부를 잘하는 학생은 모범생으로 인식되고, 공부를 못하거나 포기한 자는 열등생, 부적응자, 비행자로 분류되었다(조혜정, 1999).

하지만 1990년대 전후에 본격적인 소비자본주의 체제가 진행되면서 청소년은 '소비자'라는 이름으로 전환되기 시작하였다. 그러면서 학교라는 울타리와 학생이라는 신분으로부터 이탈하는 청소년들이 생겨나기 시작하였다. 그리고 청소년들은 더욱 개인화, 파편화되었고, 아이돌의 시초인 서태지와 아이들의 등장은 신세대 청소년의 새로운 패러다임을 형성했다고 할 수 있다. 이들은 1972년생 남성 3인조 그룹으로 트로트와 발라드가 가요중심에 있을 때 랩 댄스, 힙합, 리듬앤블루스를 적절히 혼합시킨 기법으로 단 순간에 10대의 우상과 더불어 문화 대통령이 되었다. 이들은 기존의 사랑타령을 벗어나 파격적인 가사로 수동적인 음악 청취층인 10대를 능동적 구매층으로 변화시켜 4장의 앨범을 400만장까지 파는 진기록을 세운 것이다. 이와 같이 서태지와 아이들을 필두로 시작된 신세대들의 대중문화 침투는 기존의 청소년들과는 다른 자유분방한 가치관과 소비성을 지닌 세대로 인식되었다.

현대 청소년들의 두드러진 특징 중 하나는 문화 코드(code)와 아젠다(agenda)가 빠르게 바뀌는 것인데, 현재까지 신세대 청소년들을 지칭하는 신조어는 이름을 모두 거론할 수 없을 정도로 다양하게 바뀌고 있음을 본다(오윤선, 2010).

(1) 한국의 신세대 청소년

세대론의 권위자인 미국 브라운대학의 데이비드 커처(David Kertzer) 교수는 세대를 연령 효과(age effect)와 코호트 효과(cohort effect: 사회, 역사 경험 공유 효과)에 따라 구분했는데, 이러한 관점에서 신세대 청소년들에게 붙여진 몇 가지 명칭들을 정리하면 다음과 같다.

신세대들에게 가장 먼저 붙여진 명칭은 1993년 11월 23일 방송 3사 전파를 통해 아모레 신세대 화장품 '트윈엑스'라는 광고가 안방에 침투하면서 지칭된 X세대이다. 당시 X세대의 대중문화로의 '침투'는 자유분방한 가치관과 소비성 때문에 기성세대인 베이비붐 세대에게 비난의 대상이 되었다.

X세대에 뒤이어 Y세대가 등장했는데, 이들은 자신들의 가치를 믿는 세대로 어릴 때부터 컴퓨터에 익숙한 세대였다. 그리고 알파벳의 마지막 글자인 Z를 사용하여 "20세기 마지막 세대"란 뜻이 담긴 Z세대와 네트 제너레이션(Net Generation)인 N세대, 이동통신의 발달로 움직이면서 e-메일을 주고받는 세대로 휴대폰으로 전자우편을 보내는 등 모바일 컴퓨팅(mobile computing)을 활용하는 M세대, 사이버(Cyber)세대, 푸른색(Green)과 세계화(Global)를 뜻하는 G세대, 스스로 사업체를 일으켜 경영인이 되고 싶어 하는 E(Enterpriser)세대가 등장하게 되었다. 이외에도 2002 한-일 월드컵을 통하여 나타난 W세대, Participation(참여), Passion(열정), Potential Power(힘)로 상징되는 P세대, 휴대전화나 인터넷으로 언제, 어디서나 정보를 공유하면서 서로의 존재를 확인하고, 또 이를 통해 삶의 가치를 찾는다는 측면에서 유비쿼터스(Ubiquitous)세대, 디지털 노마드(Nomad)세대, Na세대, 유비노마드(Ubi-Nomad)세대, Neo W세대 등이 존재한다. 과거 한 세대를 30년이라고 구분하며 '동시대'에 방점이 놓인 generation의 의미는 이제 '동질성'에 방점이 찍힌 class로 이해되면서 신세대의 패러다임은 다양하고 빠르게 바뀌어오게 되었다. 특히 최근에는 인터넷과 모바일을 통해 자신들만의 차별화된 의사소통을 이루어 온 청소년들로 인해 웹 1.0에서 2.0으로 전환의 속도가 불과 몇 년 사이에 이루

어지는가 하면 이제는 웹 3.0시대의 도래로 인해 신세대들의 소통문화는 또 다른 현상으로 나타날 것으로 보인다.

(2) 웹 3.0시대와 청소년

웹 1.0시대의 청소년들은 인터넷에서 문자, 영상, 음성 등을 표현함으로 자신의 의사소통을 기성세대와 차별화시키며 표현해 왔다. 그리고 웹 2.0시대에 이르러서는 싸이월드나 마이스페이스 등과 같이 참여(participation) · 공유(sharing) · 개방(openness)의 명분을 통해 새로운 가치를 창조하는 '플랫폼으로서의 웹'(Web as a Platform)에서 자신들의 생각과 개성을 마음껏 표출해 왔다. 그런데 2006년 뉴욕타임즈 기자 존 마르코(John Markoff)가 처음 사용한 웹 3.0시대의 도래에 따라 청소년들의 소통문화는 차원을 달리하는 새로운 장르가 창출되었다. 웹 3.0은 컴퓨터가 정보자원의 뜻을 이해하고 논리적 추론까지 함으로써 이용자의 패턴을 추론해 사용자가 꼭 필요로 하는 서비스를 제공할 수 있는 지능형 웹을 뜻한다. 사용자가 원하는 정보 즉, 직관적인 경험을 제공하는 시멘틱 웹(Semantic Web) 기반 하의 지능형 웹을 의미하는 것이다. 시멘틱 웹은 필요한 정보를 웹사이트나 데이터베이스, 소프트웨어 등 어디에서나 찾을 수 있는 기술로 웹이 하나의 거대한 데이터베이스로 변화함을 의미한다. 그러므로 웹 3.0은 도처에 널려 있는 컴퓨터들을 심레스(Seamless) 네트워킹으로 연결하여 인간중심의 정보서비스를 제공한다. 이에 따라 웹 3.0은 유 · 무선 이동통신의 통합과 방송 등 각종 미디어의 융합, 통합, 급속한 유비쿼터스화로 모든 정보의 접합이 가능해지며, 지능형으로 발전됨으로써 개인과 조직의 상호적 작용이 원활해지는 환경이 완벽하게 구현됨으로 사람, 기계, 사물 등이 모두 ID로 교신하는 융합과 연계한 환경이 된다. 다시 말해서, 미래의 인터넷과 네트워크는 실제세계의 물리공간과 상호 연동하면서 더욱 더 지능화되고, 인간의 삶과 밀접하게 연계되면서 보다 인간적으로 개인마다 처한 상황과 필요에 따라 스스로를 추론해 제공할 수 있는 상황이 이루어진다는 것이다. 지금 스마트폰의 경우 이러한 웹 3.0에 근간을 둔 흐름과 일맥상통하며, 스마트폰 시대를 기점으로 세력을 확장하기 시작한 소셜 네트워크 서비스는 지금 세상을 바꾸고 있음을 볼 수 있는데, 미래세대 청소년들의 학습 환경은 물론 생활환경과 문화가 새롭게 창출될 것이며 새로운 사회 현상이 도래할 것으로 보인다.

(3) 소셜 네트워크 서비스와 청소년 문제

새로운 소셜 네트워크 서비스 패러다임에 따른 순기능과 더불어 역기능적인 요소 또한 적지 않을 것으로 보인다. 단적으로 하루 평균 2천 940억 건의 이메일 가운데 89.1%인 2천 620억 건이 스팸메일이라는 사실 속에서 그 예를 찾을 수 있다. 스팸메일은 성인과 청소년 구분 없이 무차별적으로 보내진다. 그리고 SNS 사용자 80.1%가 악성댓글, 불건전 정보, 부정확한 정보 등으로 피해를 경험하였다는 보고 속에서 청소년들에게 미치는 영향 또한 적지 않을 것으로 볼 수 있다.

첫째, 소셜 네트워크는 공감이 없는 차가운 친밀감으로 청소년들을 더욱 황폐화시킬 수 있는 개연성을 가지고 있다. 소셜 네트워크는 사람과 사람을 이어주기에 마음만 먹으면 수백 명 혹은 그 이상의 사람들과도 알고 지내는 것이 가능하다. 하지만 소셜 네트워크는 몸을 중심으로 한 '직접적인 접촉'이 아닌 디지털이라는 도구를 통한 '간접적인 접촉'으로, 고리가 약해서 여차하면 끊기기 십상인 '차가운 친밀함'(cold intimacy)이라고 할 수 있다. 현대인들은 사람들 사이를 이어주는 각종 통신장비로 무장해 있기는 하지만, 갈수록 마음을 터놓고 지낼 수 있는 진정한 친구가 없어서 외롭고, 고민을 의논할 상대 또한 없는 경우가 허다하다. 왜냐하면 소셜 네트워크 서비스가 많아질수록 직접적인 접촉은 사라지기 때문에 청소년들의 소통의 도구라고 생각하는 디지털이 오히려 그들의 고립을 증가시키고, 인간적인 소통을 방해하는 요소가 되는 것이다. 따라서 역설적이게도 소셜 네트워크를 자주 이용하는 청소년일수록 타인과 공감하는 능력이 떨어질 수밖에 없다. 영화 '소셜 네트워크'(데이빗 핀처 감독)를 보면, 페이스북의 개발자인 주인공은 전 세계 최연소 억만장자로 5억 명의 친구를 만들었지만 가장 친한 친구를 잃게 되는 아이러니한 상황을 보여준다. 이는 현대인이 직면한 인간관계의 위기를 대변한다고 하겠다. 하루 종일 누군가와 연락하고, 메시지를 주고받지만 결국엔 아무도 없는 아이러니를 이 영화에서 엿볼 수 있다.

　소셜 네트워크 시대의 청소년들은 웹상에서 오래 두고 뿌리를 내리는 것이 아니라 빨리 확장되고 어우러지기를 원한다. 그러므로 그들의 '관계'는 넓지만 얕고, 지극히 필요에 의한 성질의 것으로 바뀌어 가기에 더욱 군중 속의 고독과 소외를 느낄 수밖에 없게 된다.

　둘째, 소셜 네트워크는 청소년들에게 집착과 피로감을 증가시킬 수 있다. 청소년들은 현실에서는 대화의 기회가 없는 자신이 좋아하는 연예인을 SNS 공간에서 친구로 사귀며 출연작 평가를 하고, 상상할 수 없을 만큼 빠르게 직접 대답을 듣기도 한다.

이러한 매력 때문에 청소년들은 쉽게 디지털 인맥 늘리기에 집착하게 된다. 하지만 SNS 공간에서 활동하는 자아는 실제 생활의 자아와 일치하지 않으며 디지털 인맥 집착은 현실 도피, 디지털 공간에서의 소외감, 필요 이상의 사생활 노출 등 다양한 병리 현상을 초래한다. 그리고 갈수록 더 확대된 대화 채널, 디지털 인맥 관리를 하다보면 더 많은 시간과 노력을 들여야 하므로 학업 스트레스와 더불어 피로감은 더 증폭된다. 최근 상담 가운데 소셜 네트워크에 중독된 청소년을 만나게 되었는데, 그는 하루 4-5시간 많게는 7-8시간까지도 소셜 네트워크 서비스를 이용한다고 하였다. 늘 혼자 외롭게 지내는 이 청소년의 경우 소셜 네트워크 서비스가 학업을 소홀하게 하고 일상에 많은 문제를 야기하는 사례라 할 수 있다.

셋째, 소셜 네트워크는 청소년들의 개인정보 유출을 통한 위기 상황을 도래할 위험성을 지닌다. 청소년들이 SNS 공간에서 거리낌 없이 개인정보가 드러나는 대화를 나누고 있기에 흥신소 업체나 개인정보 사냥꾼들의 표적이 될 수 있다. 아직까지 국내에서는 SNS를 이용한 범죄 사례가 두드러지게 눈에 띄지는 않고 있지만 외국사례에서는 매우 위험한 현상이 나타나고 있음을 볼 수 있다. 지난해 영국의 일간 텔레그래프 보도에 따르면, 범죄 전과자 50명을 대상으로 설문조사를 한 결과 68%가 "범죄를 저지르기 전 대상자에 관한 정보를 검색한다"고 답했으며, 이 중 12%는 놀랍게도 정보 검색에 트위터 등 SNS를 이용하는 것으로 나타났다.

2. 청소년 발달특성 이해

1) 청소년의 심리발달 특성에 따른 이해

발달심리학적인 측면에서 청소년기는 12-13세부터 시작하여 23-24세까지 청소년 전기, 중기, 후기로 구분 되는데, 시기별 발달특성을 특징과 문제별로 살펴보면 다음과 같다(Katz K. Keniston, 1970).

(1) 급격한 신체변화

청소년기는 다른 발달 주기와 쉽게 구별될 만큼 급격한 신체변화를 보인다. 신장과 체중이 증가하고 체형이 변화하며 제2차 성징이 나타나서 이제까지의 아동기의 모습에서 벗어나 어른이 되어 가는데, 이러한 신체적 변화로 말미암아 감정조절에 어려움을 겪는다. 청소년의 급격한 신체변화는 유전, 영양상태, 계절, 기후, 인종 등에 따라 어느 정도 영향을 받기도 하지만 모든 인류에게 보편적으로 일어나는 현상이라고 할 수 있다.

우리나라의 경우 과거보다 양질의 영양 공급과 물리적인 조건이 혁신적으로 개선되면서 성장의 시기가 앞당겨짐으로 인해 1970년대 중·고등학생들이 겪는 문제가 현재 초등학교에서 일어나고 있음을 볼 수 있다. 특히 전기 청소년들의 급격한 신체변화는 신체적 불균형을 가져오기 때문에 이 시기의 청소년들은 자신들의 정상성을 의심하는 등의 심각한 고민에 직면하게 되고, 외모에 대한 열등감 및 스트레스와 분노감정을 갖기도 한다. 예를 들면, 사춘기 청소년들에게 여드름은 일시적인 것이기는 하지만 열등감과 고통스러움을 준다. 사춘기 때는 피지선으로부터 피지의 분비가 증가하여 때때로 모공을 막아 염증을 일으키는 경우가 흔하다. 그리고 청소년들의 좋지 못한 식습관, 사회적 불안이나 긴장은 이것을 가속화시킬 수 있고 간혹 얼굴에 흉터를 남기기도 한다. 자신의 외모에 민감한 청소년들에게 여드름은 사회적 불안을 만들어 내기도 한다. 고등학교 1학년 학생들 중에서 절반 이상의 남녀 학생들이 여드름이 있다고 보고했으며, 51%의 남학생과 82%의 여학생이 여드름 때문에 고민을 했다. 대체로 여학생이 남학생보다 신체에 대해 민감하고 관심이 많음을 볼 수 있다.

또 다른 예로 비만은 한국청소년들에게 있어서 자존심을 저하시키고 부정적인 신체상을 갖게 하며, 열등감과 우울증에 시달리게 하는 등 심리 · 정서적 발달에 부정적인 영향을 미친다. 비만의 역기능적 현상으로 청소년 식욕부진증(anorexia nervosa)과 신경성 폭식증(bulimia nervosa)과 같은 섭식장애(eating disorder)가 나타나기도 한다. 섭식장애 가운데 신경성 식욕부진증(anorexia nervosa)은 음식과 체중에 대한 강박관념을 보이는 정서장애로, 95%가 여성이고 12-18세 청소년이 절대다수이다(한상철, 2007). 신경성 식욕부진증은 생명을 위협할 정도로 심각한 여러 가지 신체적 합병증은 물론 우울증, 정신장애, 성장장애 그리고 사회활동에 많은 영향을 미칠 수 있다.

청소년 신경성 폭식증은 우울증과 불안장애가 동반되는 경우가 흔한데 분노, 우울, 불안, 외로움 등으로 인해 폭식을 하게 된다. 특히, 청소년 신경성 폭식증 환자들 중에는 경계선 성격장애나 히스테리성 성격장애가 많다. 이러한 성격장애의 두드러진 특성은 정서적으로 매우 불안정하고, 다른 사람들과 깊이 있는 관계를 맺지 못하고, 피상적이며 자신이 타인에게 사랑받을 수 있는 존재인 지에 대한 확신이 결여되어 있어 자기애(self-love)가 부족하고, 충동적으로 자해 행위를 보일 위험이 높은 점이다(오윤선, 2008).

(2) 더욱 빨라진 성 발달

청소년기에는 신장이나 체중 증가뿐만 아니라 내분비선(endocrine gonads)도 급격한 성장을 나타낸다. 청소년기의 성 발달을 초·중·후기로 구분해 살펴보면 다음과 같다.

첫째, 청소년 초기 여자의 경우는 여성호르몬(estrogen)이, 남자의 경우에는 남성호르몬(androgen)이 서서히 증가하기 시작하여 신체적인 급성장과 더불어 성기는 성인의 크기와 모양으로 변한다. 그리고 여자의 경우는 첫 월경이 시작되고 남자는 성숙한 정자가 소변에 검출된다. 이러한 일련의 변화는 생물학적, 유전적 요소에 의하여 거의 모든 청소년들에게 자연의 법칙에 따라 일어나는 현상이다(P. S. Kaplan, 2004). 이 시기에 청소년들은 변화하고 있는 자신의 모습과 성적 충동의 증가를 자연스럽게 받아들이는 것이 중요하다. 또한 성적 충동을 어떻게 해결하는가는 중요한 발달 과제중 하나이다.

둘째, 청소년 중기는 중학교 2, 3학년-고등학교 1, 2학년에 해당되는 시기로 성적으로 성숙했음을 인정하게 되고, 이에 따르는 성적 역할에 신경 쓰게 된다. 이 시기에는 이성에 대하여 많은 관심을 가지고 교제를 희망하게 되며, 성적 정체성이 완성되는 시기라고 할 수 있다. 이 시기에 성적 정체성이 불확실하면 성을 완전히 부정해 버리려는 생각이나 행동을 할 수 있다. 성 정체성이 불분명하기 때문에 오히려 이에 대한 실험으로써 이성친구와 좀 더 많이 사귀고 자기가 꼭 원해서가 아니더라도 성적인 접촉이나 행동을 하게 되는 경우가 있다.

셋째, 청소년 후기는 고등학교 3학년-대학생에 해당되는 시기로 자아 정체성의 완성을 이루기 위한 변화가 일어나며, 이로 인한 불안, 초조 등을 경험하게 된다. 자아 정체성을 갖기 위해서는 성적 정체성이 잘 형성되어야 하는데, 성적 정체성이 안 생겼거나 문제가 있을 경우 자아 정체성의 형성에 지장을 초래한다. 이뿐만 아니라 자아 정체성에 문제가 있을 때, 이는 성적 행동이나 성에 관한 정서적인 반응에 큰 영향을 끼쳐서 성적 이탈행동, 성에 대한 비정상적인 개념과 태도를 지속하게 된다.

과거에 비하여 오늘날 청소년들의 성 발달은 신체발달과 더불어 앞당겨지고 있어 초기 청소년시기부터 성 충동과 정서적 혼란을 겪게 된다. 이에 따라서 상당수의 청소년들이 아름다운 성을 배우기 전에 인터넷을 비롯하여 다양한 채널을 통해서 역기능적인 성을 먼저 배운다. 한국성폭력 상담원 조사에 의하면, 우리나라 청소년들의 성 지식은 60%가 사이버에서, 20%는 친구들을 통해서, 10%는 음란 영화나 잡지를 통해서 그리고 10%는 학교단체의 설명회를 통해서 얻게 된다고 한다. 최근 청소년들은 성에 대하여 개방적이고 책임성이 결여된 태도와 행동을 보임으로 혼전 성관계의 증가와 더불어 미혼모의 증가 등 성 일탈의 일면을 보여주고 있다. 이러한 청소년 성 일탈 행동은 성폭력과 자아존중감 상실, 고립화 등의 문제를 유발시켜 청소년의 정신건강을 해치는 결과를 가져오게 한다(오윤선, 2008).

청소년들은 자신의 성적 고민거리를 친구와 상담하는 경우가 53.5%인 반면, 부모와의 상담은 5.7%로 전문적인 상담이 이루어지고 있지 못하는 실정임을 알 수 있다(오윤선, 2008). 최근 연구결과에 의하면, 남학생이 여학생 보다 성적 욕구가 8배가량 높고, 고등학생이 중학생보다 2배나 더 충동을 느끼는 것으로 조사되었다. 무분별한 청소년들의 성행위로 미국은 1년에 100만 명 정도의 10대 미혼모가 생겨나고 있으며, 10대 미혼모는 보통 아동·청소년 보다 자살률이 7배 높은 것으로 조사되어 사회적으로 큰 문제가 되고 있다(오윤선, 2008).

(3) 현저한 인지발달

청소년기는 지적 발달과 인지발달에 있어서 양적인 면뿐만 아니라 질적인 면에서도 현저한 성장을 보인다. 양적인 증가란 전 단계인 아동기에 비해 훨씬 용이하고 빠르게, 그리고 효율적으로 지적 과업을 성취하는 것을 말하고, 질적 증가란 인지과정에서의 변화로 추상적인 사고, 가설적·연역적인 사고, 은유에 대한 이해가 가능해지는 것 등을 말한다.

피아제(Jean Piaget, 1896-1980)의 인지발달 단계에 기초할 때 청소년은 형식적 조작기에 해당되는 만큼 가설적 사고와 조합적 사고를 할 수 있으며, 상상과 추리를 통해 문제를 해결할 수 있게 된다(오윤선, 2007). 형식적 조작기에 접어든 청소년들은 이전 단계의 아동기보다 더욱 고차원적인 사고를 할 수 있을 뿐만 아니라 성인과 같은 온전한 사고를 하게 됨으로써 그들의 학습과 문제해결, 지적 성장, 사회적 태도가 현저하게 개선된다.

청소년기 인지발달의 특성으로는 가능성에 대한 사고, 추상적 개념에 대한 사고, 사고과정에 대한 사고, 다차원적 사고, 자아 중심적 사고 등으로 나타난다. 이 가운데 자아 중심적 사고가 두드러지는데, 이는 청소년기에 형식적 조작 사고 능력이 생기면서 추상적으로 생각하고 사고 자체에 대해 사고할 수 있지만, 이 시기에는 남의 생각과 내 생각을 구분하지 못하고 남의 입장이 내 입장과 같을 것으로 확신하기 때문이다(D. E. Elkind, 1978). 이 자아 중심성은 이기성과는 달리 도덕적 판단을 내포하지는 않는다. 남의 생각은 간접적으로 추론되지만 자신의 생각은 직접 경험되므로 훨씬 뚜렷하고 명료할 수밖에 없다. 청소년들의 자아 중심성은 가상청중과 개인적 우화 현상에서 잘 나타난다. 가상청중은 자신이 마치 상상의 청중 앞에 서 있는 존재라고 지각하고 행동하는 것이다. 청소년 자신은 무대 위에서 스포트라이트를 받고 서 있는 배우이며, 타인들은 자신에게 주의집중하고 있는 청중들로 생각한다. 개인적 우화 현상은 청소년이 자신을 특별한 존재로 여기는 경향으로써 자신의 사고는 성인들의 사고와는 비교될 수 없으며 성인들이 자신의 경험이나 감정을 이해하는 것은 불가능한 일이라고 생각하는 경우이다. 또한 청소년기의 자아 중심성은 현실을 개혁하려는 이상주의적 경향에서도 나타난다. 청소년들은 기성세대가 확립한 가치관이나 사회제도의 모순을 지적하면서 개혁을 주장한다. 그들은 다양한 견해를 존중함이 없이 자신의 요구만을 관철시키려고 한다. 자신의 생각을 검증해 볼 기회를 갖지 못한 청소년들은 편협한 이상주의적 경향을 띤다. 이러한 자아 중심성은 자신이 타인의 관심의 초점이 된다고 생각하기 때문에 갖게 되는 강한 자의식과 청소년들이 비록 자기 자신의 생각과 다른 사람의 생각에 대해 생각할 수 있는 능력을 갖기 시작했으나 아직 자신의 생각과 남의 생각을 명확히 구분하지 못하는데서 초래되는 것이다.

청소년기는 신체내의 세포를 비롯한 모든 조직들이 아직 성숙하지 못했을 뿐만 아니라 계속적으로 성장하고, 인지발달 또한 계속 진행되고 있는 단계에 있기 때문에 흡연, 음주, 약물 오남용 등은 청소년 인지발달에 저해요인이 된다(J. J. Haugaard, 2001).

(4) 변화무쌍한 감정변화

청소년들은 사회적 역할과 대인관계에 있어서 아동이나 성인에 비해 현저하게 다른 발달적 특징을 보인다. 청소년기의 정서적 특징을 살펴보면, 청소년들의 정서는 격렬하고 쉽게 동요하는 속성이 있다. 청소년은 부모, 교사, 동료 등의 저급한 언동에 쉽게 분노하고 얼굴을 붉히며 자주 슬픔에 잠긴다. 그리고 청소년은 흔히 부푼 감정과 열등감으로 인해 갈등을 일으키기도 하고 감정의 기복을 나타내기도 한다. 즉, 동일한 상태에 있을지라도 어떤 때에는 격한 분노를 나타내는가 하면, 어떤 때에는 기쁨에 넘쳐서 부푼 감정을 표현하는 등 변동이 심하다(Ann Vernon, 2004). 이러한 격심한 정서들을 그들 스스로 통제할 수 없을 때 어른들이 이해하기 어려운 충동적이고 탈선적인 행동이 나타난다. 부모나 교사의 부주의한 말 한마디가 자살을 시도하게 한 사실이 이따금 보고되고 있듯이, 청소년들의 정서가 격심하다는 것은 그들과의 인간관계가 얼마나 어려운가를 시사하기도 한다. 그뿐만 아니라 청소년의 정서 표현은 아동기와는 달리 내면적이고, 정서가 기분과 정조로 발전하는 경우가 많다. 청소년들의 정서적 발달로 기인되는 가장 심각한 문제 가운데는 우울증, 분노감정과 폭력, 자살 등이 있다. 최근 우리나라 청소년 정신건강 실태조사 결과를 보면, 3명 중 1명이 우울증상을 보이고 이 중 20%는 정신적 치료가 필요한 심각한 상태로 나타났다(한국청소년상담원, 2010). 우울증은 21세기 청소년의 정신건강을 위협하는 '최대의 적'이라고 볼 수 있다. 우울증상들을 가정이나 학교에서 '일시적 방황'이나 '심적 갈등' 정도로 치부하는 경향이 많은데 청소년 우울증이 청소년 자살 제1원인이 되고 있다. 그리고 청소년기에 있어서는 그들 스스로 자아발상을 할 수 있는 기회를 저해 당하였을 때에 분노가 뚜렷하게 나타난다. 즉, 자기주장의 방해, 간섭, 압박, 이유 없이 꾸중을 듣는 일, 불공평한 취급, 흥미 없는 충고, 무시당한 다든가 개인의 자유를 구속당하였을 경우에 분노가 나타난다. 미국의 경우 FBI자료에 의하면, 체포된 절도범의 약 40%와 폭력범의 20%가 18세 이하의 미성년자로 나타났다. 청소년 자살 또한 매년 증가하는데 특별히 청소년들이 자살과 관련있는 영화를 보거나 주위에 자살 사건이 있을 때 자살비율이 높은 것은 감정적 동요가 크다는 것을 보여준다고 하겠다(Michael L. Jaffe, 1998).

(5) 청소년기의 특유한 사회성

청소년들의 사회성발달은 아동기 때보다 더 확장되어 부모와의 관계형성을 넘어 친구, 동료와의 관계에 더 많은 관심을 가지게 된다. 특히 청소년들은 고무찰흙과 같아서 거친 친구를 만나면 거칠게, 모범적인 친구를 만나면 모범적으로 주위사람들에 의해 모양이 빚어진다.

청소년들은 그들만의 특유한 사회성을 갖게 되는데 첫째, 다른 사람들에 의해서 인정을 받는 것이 청소년들의 주요 관심사이다. 예를 들면, 남자 청소년들의 경우 인기는 대개 운동을 얼마나 잘하는가와 관련이 있고, 여자 청소년들의 경우는 성격이 얼마나 좋은가가 여러 사람을 이끄는 능력과 관련이 있다. 따라서 청소년들은 타인들에게 인정받지 못할 때 거부된다고 생각할 수 있다. 대부분의 경우 사회적 거부는 청소년들이 매우 공격적이거나, 충동적이거나, 남의 일에 훼방 놓거나, 비협동적일 때 일어난다. 거부된 청소년들은 학교를 그만두거나, 성인기에도 비행을 저지르거나 정신건강에 문제가 있을 확률이 높다(오윤선, 2007).

둘째, 청소년 초기는 동조하는 경향이 특별히 강한 시기이다. 또래집단에서의 지위는 동조의 정도에 영향을 준다.

(6) 자아정체성 확립의 결정적 시기

자아정체성은 전 일생을 통해 계속적으로 진행되는 과업이지만 청소년기는 자아정체성 확립의 결정적 시기(critical period)이다. 청소년기에 자아정체성이 중요한 문제가 되는 것은 신체적, 심리적, 성적인 면에서 급격한 변화가 일어나는 시기이기 때문이다. 그리고 청소년기의 가일층 발달된 인지능력은 자아정체성을 확립하는데 결정적인 역할을 하게 되기 때문이다. 이뿐만 아니라 청소년은 아동은 아니지만 어른도 아닌 애매한 입장에 놓여 있고, 인생의 중요한 결정을 내려야만 하는 시기이며, 기존의 동일시(identification) 내용의 일부는 보유하기도 하지만, 비판을 하면서 과감하게 해체를 시도하기도 한다(Donald Capps, 1987). 청소년기의 자아정체성 형성을 위해서는 과거 개인의 참조 체제를 선택하고 현재 새롭게 내면화한 동일시 내용 및 미래 계획과 포부를 역동적으로 통합하고 재조직화하는 것이 필수적이다. 만약 이 시기 청소년들이 과거의 참조 체제를 바탕으로 현재의 동일시 내용을 통합하는데 실패한다면 자아정체성 혼란이 야기될 것이다. 특히 청소년기 자아정체성의 혼란을 가중시키는 문제점으로는 현실과 이상(사이버상) 사이의 혼돈을 예로 들 수 있다. 청소년 가운데는 현실세계에서 충족시키지 못한 욕구를 사이버세계에서 대리 만족을 추구하다가 사이버세계를 현실세계와 혼동하는 현상이 생기고 있다. 그리고 현실세계보다 사이버세계에서의 자신의 모습에 치중하여 중독되어 가는 청소년들도 적지 않은 현실이다. 자아정체성이 확립되지 않은 상태에서 현실과 사이버세계 간의 괴리감을 없애지 못하고 혼란스러워하는 그들에게 좀 더 깊은 관심이 요구된다. 이외에도 자아정체성 혼란과 관련하여 맹목적인 다이어트와 성형수술, 스타 따라잡기 열풍을 들 수 있다. 외모를 중시하는 현대사회의 풍조에 발맞추듯 요즈음 청소년들도 외모를 무척이나 중시하고 있다. 그들은 자신을 가꾸어야 한다며 과도한 다이어트나 심지어 성형수술까지도 두려워하지 않는 현실이다. 아직 성장이 채 끝나지 않은 그들에게 다이어트나 성형수술은 건강을 해칠 위험이 있다. 그리고 연예인 재벌시대에 살고 있는 우리의 청소년들은 많은 수가 연예인이 되기를 희망한다. 또한 연예인이 되지는 못하더라도 그들이 입고 있는 의상이나 액세서리, 말투 등을 따라함으로 인해서 쾌감을 느낀다. 그러나 무분별한 스타 따라잡기는 청소년들에게 많은 문제를 불러일으킬 수 있는데 과도한 소비를 조장하거나 자칫 외모만을 중시하는 선입견을 가지게 할 수도 있기 때문이다(강준만, 2000). 무엇보다 위험한 것은 자기 자신의 소중함을 알고 소신 있게 살기보다 다른 사람을 모방하고 흉내냄으로 인해서 그들의 정체성을 잃을 여지가 있다는 것이 가장 큰 문제이다.

(7) 청소년의 도덕성 발달

청소년기에 이르면 아동기와 달리 개인적인 이해나 욕구를 극복하고 순응해야 할 새로운 도덕개념과 행동적 요구를 받는다. 청소년들은 인지적 성숙과 자아의 발달로 인하여 자기 자신의 도덕적 개념을 스스로 형성해 나간다. 그러므로 타인 특히 성인의 선악에 대한 개념을 그대로 받아들이기보다 자기 나름대로 선악의 개념을 형성해 나간다. 그들은 높은 이상을 가지고 있어 자신의 이상을 타인으로부터 인정받고 싶어 하며, 스스로가 설정해 놓은 자신의 표준에 따라서 행동하고자 한다. 대부분의 경우 그러한 표준은 다른 사람에 대해서보다도 자신에 대해서 엄격하다. 만일 스스로가 설정한 표준에 미치지 못한다고 느꼈을 경우, 즉 자신의 행동이 요구수준 이하라는 것을 스스로 깨달았을 때 자기경시, 자아의 축소, 꿈의 세계로의 도피 등이 나타난다. 따라서 청소년들은 자신이 설정한 도덕적 표준에 도달하고자 강박적으로 행동하며, 다른 사람과 사회 또한 자신의 표준에 도달하여야만 이에 만족하게 된다. 그러나 성인들의 도덕적 표준과 사회적 규준이 자신의 도덕적 표준 또는 이상에 비추어 모순된다거나 성인들이 이를 인정해주지 않으면, 그들은 성인사회에 강한 반항과 도전의식을 가지며, 자신들이 사회를 재건하여야 한다는 강박적인 생각을 갖게 된다(M. L. Hoffman, 1977).

일반적으로 청소년들은 아동에 비해 타인의 반응에 민감하며, 다른 사람의 감정을 상하게 한다든가 다른 사람의 생활을 위협하는 것을 피하려고 한다. 그러므로 청소년들은 거짓말이 정당화될 수 있다고 여기는 것이다.

이와 같이 청소년들의 도덕적 사고와 행동은 아동기 또는 성인기의 그것과는 질적으로 다르며, 이는 그들의 인지적 성숙과 사회환경적 역할 변화가 크게 영향을 미치고 있음을 나타내는 것이다.

청소년의 도덕성 발달에 영향을 미치는 요인에는 가족, 부모의 역할모델, 부모가 제공하는 독립성의 기회, 참조 집단과 대중매체 등이 있다. 청소년들에게 참조 집단이 중요한 이유는 점점 부모의 영향력 보다는 또래의 영향력이 증가하기 때문이다. 부모의 가치관과 또래의 가치관이 일치할 경우에는 도덕적 가치를 강화하는데 도움이 되지만, 이들이 서로 다를 경우에 청소년은 도덕적 결정을 내리는데 갈등을 느끼게 된다.

또한 반두라(A. Bandura, 1974)가 도덕성도 다른 행동과 마찬가지로 모방과 강화에 의해 학습되는 행동으로 생각했듯이 대중매체는 청소년들의 가치 체계와 행동 형성에 크게 영향을 미칠 수 있다. 청소년들은 대중매체로부터 반사회적 행동이나 사회적으로 용납될 수 없는 행동을 학습하기도 한다. 그러나 다른 한편으로 대중매체는 청소년들의 인지발달에 기여할 수 있는 큰 잠재력을 지니고 있으며, 친사회적 행동과 같은 바람직한 태도나 행동도 기를 수 있도록 해주는 긍정적 기능을 하기도 한다. 이렇게 청소년들은 대중매체를 통하여 역할모델을 관찰함으로써 태도, 가치, 정서적 반응, 새로운 행동들을 학습한다. 즉, 이러한 모델을 통해서 도덕적 판단이나 도덕적 행동들을 배우게 된다.

2) 청소년기의 신앙발달 특성에 따른 이해

청소년기는 신체, 성, 정서, 사회성, 정체성, 도덕성 발달뿐만 아니라 영적발달에서도 많은 변화가 있는 시기이다. 청소년기의 신앙발달 특성에 대해서 가장 많이 알려진 이론으로는 제임스 파울러(James Fowler)의 신앙발달 이론과 로날드 골드만(Ronald Goldman)

의 종교적 사고발달 이론을 들 수 있다.

(1) 파울러의 영적 성장의 단계별 특성

파울러는 신앙을 발달적인 관점에서 볼 때 언제나 보다 높은 단계를 지향해야 한다는 전제가 따른다고 생각할 수 있으나, 어느 특정 단계에 속해 있다는 것은 그 단계가 가지고 있는 독특한 방법으로 각자 매일의 삶에서 의미를 찾고 또한 부여한다는 뜻임을 강조하면서, 단계에 대한 가치 판단적인 태도를 갖지 않도록 주의해야 함을 암시하였다(James Fowler, 1996).

● 영아기와 미분화된 신앙 (출생-2세)

파울러의 영적 성장단계에서 이 시기는 에릭 에릭슨(Erik Homburger Erikson, 1902-1994)의 심리사회적 발달 이론의 첫 단계인 영아기와 동일한 단계로써 '미분화된 신앙' 이라 불린다. 여기서는 신뢰, 용기, 희망과 사랑의 씨앗들은 미분화된 방식으로 혼합되고, 영아의 환경에 있어서 버림받음, 한결같지 않음, 박탈에 대한 감지된 위협들과 겨루게 된다(사미자, 2004).

● 제1단계: 직관적-투사적 신앙 (3-7세)

이 시기에는 주로 부모나 중요한 타인의 언행을 모방하는 과정에서 신앙의 모양을 익히게 된다. 아동이 일차적으로 관련된 성인들의 가시적 신앙의 실례들, 분위기, 행동, 이야기들에 의하여 강력하고 항구적으로 영향 받을 수 있는 무한한 상상력을 사용하는 단계이다.

● 제2단계: 신화적-문자적 신앙 (7-11세)

인간이 그의 공동체에 속한 것을 상징하는 이야기들, 신념들, 관행들을 취하기 시작하는 단계이다. 상상을 통한 신앙습득이 지속되는 한편, 서서히 신앙의 신비를 문자로 공부하기 시작하는 단계이다.

● 제3단계: 종합적-인습적 신앙 (12-18세)

이 수준의 신앙은 보다 확대된 세계에 대한 경험을 가능하게 해주고, 가치들이나 정보들을 종합해주기 때문에 정체성의 형성과 조반의 근거가 되어 준다. 이 단계에서는 다양한 영역들, 즉 가족, 학교나 직장, 또래들, 사회의 현실, 대중매체뿐만 아니라 종교도 관심의 대상이 된다. 모델이 될 만한 사람과의 충분한 접촉을 통해 신앙이 깊어지며 관습에 의한 신앙을 추구한다.

● 제4단계: 개별적-반성적 신앙 (18-30세)

이 단계의 신앙은 3단계의 순응적이고 의존적이던 신앙의 한계를 극복하고 스스로 설 수 있는 책임 있는 신앙의 수준이라는 의미에서 신앙 발달 과정에서 매우 중요한 단계라고 할 수 있다. 이 시기의 변천이 특히 중요한 이유는 이 변천을 통하여 사춘기 후반의 청소년이나 성인이 자신의 헌신들, 생활양식, 신념들과 태도들에 대한 책임 부담을 심각하게 다루기 때문이다.

● 제5단계: 결합적 신앙 (30-40세)

5단계는 30세 이전에는 거의 경험할 수 없는 높은 수준의 신앙의 경지이므로 대부분의 사람들은 아마도 이 단계의 신앙 수준을 이해하지 못하거나 오해할 가능성이 높다. 4단계에서 자기 확실성, 실재에 대한 의식적, 인지적, 정서적 적응에 대한 관심으로 인하여 억압되었거나 또는 인식되지 못하였던 많은 것을 자아와 조망에로 통합한다.

● 제6단계: 보편화된 신앙 (40세 이후)

이 단계의 신앙인들은 평범한 사람들이 따르는 상식을 뛰어넘는 일들을 실천하고, 그것에 자신을 완전히 헌신하기 때문에 그들이 사는 시대에는 이해 받지 못하거나 순교하는 경우가 많다. 6단계의 신앙은 현실적으로 거의 도달할 수 없는 수준이라고 할 수 있다. 파울러는 인류 역사상 이러한 신앙의 수준에 도달한 소수의 탁월한 인물들을 그 예로 제시하면서(마틴 루터 킹, 테레사 수녀, 간디 등) 평범한 인간이 보편화된 신앙의 수준으로 들어오는 일은 거의 불가능하다는 사실을 강조한다.

(2) 로날드 골드만의 종교적 사고발달 이론

영국의 종교 교육가요, 교육 심리학자인 로날드 골드만(Ronald Goldman)의 종교적 사고발달 이론에서 바라보는 청소년기는 마지막 단계인 추상적 종교기에 해당된다. 이 단계에서는 종교적 사고와 일상적 사고는 그 사고의 구조면에서는 서로 다를 바가 없고, 다만 그 사고의 대상이 서로 다르다는 전제를 가정한다. 청소년기에 나타나는 종교적 특성은 다음과 같다(대한예수교장로회 총회교육자원부, 2008).

- 문자적 언어보다는 추상적 언어로 생각하고 이해한다.
- 하나님을 영적인 존재로서 상징적, 추상적으로 이해한다.
- 성경을 비문자적·은유적·시적으로 해석하는 것이 가능해진다.
- 종교사에 관심을 보이고 이해하므로 성경의 개념적인 진전을 이해할 수 있다.
- 하나님, 예수님, 기도, 교회에 대한 사고는 아동기에 비해 좀 더 지적이고 실제적이다.
- 종교에 대한 부정적 태도는 성인의 태도와 밀접한 관련을 맺으며 성인의 종교에 대한 욕구를 스스로 갖도록 과학적이며 지적인 방법에 의한 교육이 되어야 한다.

파울러와 골드만의 이론을 살펴 볼 때, 청소년의 신앙적 특성은 현대의 합리적인 사고구조와도 깊은 관계가 있음을 알 수 있다.

(3) 청소년기 신앙의 단계별 특성

청소년기의 신앙발달은 전기·중기·후기에 따라서 많은 차이가 있어 각 단계별로 살펴보는 것이 중요하다.

● **전기 청소년의 신앙발달**

전기 청소년들은 종교 철학이나 조직 신학과 같은 교리가 아닌 생활과 생각을 변화시켜 주는 신앙을 원한다. 전기 청소년들은 신앙을 신비로운 면에서 생각하지 않고 다른 사람에게 봉사하거나 들은 바를 실천에 옮기는 것을 기독교 핵심으로 생각할 만큼 실제적인 모습에 의의를 더 느낀다. 그리고 자신들이 예수를 영접했다면 자신의 삶에 어떤 변화가 일어날 것인가에 대해서 알고 싶어 하고 기독교인들의 생활 가운데 나타난 기독교적인 역사가 어떤 것인가를 주의 깊게 관찰한다(Michael J. Dunkin & Bruce J. Biddle, 1984).

전기 청소년들의 특징 가운데는 자신이 독자적인 개별성을 인정받고, 성인들로부터 독립하고자 하므로 아동기 때 보다 자신의 행동이나 미래에 대해서 책임을 느낀다. 그리하여 인식력이 부족하다는 점과 자신들의 행동을 통제하는데 도움이 되는 것을 찾고자 한다. 그러므로 전기 청소년들의 영혼은 말씀을 받아들이기에 적합한 옥토라고 볼 수 있다. 전기 청소년들은 이와 같이 복음에 대한 수용성이 있는 반면 여러 상황에서 신앙적 회의를 느끼기도 하기 때문에 성인들은 그리스도인으로서 좋은 삶의 모범을 보이며 말씀을 통해서 확신을 가지게 해야 하는 시기이다. 또한 그들은 신앙적인 의구심과 옳고 그른 것에 대한 혼란에도 불구하고 언제나 올바른 일을 행하는 사람과 어찌할 바를 모르는 상황에서 벗어나 무엇인가를 하도록 조언해 줄 이상적인 인물을 추구하고 있어, 이상적인 신앙적 지도자와 신앙적 모델이 요구된다(Edward D. Seely, 1978). 그리고 전기 청소년들은 신앙인으로서 무엇인가를 하기를 원하고 있지만 구체적으로 어떻게 해야 하는가를 알지 못하므로 교회 내에서 여러 가지 활동이나 외부 봉사나 선교를 위한 지도와 프로그램 실행이 그들에게 필요하다(이승재, 1995).

● **중기 청소년의 신앙발달**

중기 청소년들은 자신과 직접적으로 관련된 신앙을 원하므로 직업이나 사회에서의 위치, 친구 관계를 선택하는데 도움을 주는 것으로써의 신앙을 생각한다. 이 시기의 청소년들은 믿음대로 행동하기를 원하는 욕구가 강해 믿음을 실천할 수 있는 프로그램에 참여하는 필요성을 느낀다. 그러나 중기 청소년 가운데는 일시적 감정에 치우쳐서 행동하는 경향이 있음을 간과해서는 안 된다. 한 예로 선교에 대한 영화에 깊은 감명을 받으면 즉시 아프리카 선교사로 자신의 삶을 헌신하기로 결심하지만 후에 보면 실제로 아프리카로 가는 사람은 거의 없다. 이러한 모습은 그들이 하나님의 뜻을 포기한 것이 아니라 자신들의 결정이 하나님으로부터의 진실된 소명이라기보다는 인간의 호소에 귀를 기울였기 때문이다(Ada Brunk & Ethel Metzler, 1975).

중기 청소년들은 기독교의 역사와 다른 사람의 구원, 자신의 신앙에 대해서도 깊은 회의를 가지게 되는데, 특히 전기 청소년기에 신앙이 정립되지 않은 경우에 더욱 심하게 나타난다. 중기 청소년 가운데는 비기독교인들이 재미있는 시간을 보내고 있는 것을 볼 때 자신의 재미없는 기독교적인 삶에 대해서 회의를 느낄 수 있고, 기독교인이 된다는 것이 어떤 면에서 유익한지에 대하여 회의를 갖기도 한다. 이는 삶 속에서 역사하시는 그리스도를 실제적으로 체험하지 못함에서 오는 신앙적 회의라고 할 수 있다(Lawrence O. Richards, 1975). 그러므로 중기 청소년기는 추상적인 것을 이해하고 경건한 분위기를 분별하므로 그들의 전체 생활이 하나님을 향하도록 영향을 주어야 할 시기이다.

● **후기 청소년의 신앙발달**

후기 청소년들의 영적 특성은 하나님을 인격적으로 말하며 하나님과 친밀관계를 위한 기도의 필요성을 느끼게 된다. 그리고 믿음의 근거가 될 만한 기독교 논리를 찾고자하며, 믿음에 대해서 비기독교인들의 물음에 대한 합리적인 대답을 줄 수 있기를 원한다(J. H. Nederhood, 1970). 그러므로 후기 청소년기에는 체계적인 성경공부가 요구되며(George Barna, 1995), 그들은 자신의 재능을 통해서 무엇인가 봉사하기를 원하기 때문에 구체적인 인도를 통해서 봉사할 수 있는 기회를 제공하는 것이 중요하다고 본다.

제 3 장

일반적 분노 이해하기

1. 분노의 개념이해
2. 정신장애 진단체계에 따른 분노이해
3. 경험유형과 반응에 따른 분노이해
4. 분노의 심리학적 이해
5. 한국문화에서의 분노이해
6. 분노의 성서적 이해
7. 분노의 기능성과 역기능성

chapter 3 일반적 분노 이해하기

1. 분노의 개념이해

분노(anger)에 대한 정의와 개념 및 분노를 표현하는 단어는 주장하는 학자에 따라 매우 다양하다. 분노를 생리적 증상이나 심리적 경험에 강조를 둔 학자들은 교감신경계가 높은 수준으로 활성화되어 강한 불쾌감이 특징적으로 나타나는 정서로서 개인의 욕구가 방해를 받고 있을 때에 불쾌감을 제거하려고 나타나는 감정이라고 본다. 한편 분노를 표현이나 행동에 강조를 둔 학자들은 공격의 저변에 깔려있는 주요 요소이며 우리가 감정적인 문제에 직면했을 때 공격적인 행동을 통해 그런 감정을 다룬다는 것이다. 그리고 타인이나 물건에 신체적·언어적인 공격을 표출함으로써 자신이 화가 났다는 사실을 표출하는 내적 감정이라고 본다. 또한 분노를 정서 및 감정으로 보는 학자들은 실망, 상처, 거부감, 당혹스러움 같은 감정을 모두 포함하는 감정 다발로 파악하여 신경질, 좌절, 고통 그밖에 불만족을 유발하는 사건에 대한 반응으로써 감정을 자극한 사람, 장소, 사물에게 반발하는 감정으로 보는 의견이 있다. 그리고 인간이 자신의 지위, 자존심, 신체적 안정에 위협을 느끼는 데서 오는 강한 정서를 분노라고 보는 의견과 욕구 충족의 목표 달성을 가로막는 사람이나 사물에 대해서 지니는 정서를 분노라고 보는 의견도 있다.

심리학자 리차드 월터스(Richard Walters)는 인식적이거나 행동적인 요소들(cognitive or behavioral components)의 차이에 근거하여 분노를 세 형태로 구분하였는데, 격분(rage)과 분개(resentment)는 분노의 파괴적인 표현이며, 의분(indignation)은 공의와 사랑에 기초를 둔 건설적 표현이라 하였다. 격분은 억제되지 않은 폭력적 분노인 반면에 분개는 보복을 겨냥한 분노를 억제한 감정이다. 격분을 죄로 보는 크리스천들에게는 분개가 분노의 일반적인 표현이 된다. 격분과 분개는 둘 다 이기심의 지배를 받으며 사람들에게 손상을 입힌다. 한편 의분은 사랑에 근거하여 공의를 추구하며 대개는 다른 사람을 보호한다. 월터스는 크리스천들 가운데 격분을 두려워하고 분개를 많이 하며, 의분은 적게 하는 사람들이 있다고 주장하였다(Stanley Schneider and Esti Rimmer, 1984).

레스 카터와 프랭크 미너스(Les Carter & Frank Minirth, 1997)는 분노의 개념에 대해 다음 3가지의 의지로 설명하고 있다. 첫 번째, 개인의 가치를 보존하려는 의지이다. 대부분의 경우, 분노는 타인으로부터 거부당하거나 자신이 무가치한 존재로 취급당할 때 폭발한다. 상대방을 화나게 할 의도로 한 말이 아니었을지라도 화가 난 사람의 입장에서는 자신의 인격이 손상되었다고 느낄 수도 있다. 두 번째, 본능적인 욕구를 보존하려는 의지이다. 사람들은 본능적인 생존 욕구를 지니고 있다. 우리의 본능적인 욕구들이 상대방에게 잘 전달되지 않았거나 또는 상대방으로부터 무시당할 때, 결과로 나타나는 것은 감정적인 혼란, 즉 상처받고 불쾌해지는 것이다. 세 번째, 기본적인 신념을 보존하려는 의지이다. 때로 자신이 지닌 가장 기본적인 신념을 인정해주지 않는다고 느낄 때 화가 난다. 사람들은 자신들의 가치관이 타인에 의해 무시당할 때 화를 낼 경우 아이러니컬하게도 신념 그 자체는 이해 받을지 모르지만, 분노로 표현되는 감정적 결과는 사람들로부터 불만을 사게 된다.

이와 같이 분노는 가치나 욕구, 신념이라는 자기 보전의 감정이 만족되지 못하고 무시당하거나 거부당할 때 일어나는 반응으로 정의된다고 할 수 있다. 데이빗 메이슨(David Mason, 2001) 박사는 분노는 외부에서 침입하는 미생물로부터 자신을 보호하려 하듯이 자아를 보호하려는 자기주장이라고 정의하면서 분노를 이렇게 표현하고 있다. "이봐, 나 분노야. 나도 욕구가 있다고. 나에게도 상처받는 감정이 있단 말이야. 나도 권리를 인정받고 싶어. 나에게도 나름대로의 견해가 있다고. 나를 무시하고 내 영역을 함부로 침범하고 거칠게 하지 않겠다고 약속해줘. 만약 그렇지 않으면 내가 나 자신을 격렬하게 주장하고, 심지어 필요하면 거칠게까지도 주장한다는 것을 알고 있는 게 좋을 거야." 이렇게 볼 때 분노는 그 자체가 좋거나 나쁜 것이 아니라 위협이나 공격에 대한 자연적인 반응 혹은 자기 보존의 감정이다. 자기 방어를 위한 필요한 정서이며 메시지를 담고 있는 일종의 감정언어이다.

분노의 개념을 표현하는 용어 또한 매우 다양함을 볼 수 있는데, 첫 번째로 '열'(heat)이라는 단어가 있다. 사람들은 분노를 일컬어서 온몸에 불이 나는 상태라고 한다. 그래서 '얼굴이 벌겋게 달았다'고 하고, '불같이 성을 낸다'라고도 한다. 두 번째는 '적개심'(hostility)이라는 단어이다. 화가 난 사람은 고약하거나 악랄해진다. 사람이 화가 나면 마음이 격분해지고 성마르게 되며, 가슴이 터질 듯해진다. 화는 사람을 미친 듯이 날뛰게 만들고 발광하게 만들기 때문이다. 분노의 세 번째 개념은 '난폭한 행동'(violent action)이다. 난폭한 행동은 분노가 터졌거나 또는 터지려 하기 때문에 나타난다. 이 외에도 분노를 표현할 때 "속이 터진다", "부아가 치민다", "속이 부글부글 끓는다"라는 말을 사용한다.

2. 정신장애 진단체계에 따른 분노이해

1994년 미국 정신의학회 공식 진단체계인 DSM-Ⅳ에 따르면, 분노는 정신장애의 일부 증상으로만 지적되고 있음을 본다. 그리고 2000년에 발표된 미국정신의학회 진단체계인 DSM-Ⅳ-TR(APA, 2000)에서도 분노 정서에 관해서는 구체적으로 언급되지 않고 있음을 본다. 이는 최근까지의 분노에 관한 경험적 연구와 임상 경험이 충분히 축적되지 못함으로써 공식적 진단체계에서 관심을 받지 못하고 있다고 볼 수 있다. 현재 DSM-Ⅳ에서 취급하고 있는 분노는 정서장애, 편집성 인격장애, 강박성 인격장애, 반사회성 인격장애, 경계성 인격장애의 일부 증상으로 제시되고 있다. 이와 같은 장애에 따른 분노에 대해서 지금까지 학자들의 연구 결과들을 토대로 정리하면 다음과 같다.

1) 정서장애와 분노

　정서장애로서의 분노와 관련하여 가장 관심이 되고 있는 분야는 우울장애이다. 라일리(Riley, 1989) 등은 우울장애는 분노 억제와 관련성이 있다고 보고하였고, 골드만과 헤가(Goldman & Haaga, 1995)는 분노 표현에 대한 두려움과 우울이 관련성이 있다고 하였다. 브로디(Brody, 1999) 등도 강한 분노 억제와 분노 표현에 대한 두려움은 우울장애를 앓고 있는 개인뿐만 아니라 과거 우울장애를 앓았던 개인들의 특징이기도 하다고 하였다. 그리고 이러한 분노 특징이 우울장애의 회복 후에도 지속되는 특성일 가능성을 시사하였다.

　홀(Hull, 2003) 등의 임상연구에서도 우울증과 분노 경험은 정적 상관을 보이는데, 분노 억제가 높을수록 우울장애가 높을 뿐만 아니라 분노를 외부 대상에게 나타내는 분노 표출 역시 우울증과 정적 상관관계가 있음을 보고하였다. 이와 같이 분노 표출이 높을수록 우울이 강하다는 결과는 우울장애에서의 분노 경험은 분노 억제뿐만 아니라 분노 표출로 인한 분노 통제의 어려움 등 복합적인 양상을 띠고 있을 가능성을 시사해주고 있다.

　그리고 펠리스(Perlis, 2003) 등은 주요 우울장애에서 심한 분노 발작이 갑작스럽게 일어난다는 임상 경험을 바탕으로 하여 분노 발작이 주요 우울장애(단극성 우울장애)와 양극성 우울장애에서 차이 있게 발생하는지를 알아본 결과, 주요 우울장애(단극성 우울장애)에 비해 양극성 우울장애에서 분노 발작이 자주 발생하고 있음을 밝히고, 분노 발작은 양극성 우울장애의 주요 특징임을 지지해주었다.

2) 편집성 인격장애와 분노

편집성 인격장애자(Paranoid Personality Disorder)는 일반적으로 타인의 행동이 악의에 찬 동기를 가지고 있다고 보고 지속적인 불신과 의심을 가지게 된다. 즉, 다른 사람의 행동을 의도적으로 자기를 기죽이려하거나 위협하는 행동이라고 해석하며, 늘 남들이 자신을 괴롭히고 착취하고 해치려 한다고 예상한다. 이들은 제한된 정서반응을 보이고, 늘 긴장되어 있으며 냉담하고 무정한 면도 있고, 자만심을 보이며 유머감각이 결여되어 있다.

편집성 인격장애를 지니고 있는 사람들은 자신의 분노와 적대감을 억제하거나 억압하고 이를 다른 사람에게 투사함으로써 피해망상을 형성하게 된다(Cameron, 1963; Freud, 1915/1957). 따라서 의심과 피해의식이 주요 증상인 편집증은 분노와 적대감이 핵심 특성 중 하나라고 가정한다.

이훈진과 원호택(1998)의 경험적 연구에 따르면, 편집성향이나 피해망상을 가진 사람들은 적대감 수준이 높았고, 적대감 수준은 다른 사람의 행동을 적대적 의도가 있는 것으로 해석하는 편향과 상관이 있었다. 특히 편집증 장애를 가진 개인들은 분노 억제가 강하고 반응성 특성분노가 높았는데, 이는 편집성향자들이 대인관계 사건에 의해 촉발된 분노를 많이 경험하며, 그러한 분노를 억제하고 장기간 보유한 결과 주된 특성인 '편집성 과민성과 억제된 적대감'을 갖게 되는 것으로 연구 결과를 해석하였다(이훈진, 2000). 후속 연구 역시 편집성향은 상태 및 특성분노, 분노 억제, 분노 표출이 높았고, 긍정 사건에 대한 내부 귀인, 부정 사건에 대한 외부 귀인, 긍정 및 부정 사건에 대한 적대성 추론, 부정적 발생 가능성에 대한 높은 추론을 보였다.

이와 같은 선행 연구들의 결과는 편집성 증상을 갖는 개인들은 분노와 적대감이라는 핵심적 특성을 갖고 있으며, 분노와 적개심으로 인해 다른 사람의 행동을 적대적인 것으로 해석하게 되고 부정적 상황을 다른 사람의 탓으로 지각하게 되는 편집증적 증상을 일으키게 된다는 정신병리적 이론을 지지해주고 있다.

3) 강박성 인격장애와 분노

강박성 인격장애자(Obsessive-compulsive Personality Disorder)들은 정리정돈에 몰두하고 완벽주의, 마음의 통제와 대인관계의 통제에 집착하는 행동양식을 보이며, 이러한 특징으로 인해 융통성, 개방성, 효율성의 상실이라는 대가를 치르게 된다(이근후, 1994).

강박성 인격장애는 감정 표현이 매우 절제되어 있다는 점에서 분노나 적개심과는 거리가 먼 것처럼 보인다. 그러나 이러한 강박성 인격장애의 정신역동을 보면 분노에 대한 강한 방어가 특징적이며, 이러한 점에서 강박성 인격장애는 순응 뒤에 감추어진 분노가 핵심적인 문제가 되고 있다고 볼 수 있다.

휴이트(Hewitt, 2002) 등이 아동을 대상으로 자기지향적 완벽주의와 상황적 완벽주의를 구별하고 분노와의 상관성을 알아본 결과 상황적 완벽주의가 높을수록 분노 표출이 높고, 분노 억제는 낮은 경향성이 있다고 밝힌 바 있다. 이와 같이 분노는 타인으로부터 부당한 대우를 받는다는 지각에 대한 반응이라는 점을 근거로 할 때 완벽주의 가운데 타인으로부터 통제를 받게 되는 상황적 완벽주의에서 분노가 강하게 나타난다고 볼 수 있다(Averill, 1983).

하지만 강박적 인격 특성 또는 완벽주의적 특성과 분노와의 관련성은 원래적인 성격 특성인지, 또는 강박적 특성으로 인한 정서인지, 아니면 성격 특성인 동시에 결과적인 정서인지에 대해 지속적인 검토가 있어야 할 것으로 보여진다.

4) 경계성 인격장애와 분노

경계성 인격장애(Borderline Personality Disorder)는 정서, 행동 및 대인관계의 불안정성과 주체성의 혼란으로 모든 면에서 변동이 심한 이상성격을 말한다. 그리고 신경증적 장애와 정신병 상태의 경계선상에 있다고 볼 수 있다.

컨버그(Kernberg)의 가설에 의하면, 발달과정의 초기에 어머니와 가졌던 병적인 양가감정의 대상관계가 내재화됨으로써 원시적 방어기전을 계속 사용하게 되어 자신의 주체성은 모호해지고 대인관계에서도 모든 사람들을 선과 악의 극과 극으로 분리시킴으로써 왜곡된 인간관계를 갖게 된 것이 원인이라고 한다.

말러(Mahler)의 가설은 분리-개별화에 초점을 두었다. 심리적 발달과정 중 유아기 시절에 의존관계에서 분리되는 과정이 잘못 처리됨으로써 성장 후에도 이별경험에 당면할 때마다 인격의 취약성이 나타나게 된다는 것이다.

임상양상을 보면, 항상 위기상태에 있는 것처럼 보인다. 이들은 어떤 위기상태에 놓일 때 참을 수 없는 분노감을 나타내고 논쟁적이고, 요구적이며, 자신의 문제를 다른 사람에게 책임 전가시키려 한다. 평상시에도 기분은 변동이 심하며 만성적인 공허감과 권태를 호소한다.

대인관계가 불안정하고 강렬하며, 의존과 증오심을 동시에 갖고 있다. 불안정하고 강렬한, 자제가 곤란한 분노반응을 보인다. 실제적 또는 상상된 버림을 받을까 하는 느낌을 피하기 위해 미친 듯한 행동을 한다. 그래서 혼자 있는 것을 참지 못한다. 행동 면에서는 매우 돌발적이고 통제력이 상실되어 있어서 예측할 수 없으며 낭비, 성적 문란, 도박, 약물남용, 좀도둑질, 과식 등의 행동을 보인다. 때로는 자해행위, 자살위협을 하기도 하는데, 이는 남들로부터 동정을 받기 위해서라든지, 분노를 표시하기 위해서 또는 자신의 불안정한 정서를 가라앉히기 위해서이다. 이와 같이 경계성 인격장애의 경우 자아정체감의 혼란으로 정서 불안정, 대인관계 불안정이 특징적 증상으로 나타나며, 하위 증상으로 부적절한 심한 분노, 분노 조절의 어려움으로 인하여 잦은 분노 발작, 지속적인 분노, 반복되는 신체적 폭력이 표출된다.

5) 반사회성 인격장애와 분노

반사회성 인격장애자(Antisocial Personality Disorder)는 사회적응의 여러 면에 걸쳐서 지속적이고 만성적으로, 비이성적, 비도덕적, 충동적, 반사회적 또는 범죄적 행동, 죄의식 없는 행동 또는 남을 해치는 행동을 나타낸다.

환경적 요인을 보면, 이 장애가 혼란된 가정환경 안에서 빈번하게 발생된다는 것을 잘 알 수 있다. 유아기 시절 심한 박탈 경험을 한 경우, 특히 출생 후 1년 동안의 부모 상실은 중요한 요인으로 생각되고 있다. 한편 부모의 상실보다도 변덕스럽고 충동적인 부모가 더욱 문제된다는 견해도 있다. 유전적 영향을 더욱 중요시한 연구에 의하면, 사회질병이나 알코올 중독인 아버지를 가진 경우에서는 이 아이가 실제로 아버지 밑에서 성장했건 안 했건 상관없이 반사회성 인격장애가 되기 쉽다고 하였다. 그밖에도 기질적 근거가 명확히 밝혀지지는 않았지만 아동기에서 볼 수 있는 과잉행동이나 가벼운 신경학적 이상이 성장 후에 반사회성 인격장애와 통계적으로 연관성이 있음이 밝혀지고 있다. 또한 대뇌피질의 각성수준의 저하나 억제기능을 하는 불안수준의 저하 등도 충동적 감각 추구 행동의 원인이라는 가설도 있다.

임상양상을 보면, 이들은 겉보기에는 똑똑해 보이고 말도 합리적이지만 신의가 없고 성실성이 결여되어 있다. 반복적인 반사회적 행동의 동기 또한 모호한 것이 특징이다. 또한 자기중심적이고 자기애적이다. 깊은 대인관계를 형성하지 못하며 가끔 남을 위하는 척하지만 깊은 정서관계를 갖지는 않는다.

반사회성 인격장애가 있는 청소년들은 청소년 비행, 무단결석, 규칙위반, 거짓말 등 반사회적 행동을 어릴때부터 이미 보여 왔으며 현재도 그러한 행동을 반복한다. 결국은 성인이 되어도 직업에서의 실패, 범법행위, 가정생활에서의 무책임, 성적 문란, 채무 불이행, 무모한 행동 등을 보이고, 조절하기 어려운 파괴적인 공격행위를 일삼게 된다.

3. 경험유형과 반응에 따른 분노이해

분노는 정서적인 반응, 인식적인 반응, 행동적인 반응으로 복합되어 있는 일상에서 흔히 경험하는 기본 정서다. 분노는 감정의 표현일 뿐만 아니라 고통스러운 느낌들에 대한 학습된 방어 반응이기도하다(김후자, 1987). 그런데 분노 경향성에는 개인차가 있어서 분노수준과 반응에 차이를 나타낸다(B. S, Sharkin, 1988). 즉, 분노를 경험하는 것은 위험하거나 불쾌한 외부 환경 때문일 수도 있지만, 분노를 경험하는 사람의 성격적인 요인 때문일 수도 있다는 것이다.

애버릴(Averill, 1983)의 분노경험 연구를 보면, 분노반응유형 결과에 따라서 비공식적인 반응과 공식적인 반응으로 구분된다고 하였다. 비공식적인 반응에는 진정시키는 행동, 중립적인 입장에서 사건에 대해서 말하기, 적개심을 드러내지 않고 무례한 사람과 함께한 사건에 대해서 말하기, 분노자극에 대한 반대되는 행동하기 등이 있다. 그리고 공식적인 반응에는 간접적인 공격으로 분노 유발 대상자에게 복수하기 위해서 제3자에게 말하거나 유발 대상자에게 직접적으로 해를 입히기, 대체된 공격으로 다른 대상에게 공격하기, 직접적인 공격으로 육체적 공격이나 처벌 등이 있다.

1) 분노경험 유형

분노경험 유형에 따른 분류에서 가장 널리 사용되고 있는 것으로는 스필버그 외(C. D, Spielberger, G. A. Jacobs, S. Russell, & R. S. Crane, 1983)에 의한 분류로 상태분노와 특성분노가 있다.

상태분노는 분노강도에 있어서 자극이 경미한 짜증이나 성가심으로부터 강한 격노가 격분에 이르기까지 오가는 주관적인 감정에 의해 한계를 정하는 정신생물학적 정서적 상태, 혹은 조건을 의미한다. 반면에, 특성분노는 갖가지 상황들을 각 개인차에 따라서 반응함을 의미한다. 즉, 어떤 상황에 대해서 성가심으로 감지하는 사람이 있는가 하면, 좌절로 감지하는 사람이 있고, 또 다른 감정으로 감지하는 사람이 있는데, 이는 개인의 특성에 따른 성향 때문이라는 것이다. 그러므로 상태분노는 흥분을 수반하는 일시적 정서 상태인 반면에, 특성분노는 상태분노를 일으킬 수 있는 개인의 분노경향성이라고 말할 수 있다(고영인, 1994).

또한 스필버그 외(C. D. Spielberger, E. C. Reheiser, & S. J. Sydeman, 1995) 연구에서는 특성분노를 다시 두 집단으로 나누었는데, 하나는 특성분노 기질적인 사람들이고, 다른 하나는 특성분노 반응적인 사람들이다. 특성분노 기질이란 쉽게 분노하는 기질을 말하는 것이며, 특성분노 반응적인 사람들은 좌절되거나 부당하게 취급받을 때 분노를 경험하는 사람들이다. 특성분노는 더 쉽게 분노하게 되는 경향성을 반영하므로 더 많은 분노 빈도를 보이며, 외부자극에 의해 더 격렬하게 화를 경험하게 된다.

청소년들은 자신의 내부에서 일어나는 다양한 신체적 변화를 경험할 뿐만 아니라, 자신을 둘러싸고 있는 환경에 적응함과 동시에 사회적 요구에도 부응하여야 하는 심리적 혼란기에 놓여 있으므로 특성 및 상태분노에 노출된다(고영인, 1994). 후기 청소년을 대상으로 하는 전겸구 외(전겸구, 한덕웅, 이장호, Spielberger, 1998)의 연구에서 상태분노가 높은 청소년들은 비교적 강한 분노감정을 경험한다고 하였으며, 고영인(1994)의 연구에서는 특성분노가 높은 청소년은 보다 쉽고 강하게 상태분노가 상승하게 되는 경험을 하게 된다고 하였다.

2) 분노경험 반응

(1) 생리적·신체적 반응

분노의 생리적·신체적 반응으로는 심장박동의 증가, 속이 거북해짐, 소화가 잘 안 됨, 두통, 어지러움, 식은땀, 손에 땀이 나고 손이 끈적거림, 입술이나 손, 혹은 몸이 떨림, 얼굴이 붉어짐, 몸을 가만히 두지 못하고 이리저리 움직이게 됨, 어깨가 뻐근해짐, 주먹을 불끈 쥐게 됨, 몸이 굳게 됨, 입을 꽉 다물게 됨, 눈을 부릅 뜨게 됨, 얼굴 표정이 굳음, 목소리의 커짐 등이 있다(서수균, 2005).

분노를 경험할 때 이러한 반응이 나타나게 되는 것은 뇌 안 깊숙한 곳에 있는 시상하부 신경세포들이 자극을 받아 흥분하게 되기 때문이다. 자극을 받아 흥분한 신경세포들은 신장 위에 있는 부신으로 신호를 보내어 다량의 아드레날린과 코티졸을 혈류로 방출시킨다. 그리하여 아드레날린이 심장에 이르면 심장은 더 빨리 뛰기 시작한다. 이와 동시에 시상하부의 응급센터가 가동되어 교감신경계를 자극시켜서 피부, 신장, 장으로 가는 동맥이 수축되고, 아드레날린은 근육으로 가는 동맥을 확장시킨다. 그리고 분비된 코티졸은 심장과 동맥에 대한 아드레날린 효과를 지속시키고 더 증폭시킨다. 거기에 더해서 그 동안 시상하부에서 활성화되었던 세포들은 부교감신경계를 차단시켜 혈압을 올린다. 그러면 심장이 두근거리고, 손바닥에 땀이 나고, 호흡이 가빠지는 등 신체적 변화가 일어나기 시작했다는 정보인데, 이 정보는 대뇌로 다시 전달된다. 이런 메시지는 진짜 위험이 임박했다는 지각을 강화시킨다. 혈압은 더욱 빨리 올라가고, 심장근육으로 혈액을 공급해주는 관상동맥의 한 평활근 내측면 어딘가에서 내막

세포 일부가 빠르게 지나가는 혈류에 의해 마치 홍수 때 급류로 강둑이 무너지듯이 패어져 나간다. 설상가상으로 응고인자인 혈소판들이 동맥의 손상된 부위로 몰려간다. 이 때 아드레날린이 혈소판들을 더 많이 자극하여 상처 난 동맥벽을 막아 놓고, 혈소판들은 동맥벽의 근육세포들을 자극하는 화학물질들을 방출시킨다. 이 물질들은 동맥근육세포들을 자극하여 안쪽 표면으로 이동시키고, 거기서 이 근육세포들은 성장하고 증식한다. 또 거식세포로 불리우는 다른 혈액세포들이 그곳으로 몰려가서 손상된 조직을 잡아먹는다. 계속해서 아드레날린은 지방세포들을 자극하여 그 내용물들을 실제의 응급상황에 필요한 에너지로 만들기 위해 세포들을 혈류로 보낸다. 또 간은 지방을 콜레스테롤로 전환시킨다. 이렇게 형성된 과도한 콜레스테롤은 상처 난 동맥의 혈소판과 거식세포의 덩어리로 흡수되어 이들 중 일부는 동맥벽으로 이동한다.

그래서 적대감 점수가 높은 환자들에게서 동맥경화증이 더 많이 나타난다는 연구결과들이 있다. 이들 연구결과를 보면 웨스턴 전기회사 직원들과 노스캐롤라이나 대학 의과대학을 졸업한 의사들 모두 적대감 점수로 20-25년 후의 건강문제를 예측할 수 있었다. 50세가 된 의사들 중에 25세 때 적대감 점수가 높았던 의사들은 적대감 점수가 낮은 의사들보다 관상동맥질환이 4-5배 더 많았고, 심장질환이 아닌 다른 원인으로 사망한 사람들까지 포함한다면 약 7배가 넘는 사람들이 사망한 것으로 나타났다. 마찬가지로 웨스턴 전기회사 직원들도 적대감 점수가 높은 사람들이 그렇지 않은 사람들보다 관상동맥질환을 일으키거나 사망할 가능성이 1.5배 정도 더 많은 것으로 나타났다.

또 하나의 흥미 있는 결과가 웨스턴 전기회사 직원들을 대상으로 한 연구에서 나타났는데, 그것은 통계적으로 유의한 정도는 아니지만 암으로 죽은 사람들 중에서 적대감 점수가 높은 사람들의 비율이 높아지는 경향을 보였다는 사실이다. 이것은 적대감이 동맥경화증만 일으키는 것이 아니라 암도 일으킬 가능성이 적지 않음을 시사한다.

달스트롬(Grant Dahlstrom) 박사는 이미 1960년대 중반부터 노스캐롤라이나 대학에 입학한 학생들을 대상으로 등록할 때마다 다면적 인성검사를 실시해서 그 자료들을 보관하고 있었다. 수년간에 걸쳐 모은 자료들이 무려 7,000명분이나 되었다. 그는 또한 1950년대에 118명의 노스캐롤라이나 대학 법대생들에게 실시했던 인성검사자료들도 보관하고 있었다. 최근에 추적 조사한 바에 의하면, 25년 전 재학 당시에 적대감 점수가 상위 4분의 1에 속했던 변호사들의 약 20%가 50세 이전에 사망한 반면, 적대감 점수가 하위 4분의 1에 해당된 사람들 중에는 4%만이 사망하였다.

그리고 우리 혈액 속에는 NK세포(Natural Killer cell: 자연살상세포)가 있어서 암세포를 죽이지만 만성적인 분노는 NK세포의 기능을 억제하여 암에 대한 저항력을 떨어뜨린다. 그리고 '분노'는 혈액 속의 특정 염증성세포를 증가시키기 때문에 혈압이 크게 증가하면 동맥벽이 손상을 입게 되고, 감염에 대한 저항력 저하뿐만 아니라 체내의 이로운 세포의 저항력을 저하시키고 면역체계를 부정적인 방향으로 과도하게 활성화시키는 역할을 하기도 한다.

(2) 인식적 반응

주장하는 학자에 따라서 분노는 인지 및 생리적 각성 양상과 연합된 감정이라고 하고(DiGiuseppe, 1994), 특정한 인지적 왜곡과 연합된 감정 상태임을 말하기도 한다(Kassinove & Sukhodolsky, 1995). 하지만, 분노의 유발 과정을 설명하는 대부분의 이론들이 분노유발 상황에 대한 인지적 평가와 해석 과정을 강조하고 있음을 본다(Beck, 2000). 왜냐하면, 인지는 분노가 발생하는 과정이나 분노를 경험하는 동안에 반드시 수반되는 경험이기 때문이다.

　신체를 각성시키는 기관들은 분노를 일으키는 상황에 즉각적으로 강력하게 반응할 수 있으나 그러한 충동을 행동으로 옮기느냐 옮기지 않느냐 하는 것은 그 일을 정신적으로 어떻게 해석하느냐, 그리고 분노의 표현을 어떻게 하는 것이 적당하다고 생각하느냐에 달려 있다. 분노를 경험할 때, 사람들이 흔히 보고하는 생각이나 인지적 반응의 내용에 대해서 벡(Beck, 2000)은 다음과 같이 요약하였다.

- 잘못되었다.
- 부당하다.
- 날 화나게 한 사람은 비난 받아 마땅하다.
- 나의 분노가 정당하고 적절하다
- 상대가 의도적으로 그렇게 행동했다.
- 분노를 일으켰다고 생각하는 대상에 대한 저주나 보복과 관련된 장면을 상상하거나 그와 관련된 생각에 몰두한다.
- 분노를 일으킨 사건에 대해 반복적으로 생각한다.

(3) 행동적 표현 및 반응

분노에 있어서 행동적인 반응은 사람들이 자기의 분노 감정을 표현하는 방편으로써 사용하는(혹은 사용하지 않는) 말이나 행동으로 이루어져 있다(Averill, 1983; Buss, 1971). 이러한 반응들은 말없이 기분 나쁜 표정만 짓는 것으로부터 폭력을 휘둘러 살인을 하는 것에 이르기까지 아주 다양하다(Berkowitz, 1993).

분노행동 표현 양상 혹은 양태에 대한 구분은 일반적으로 분노표출, 분노억제, 분노통제라는 측면으로 구분된다. 분노표출은 화가 나면 이를 겉으로 드러내는 것으로 화난 표정을 지어 보이는 것, 욕하는 것, 말다툼이나 과격한 공격행동을 보이는 것 등이 그 예다.

분노억제는 화는 나 있지만 겉으로 드러내지 않는 것으로, 화가 나면 오히려 말을 하지 않지만 사람을 피하고 속으로만 상대방을 비판하는 경우가 이에 해당된다.

분노통제는 화가 난 상태를 자각하고 감독하면서 화를 진정시키기 위해서 다양한 책략들을 구사하는 것으로 냉정을 유지하고 상대방을 이해하려고 노력하는 것이 대표적인 예다(Spielberger, 1995).

분노표출과 분노억제는 역기능적인 분노표현 행동인 반면에, 분노통제는 기능적인 분노표현 행동으로 분류된다.

역기능적인 분노표현 행동은 다양한 심리장애나 신체질환에 영향을 미친다. 분노표출이나 억제가 강한 사람들은 심장 혈관계 및 소화계 질환을 많이 보였으며, 분노억제가 강한 사람은 우울감과 절망감을 많이 보였고 자살 위험성도 높았다(김교헌, 2000; 전겸구, 1997).

4. 분노의 심리학적 이해

분노의 심리학적인 입장은 학파와 학자에 따라서 차이가 있음을 본다. 분노의 다양한 이론 가운데서 대표적인 이론인 인지행동 치료적 접근, 정신분석 치료적 접근, 인본주의적 접근을 살펴보면 다음과 같다.

1) 분노의 인지행동 치료적 접근

인지행동치료(Cognitive Behavior Therapy)는 사고나 인지로 불리는 개인의 내면에서 은밀하게 일어나는 과정이 행동변화를 중재한다는 이론적 입장을 취하는 모든 치료접근법을 의미한다.

'인지행동치료' 라는 용어는 1970년대 중반에 처음으로 문헌에 사용되었고, 치료 효과에 대한 연구는 70년대 후반에서야 발표되었다. 인지행동치료는 이렇게 짧은 역사를 가지고 있지만 유럽 및 북미를 비롯한 전 세계에 널리 보급되어 있음을 본다. 상담현장에서 인지행동치료기법을 적용하는 상담자들의 수가 점차 늘어나면서 현재 세계 여러 나라에서 가장 많이 활용되는 심리치료 접근법이라고 할 수 있다.

인지행동치료의 기본입장은 사람들의 감정과 행동은 모두 인지에서부터 나온다는 것이다. 즉, 사람들이 특정한 생각을 하기 때문에 특정한 감정과 특정한 행동이 나온다는 것이다. 이러한 입장에 따르면, 부적응을 겪는 사람들을 변화시키기 위한 가장 효율적인 방법은 그 사람의 생각을 변화시키는 것이다. 그렇게 될 때 행동과 감정은 저절로 변화된다는 것이다. 결국 인지행동치료는 인간의 주된 특성을 인지에서 찾으려 하며, 인지를 변화시킴으로써 다른 모든 것을 변화시킬 수 있다고 믿는다(서경희, 1999).

인지행동치료는 한 사람의 이론이 아니라 다양한 학자들에 의해서 발전되어 왔는데, 지금까지 연구되어 온 인지행동치료의 연구모델과 학자들을 살펴보면 〈표 1〉과 같다.

〈표 1〉 인지행동치료의 연구모델 및 학자 명

연 도	연 구 모 델	학 자
1962	Ratinal-Emotive Therapy	Ellis
1963	Cognitive Therapy	Beck
1971	Self-Instructional Traing	Meichenbaum
1971	Anxiety-Management Training	Suinn & Richardson
1971	Problem-Solving Therapy	D'Zurilla & Goldfried
1971	Problem-Solving Therapy	Spivack & Shure
1973	Stress Inoculation Training	Meichenbaum
1974	Systematic Rational Testructuring	Goldfried
1974	Personal Science	Mahoney
1975	Rational Behavior Therapy	Maultsby
1977	Self-control Therapy	Rehm
1983	Structural Psycotherapy	Guidano & Liotti
1990	Schema Therapy	Young
1993	Dialectical Behavior Therapy	Linehan
1999	Acceptance and Commitment Therapy	Haues
2002	Emotion-focused Therapy	Greenberg
2002	Mindful-based cognitire Therapy	Segal

하지만 실제적인 측면에서 인지행동치료에 가장 큰 영향력을 끼친 인물은 알버트 엘리스(Albert Ellis)의 합리적 정서행동치료(Rational Emotive Behavior Therapy)와 아론 벡(Aaron Beck)의 인지치료(Cognitive Therapy)라고 할 수 있다. 그래서 이들을 가리켜서 인지행

동치료의 양대 산맥이라고 한다. 하지만 분노유발 가정을 설명하는 인지이론가들은 이외에 더 많은 학자들이 있음을 본다.

(1) 라자로스

라자로스(Lazarus, 1991)는 인지, 동기, 관계적 입장에서 정서 경험의 발생과정에 대한 체계적이고 포괄적인 이론을 제안하였다. 그에 따르면, 각 정서는 개인과 환경 간의 고유한 관계를 반영하는 핵심주제를 가지고 있으며, 이는 보편적이고 생득적인 것이라고 한다. 개인은 목표가 잘 수행되면 긍정적인 정서를 경험하지만 목표가 잘 수행되지 않으면 부정적인 정서를 경험한다. 그래서 그는 정서경험을 일으키는 요인으로 특히 인지적 평가를 강조하였으며, 이를 일차평가와 이차평가로 나누었다. 일차평가에서는 사건이 개인의 목표와 관련이 있는지, 목표와 얼마나 합치 혹은 불합치 하는지, 그리고 자아의 관여 유형에 대해서 평가가 이루어진다. 자아의 관여 유형은 자아·사회적 존중감, 도덕적 가치, 이상, 핵심적인 의미들과 생각들, 다른 사람과 자신의 안녕, 인생의 목표 등 6가지 유형으로 구분된다. 이차평가에서는 책임이 누구에게 있으며 통제 가능한 일이었는지, 대처자원은 어느 정도인지, 대처의 결과로 어떤 변화가 있을 것인지에 대해서 평가하게 된다.

라자로스는 분노의 핵심적인 관계 주제는 '나와 나의 것에 대한 비하적인 공격이다'라고 한다. 일차평가에서 목표가 방해받고 자존감 유지나 증진에 위협이 된다고 지각하면 분노나 불안을 느끼게 된다는 것이다. 반대로 상황이 목표에 부합되고 자존감을 증진시켜준다고 여겨지면 자긍심 같은 긍정적인 정서를 느끼게 된다. 이차평가에서 부정적인 상황이 일어난 것이 타인의 탓이며 그 상황을 타인이 통제할 수 있었다고 판단하면 분노는 타인을 향하게 되고, 반대로 자신의 탓이라 판단하면 분노는 자신을 향하게 된다.

(2) 디펜드백쳐와 맥케이

디펜드백쳐와 맥케이(Deffenbacher & McKay, 2000)는 분노가 촉발인, 분노 전 상태, 평가라는 세 요인의 복잡한 상호작용의 결과로 발생한다고 보았다. 촉발인은 세 가지 자극으로 나누었는데, 첫째는 분노를 일으키는 구체적인 사건이고, 둘째는 이전에 느꼈던 분노를 다시 떠올리게 하는 단서이며, 셋째는 분노를 유발시키는 다양한 불쾌한 감정들이라고 하였다. 그리고 분노 전 상태는 다시 분노 직전상태와 지속적인 분노 전 상태로 나누는데, 분노유발과 관련이 높은 분노 직전 상태로는 피로, 스트레스, 만성적인 통증 등을 대표적으로 들 수 있다. 지속적인 분노 전 상태는 세상에 의미를 부여하는 습관적인 방식으로 개인의 가치관, 기대, 도덕적 가치기준 및 삶에 대한 규칙이 포함되며, 이는 개인적 영역(Beck, 1976) 및 자아정체감(Lazarus, 1991)과도 유사한 개념이다. 타인이 자아정체성을 훼손시켰거나 개인적 영역을 침범했다고 지각하면 분노가 발생하기 쉽다.

디펜드백쳐와 맥케이(2000)도 라자로스(1991)와 유사하게 평가과정을 일차평가와 이차평가로 구분하였다. 일차평가에서는 분노의 원천에 대한 평가가 주가 되고, 이차평가에서는 대처자원, 좌절에 대한 인내력, 분노경험의 적절성 등에 대한 평가가 주가 된다.

(3) 알버트 엘리스

'인지 · 정서 · 행동치료요법'(Rational Emotive Behavior Therapy:

REBT)을 주장한 알버트 엘리스(Albert Ellis)는 사람의 감정과 행동을 변화시키기 위해서는 도움이 되지 않는 해로운 믿음(신념)들을 도움이 되는 믿음들로 바꾸도록 도와주는 것이(Charles W. Taylor, 2001)라고 하였다. 그는 분노에 대해, '사건 자체가 우리에게 분노를 일으키는 것이 아니라 사건을 바라보는 우리 자신의 비합리적 신념이 분노를 유발한다'고 본다. 다시 말해 '어떤 불쾌한 사건들에 대해 화가 나는 것은 근본적으로 그 사건에 대한 우리의 해석이나 평가에 달려있다'는 견해가 REBT의 기본 전제이다.

알버트 엘리스는 비합리적인 신념체계를 논박을 통해서 합리적인 신념으로 교정하기 위한 ABCDEF 모델을 소개하였다. 이 단계를 간략히 살펴보면, A(Activating event, 선행사건) → B(Belief system, 신념체제) → C(Consequence, 결과) → D(Dispute, 논박) → E(Effect, 효과) → F(Feeling, 새로운 감정)이다.

REBT의 기법에 따른 분노치료는 분노에 대한 비합리적인 사고를 논박하여 합리적인 사고로 전환시키는데 있다. 왜냐하면 어떤 사실(A)에 접하여 경험하게 되는 정서와 행동(C)은, 그 사실 자체에 의해서라기보다는 그 사실에 대해 어떻게 생각(B)하느냐에 따라 달라진다고 보기 때문이다(고명규, 1998). REBT의 이러한 문제행동의 원인을 보는 시각이 일반적인 견해의 이론적 입장과는 다른 특이한 점이라 할 수 있다. 종래의 부적응적인 행동의 원인에 대한 일반적인 견해는, 문제의 원인을 과거사나 경험에 있다고 보고 그것을 분석해가는 것이 문제해결의 유일한 길로 생각해 왔다. REBT에서는 이렇게 문제의 원인을 과거나 자기 이외의 타인이나 외부의 탓으로 책임을 전가하는 대신에, 진짜 원인이 실로 개인 자신이 갖고 있는 융통성이 없는 비현실적인 신념(사고)

그 자체에 있다고 본다. 이것은 외부의 문제가 아닌 개인 자신의 문제로 다룰 수 있기 때문에 그 해결의 길은 쉽고 가깝다는 점에서 우리에게 설득력 있게 다가올 수 있다(고명규, 1998).

REBT의 기본 가정은 우리의 정서가 우리의 삶의 상황에 대한 평가 또는 해석에서 비롯된다는 것이다. 그러므로 REBT에서는 상담과정을 통해 내담자가 자신이 가졌던 비합리적인 사고방식을 효율적이고 합리적인 사고방식으로 대치하는 방법을 배울 수 있게 하고, 그 결과로 상황에 대한 정서적 반응도 보다 합리적으로 변화하게 한다.

(4) 아론 벡

아론 벡(Aaron Beck, 2000)은 분노가 사건 자체에 의해서 유발되는 것이 아니라 개인이 사건에 주관적으로 부여하는 해석이나 의미부여에 의해서 유발된다고 제안하였다. 특정 상황에 부여하는 의미는 개인이 갖고 있는 신념 체계에 의해 결정된다는 것이다. 이러한 신념체계는 특정 상황에 처하면 자동적으로 활성화되어서 여러 가지 분노사고들을 일으키고, 이러한 분노사고들은 자동적 사고에 해당되는 것으로 분노가 유발된 당시에는 쉽게 자각하지 못하지만, 주의를 주면 비교적 쉽게 의식화된다는 것이다.

그에 따르면, 신념은 세 가지 유형으로 구분된다. 특정 상황이라는 단서가 붙는 If……then 형식의 '조건적 신념', 특정 상황이라는 조건이 붙지 않는 과잉 일반화된 신념인 '범주적 신념', 그리고 당위적이거나 절대적인 요구의 형식인 '규칙'이라는 세 종류의 신념이 그것이다. 이 중에서 범주적 신념과 규칙은 상황에 경직되게 적용될 가능성이 커서 역기능적인 분노를 일으키기 쉽고, 자동적 사고는 개인의 역기능적인 신념체계에 의해서 활성화 된다고 하였다. 아론 벡의 분노 발생에 대한 모델을 예와 함께 설명하면 〈표 2〉와 같다.

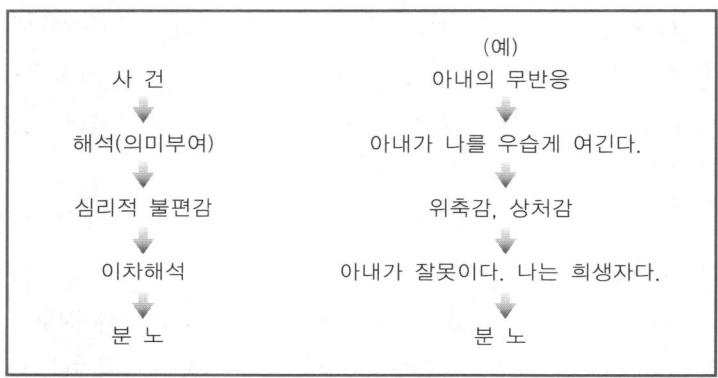

〈표 2〉 분노 발생에 대한 아론 벡의 모델

〈표 2〉에 따르면 벡(2000)은 분노발생 과정에 두 번의 해석 과정이 포함되어 있다고 제안하고 있다. 사건이 발생하면 먼저 이 사건에 의미를 부여하는 첫 번째 해석이 이루어진다. 그에 따르면, 분노와 주로 관련된 의미부여의 내용은 대인관계에서 경험하는 상실이나 자기 가치 비하에 해당되는 것들이다. 타인이 자신을 우습게 본다고 생각하면 심리적 불편감을 경험하게 된다. 이때 경험하는 불편감은 정서적인 것일 수도 있고, 가슴이 답답하거나 목에 뭐가 걸려 있는 것과 같은 신체적 불편감일 수도 있다. 이어서 규칙에서 위반되었다는 내용이 주가 되는 이차해석이 이루어지고 분노를 경험하게 된다. 이차해석의 내용은 '잘못되었다, 부당하다, 책망 혹은 처벌받아 마땅하다, 나는 희생자다' 등의 것들이다.

벡(2000)은 분노유발 과정에서 자동적 사고가 여러 단계에서 일어나며, 특히 심리적·신체적 불편감을 경험하기 전과 분노나 공격 충동을 경험하기 전에 일어난다고 언급하였다. 하지만 벡은 발생 시기가 다른 자동적 사고의 구체적인 내용상의 차이나 다른 특성에서의 차이에 대한 언급은 하지 않았다.

(5) 베르코비치

베르코비치(L. Berkowitz, 1990)는 높은 온도, 역겨운 냄새, 엽기적인 장면 관람 등의 불쾌한 사건만으로도 분노가 일어날 수 있다고 주장하였다. 불쾌한 사건으로 인해 발생한 부정적인 정서 경험이 이와 연합된 분노를 활성화시키기 때문이다. 베르코비치는 이를 지지하는 연구 결과들을 바탕으로 분노나 공격을 활성화시키는데 인지가 필요치 않음을 보여주었다.

베르코비치는 불쾌한 사건이 부정적인 정서를 일으키고 이와 연합되어 있는 분노관련 정서, 사고, 기억, 신체반응들이 자동적으로 활성화된다고 가정하고 있다. 이때 불쾌한 사건이라는 지각이 있기 위해서는 분노를 유발시키는 상황이 당사자에게 이로운 것인지 해가 되는 것인지에 대한 평가가 이루어져야 한다.

이러한 평가 과정은 정보처리의 초기에 거의 자동적으로 이루어지는 것으로 그 당시에는 쉽게 의식되지 않는 경우가 많다. 불쾌한 사건에 대한 초기 평가가 일어나고 부정적인 정서와 이와 연합된 초기의 미분화된 분노가 활성화된 뒤에 정서를 더욱 정교화시키기 위한 고차적 사고가 일어난다. 고차적인 사고에는 평가, 귀인, 감정의 상황적인 적절성 평가 등이 포함되며, 이를 통해서 감정 경험은 더욱 미분화되거나 강화되며 때로는 억제되기도 한다. 베르코비치는 그의 모델에서 인지 과정으로 고차적 사고만을 강조하고 있지만, 당면한 대인관계 상황이 불쾌한 사건이라는 인식을 가능하게 해주는 초기의 사고과정을 가정하고 있다는 점에서 보면, 그의 모델이 분노 경험의 유발에 적어도 두 단계의 사고과정을 가정하고 있음이 시사된다.

분노에 대한 인지이론들에 따르면, 평가나 해석 과정이 분노 유발에 중요하게 기여하고 있음을 알 수 있다. 특히, 네 이론에서는 공통적으로 분노 경험이 일어나기 위해서는 두 가지 구별되는 인지과정이나 사고가 매개역할을 하고 있음을 강조하고 있다. 이 두 과정을 라자로스(Lazarus, 1991)와 디펜드백쳐 및 맥케이(Deffenbacher & McKay, 2000)는 일차평가와 이차평가라 하였고, 벡(Beck)은 의미 부여와 이차해석이라고 언급하였다.

국내의 연구에서 서수균과 권석만(2005)은 이와 같은 분노유발에 기여하는 자동적 사고를 일차적 분노사고와 이차적 분노사고로 세분하였다. 일차적 분노사고와 이차적 분노사고의 특징을 구분해보면, 시간적으로 일차적 분노사고는 초기에 일어나며, 이차적 분노사고는 일차적 분노사고에 이어서 후기에 일어난다. 분노가 최초로 유발되는 과정에서 일차적 분노사고 없이 이차적 분노사고만 있는 경우는 개념적으로 있을 수 없으며, 일차적 분노사고의 내용은 상황에 대한 해석이나 의미 부여이다. 일차적 분노사고는 일상적으로 경험하는 타인의 부당하고 이기적인 행동에 대한 예민성과 친밀한 관계상황에서 경험하는 무시와 실망감을 반영하는 두 하위척도로 나누어진다.

반면에 이차적 분노사고는 일차적 분노사고로 인한 불쾌감에 대한 반응으로 나타나며, 흔히 대처 양상을 반영하는 충동이나 행동, 심리상태로 이루어진다. 이차적 분노사고는 타인을 경멸하고 모욕하거나, 정신적 혹은 물리적으로 보복하는 내용이 주가 되는 타인비난이나 보복과 분노상황에서 적극적으로 대처하지 못하고 무기력해하는 무력감, 또한 분노감정을 의식적으로 통제하고 분노상황을 객관적으로 살펴보거나 문제해결적인 노력을 취하는 분노통제 등으로 나눌 수 있다.

일차적 분노사고는 상황에 대한 평가를 반영하기 때문에 인지적 오류나 왜곡이 관여되기 쉬운데 비해, 이차적 분노사고는 대처양상을 주로 반영하기 때문에 처한 상황에서 그 사고가 얼마나 적응적인가가 중요하게 고려되어야 한다.

지금까지 사용된 인지행동치료 가운데 분노를 위해서 가장 많이 활용된 주요 기법은 인지적 재구성 치료라고 할 수 있다. 인지적 재구성 치료의 주요 목적은 비합리적이거나 왜곡된 사고 양상을 확인하고 논박을 통해서 이에 도전함으로써, 적응적인 신념체계와 왜곡되지 않는 사고양상을 새롭게 구성하도록 돕는 것이다(Beck, 1976; Ellis, 1973). 대표적인 인지적 재구성 치료로 벡의 인지치료(1963, 2000)와 엘리스의 합리적 정서치료(1962, 1977)를 들 수 있다. 벡과 엘리스 모두 역기능적인 분노유발의 기저에 있는 역기능적인 신념이나 비합리적 신념의 중요성을 강조하였으나, 논박을 통해서 이들을 합리적이고 기능적인 신념으로 바꿔주는 것이 치료의 가정이자 목적이라고 하였다. 특히 벡은 이에 더해서 분노상황에서 보이는 부적응적인 자동적 사고와 이들의 기저에 있는 여러 가지 인지적 오류를 치료자와 함께 찾고 수정하는 작업을 강조하였다.

2) 분노의 정신분석적 접근

20세기를 목전에 둔 1895년 빈에서 지그문드 프로이드(Sigmund Freud)와 조세프 브로이어(Joseph Breuer)가 『히스테리 연구』(Studies on Hysteria)를 출간하게 되었다. 프로이드는 이 책을 출간한 이후 본격적으로 인간 정신에는 의식하지 못하는 무의식(Unconscious)의 세계가 존재하며 인간의 행동은 무의식에 의해 결정되는 것이라는 것을 골자로 하는 정신분석을 세상에 널리 알리기 시작했다.

정신분석은 프로이드의 생전에도, 또 그의 사후에도 지속적으로 발달하여 자아심리학, 대상관계이론, 자기심리학을 넘어서 상호주관성(intersubjectivity)을 중요하게 여기는 것이 현대 정신분석 심리치료의 흐름이다. 분노에 대한 정신분석은 프로이드 이후 다양한 학자들에 의해서 의견이 개진되었기 때문에 각각의 주장들을 종합하기 위해서는 그 흐름을 살펴볼 필요가 있다.

(1) 지그문드 프로이드

정신분석의 창시자인 지그문드 프로이드(Sigmund Freud or Sigismund Schlomo Freud, 1856-1939)의 분노에 대한 관점은 후기에 이르러서 초기의 주장과 차이가 있음을 볼 수 있다. 프로이드가 1차 세계대전을 겪기 이전에는 공격성과 분노를 성욕동(Libido) 충족의 과도한 좌절에서 수반된 2차적 충동과 정서로 해석했다. 그에 따르면, '쾌락원칙'을 추구하는 성욕동은 출생 이후 자가성애 → 자기애 → 대상애 단계로 발달해 간다고 본 것이다. 이를 욕동이 몰리는 특정 신체 기관과 연관해 설명하면 구강욕동 → 항문욕동 → 남근욕동(오이디푸스기)을 거쳐 사춘기의 통합된 성기욕동으로 발달해 간다는 것이다. 그런데 이 본능적인 변화과정에서 각 단계의 욕동 만족이 과도하게 좌절될 경우 그 단계에 고유한 분노가 발생되는데, 구강기(0-1.5세) 후기에 아이는 그 동안 만족을 주던 젖가슴과 분리(젖떼기)되면서 구강기 쾌락이 좌절당하고 쾌락대상을 상실당하는 이유를 이해하지 못하며, 분리 불안을 견디기 힘든 유아에겐, 고통을 주는 대상을 이로 물어뜯고 마구 씹고 삼키고 뱉어 파괴하고픈 구강기적 분노가 활성화된다는 것이다. 그리고 항문기(2-3세)에는 아이들이 자연욕구대로 변을 배설하지 못하고 제한받거나 배변훈련을 강요받을 경우, '변 상실감' 분노, 침범불안 상태로 인한 분노억압이 무의식에 그대로 유지되고 자신이 상실당한 것을 보상받으려는 욕구가 활성화된다. 이러한 사람은 타인을 가학적·피학적으로 고집스럽게 통제하려 하고 그것이 좌절되면 변을 갑자기 한꺼번에 분출하듯 격노하는 항문형 성격이 형성된다는 것이다(프로이드, 1917). 프로이드는 분노 중심의 근원을 남근기(3-6세)에 겪게 되는 오이디푸스 콤플렉스에 두고 있다. 이 시기에 아동은 남근이 '있다/없다'에 의거해 남여성 차이를 충격적으로 지각한 후, 이성의 부모에게 리비도가 부착되어 강한 애정욕망이 일어나지만, 그 욕망은 현실에서 잠시 충족되다가 이내 현실로부터 그것의 충족을 금지 당하게 된다는 것이다. 쾌락의 대상이자 사랑의 대상을 포기하라는 '금지명령'을 내리는 대상(아버지)에 저항하고 싶은 분노와 거세불안으로 인한 오이디푸스 욕구는 강력히 억압된다는 것이다. 억압된 분노는 사춘기와 성인기에 아동기와 유사한 자극들에 촉발되어 재활성화 또는 회귀하는데, 무의식의 성욕망과 분노감정이 현실에서 온전히 분출되어 충족하기가 힘들고 계속 통제하기도 힘든 상황에

처하게 된다는 것이다.

이렇게 분노의 원인을 유년기의 성욕동 발달의 좌절 및 억압으로 해석했던 프로이드는 말년(1920)에 상당히 변화가 생긴다. 프로이드의 후기 이론에 의하면, 모든 파괴적 분노는 죽음욕동(타나토스)에 기인한다. 죽음본능은 삶욕동(성욕동과 자아욕동)이 정신내부와 외부의 여러 요소들을 '통합' 하여 생성해 낸 생산물과 의미들을 원래 상태로 '해체' 하는 활동이며, 긴장을 일으키는 모든 자극들로부터 완벽히 해방된 무기물 상태로 회귀하려는 생체율동이라고 본다(프로이드, 1997).

프로이드에 따르면, 인간의 공격성과 분노는 죽음욕동에 기인함으로 제거할 수 없다고 본다. 인간이 할 수 있는 일은 단지 죽음욕동의 변양태인 파괴욕동·공격성·분노를 우리 자신이 덜 파괴하는 방향으로 외부를 향해 적절히 분출하는 것이라고 한다(프로이드, 1997).

(2) 멜라니 클라인

오스트리아 태생 영국의 여성 정신분석학자인 멜라니 클라인(Melanie Klein, 1882-1960)은 어린이에 대한 연구로 유명하다. 어린이들의 자유로운 놀이를 관찰해서 어린이의 무의식 환상 세계에 대한 통찰력을 얻었으며, 2-3세 어린이를 대상으로 정신분석을 했다. 클라인은 병리적 분노의 발생 원천을 오이디푸스기(3-6세)보다 훨씬 이른 유아기(0-1세)의 경험구조에서 발견하였다. 클라인은 유아기에 주어지는 최대 과제는 내부에서 치솟는 '죽음욕동 처리' 라고 생각하고, 이것을 온전히 처리하지 못하면 정신내부가 모두 파괴된다고 하였다. 그런데 유아는 자아가 미성숙하므로 그 과제를 혼자서는 처리할 수 없으며, 외부대상(양육자, 엄마)의 도움(대리자아 기능)이 절실하다는 것이다. 클라인은 생후 몇 개월의 유아가 죽음욕동과 그것에서 생성된 파괴환상·불안을 처리하는데 필사적으로 노력하는 시기를 '편집분열자리'(paranoia-schizoid position)라 칭했다(M. Kleein). '분열'과 '투사'가 왕성히 일어나는 '편집분열자리'의 유아에게 엄마가 좋은 돌봄을 꾸준히 제공하면 삶욕동이 활성화되어 죽음욕동이 제압된다. 아울러 엄마의 좋은 특성이 '내사'(introjection)되면 좋은 내적 대상이 정신에 형성되므로 불안이 줄어들고, 자아의 방어 에너지가 적게 지출되며 유익한 외부대상들을 능동적으로 관계하여 내면화하므로 자아가 발달하게 된다는 것이다. 하지만 엄마가 좋은 대상(젖가슴) 경험을 제공하지 못할 경우, 아기는 엄마 몸속의 좋은 것들을 마구 끄집어 내 무한정 소유하고픈 탐욕과 파괴하고픈 '시기심'(envy)이 증대된다고 한다. 클라인은 편집분열자리의 시기심은 인류와 개인의 정서발달사에서 가장 원시적인 분노 양태로써, 개인무의식의 기저에 잠재되어 있다는 것이다. 만약 현실 환경에서 권력불평등과 빈부격차가 커지면 상대적 박탈감이 심해진 개인들의 내면에서, 좋음을 혼자만 소유한 듯한 대상을 향해 그 시기심이 활성화되어 섬뜩한 파괴행동이 표출될 수 있다는 것이다.

(3) 로널드 페어베언

스코틀랜드 출신의 영국 정신분석가 로널드 페어베언(Ronald Fairbairn, 1889-1964)은 프로이드 이론에 대해 여러 가지 의문점을 갖게 되면서 그것을 보완하기 위해 독자적인 자기 이론을 개발하였다. 그는 영국학파 중 소위 중간그룹에 속하는 분석가로서 일

찍부터 환자와 가족, 환자와 다른 사람들과의 관계가 임상에서 가장 중요한 요소라고 생각했다. 그는 자아가 태어나면서부터 존재하며 리비도란 자아의 기능이라고 생각했다. 그리고 프로이드가 원초아, 자아, 초자아라는 기능들에 의해 갈등이 일어난다고 본 반면, 페어베언은 내면의 갈등을 일으키는 것은 유아가 부모와 경험한 관계들이라고 했다.

페어베언에 의하면, 유아는 개별적인 유기체가 아닌 인간환경과 상호 작용하는 존재이기에 처음부터 타자들을 지향하며, 유아가 관계를 지향하는 것은 생물학적 생존을 위해서도 필수적이라는 것이다. 그리고 인간의 근본적인 동기는 쾌락의 추구가 아닌 타자들과 접촉하고 그 관계를 유지하려는데 있으며, 정신병리는 쾌락을 추구하는 충동들이 일으키는 갈등 때문이 아니라, 타자와 관계 맺는 것을 방해하는 장애물 때문에 발생한다고 본 것이다.

무엇보다 페어베언은 프로이드와 클라인의 이론으로는 온전히 이해되지 않는 '분열형 성격자'(schizoid)들을 정신분석하면서 분노의 원인에 대한 새로운 이론인 '대상관계론'을 창시하게 된다. 그에 의하면, 인간의 일차적 욕구는 성욕동·공격성이 아니라 '관계욕구'라는 것이다. 공격성과 분노는 관계욕구가 박탈될 때 활성화되는 이차적 정서로 특히 엄마에게 절대 의존적이며 융합해 살아야하는 구강기 '분열성 자리'(schizoid position)의 아기가 엄마로부터 사랑관계를 경험하지 못할 때 활성화된다는 것이다.

페어베언은 대상관계 정신분석학을 도입하였다. 일부 정신분석학자들은 그가 제시한 도식이 프로이드의 도식보다 더 적절하다고 간주한다. 페어베언 이론의 발달과정에서 클라인의 발견들이 중요한 역할을 한 것이 사실이지만, 그는 비교적 고립된 상태에서 일관되게 자신의 연구를 수행했다. 그의 연구 결과는 정신분석 치료가 불가능하다고 여겨졌던 심각한 장애들을 위한 치료의 장을 열었고, 이러한 그의 공헌은 컨버그, 린슬리 그리고 그 외의 다른 사람들에 의해 점점 더 인정을 받게 되었다. 건트립(Guntrip, 1961)은 페어베언의 이론을 뒷받침하는 임상적 자료들을 제시하고 페어베언의 매우 압축된 글을 이해하기 쉽게 설명해줌으로써, 페어베언의 이론을 널리 알리는데 크게 공헌하였다.

(4) 도날드 위니컷

영국의 플리머스 출신인 도날드 위니컷(Donald Winnicott, 1896-1971)은 원래 소아과 의사 출신으로서 그의 이론은 유아와 엄마, 가족에 대한 직접관찰에 근거하여 세운 이론이 많다. 그는 역전이에 대해 많은 기여를 했고 어린이를 다루면서 배운 내용을 어른들에게도 적용했는데, 그 내용이 매우 독창적이고 귀중한 것이 많아서 정신분석 이론의 발달에 큰 영향을 미쳤다. 그는 클라인(Klein) 이론에 많은 영향을 받았고 스스로도 프로이드와 클라인 이론을 지지한다고 밝혔지만, 사실 그의 이론은 이들과는 상당한 차이를 내포하고 있으며, 오히려 페어베언(Fairbairn)의 이론과 훨씬 더 가깝다고 보여진다. 그는 페어베언과 더불어 소위 영국학파의 중간그룹(middle group)에 속하는 분석가들 중 가장 널리 알려진 사람이라고 할 수 있다.

위니컷에 의하면, 유아는 본능욕구들을 자연스럽게 표현하고 향유하고 존중받을 수 있는 권리를 가지고 태어난다고 한다. 그런데 나쁜 환경에 의해 이 권리가 박탈(deprivation)당할 때, 타고난 본능과 '진정한 자기'(true self)가 포기된 채 환경의 요구에 일방적으로 순응하는 '거짓자기' 인격구조가 형성된다. 인간의 근원적 분노는 바로 타고난 욕구들과 '진정한 자기'를 포기한 채 환경(엄마, 타자)의 요구에 순응하는 삶을 살게 된 것에 기인한다(도널드 위니컷, 1960).

유아의 최초 환경인 엄마가 유아의 자연욕구들, 특히 공격성에 대해 존중해주고 품어주면, 그 공격성은 자기의 판단과 선택을 가치 있게 느끼고 버티게 해주는 창조성으로 발달해간다. 그러나 버둥대고 소리 지르고 떼쓰는 유아의 공격적 몸짓이 양육자에 의해 외면, 무시, 보복당하면 공격성은 파괴성·분노로 변질된다. 아이의 공격적 욕구 표현들이 엄마에 의해 관심·존중받고 공감적으로 수용되고 감당될 때, 아이는 자신이 공격한 그 '좋은 환경·대상'에 대해 안정감과 진정한 관심과 죄책감을 갖게 된다. 반면에 아이의 공격적 욕구 표현이 환경(엄마)에 의해서 품어지고 (holding) 버텨지지 못한 채 계속 무시·보복되면, 아이는 환경이 안전하지 않다고 불안해한다. 그래서 생존을 위해 자신의 자연욕구를 포기한 채 환경(엄마)의 요구나 욕구에 자신을 맞추는 거짓자기 인격을 형성하게 된다. 그 결과 파괴성으로 변질된 공격성으로 인한 무의식의 분노를 수동 공격적 태도나 반사회적 범죄로 표출하게 된다.

(5) 하인즈 코헛

대상관계이론과의 연장선상에서 자기심리학(Self Psychology)의 영역을 개척한 하인즈 코헛(Heinz Kohut, 1913-1981)은 1913년 비엔나에서 태어나 1940년 미국으로 이주한 후 주로 시카고의 정신분석 연구와 연관을 맺고 임상과 교육을 하게 되었다.

코헛은 자기애성 성격장애(Narcissistic Personality Disorder)를 연구하는 중, 정신의 일차적 구성물은 본능욕동들이 아닌 자기(self)와 자기대상(self-object)으로 이루어진다고 보았다. 그리하여 코헛은 1968년 프로이드의 패러다임과 결별함으로써 정신분석학회로부터 소외되고 자기심리학의 주장과 임상훈련에 몰두하게 되었다. 그는 '자기'가 온전히 형성(구조화)·발달되려면 유아의 욕구를 파악하여 전적으로 존중·공감해주는 '자기대상'의 존재와 역할이 절대적으로 필요하다는 것이다. 그런데 부모가 자신의 자기애 결핍 때문에 아이에게 자기대상 역할을 온전히 하지 못할 때, 아이의 '자기'는 손상을 입고 병리적으로 구조화된다는 것이다. 그래서 자기애적 정신구조가 형성된 개인은 '자기' 또는 자존감(자기애)이 취약해, 사소한 부정적 자극에도 쉽게 상처를 받는다는 것이다. 그리고 상처를 입을 때마다 자기애적 격노를 분출한다고 본 것이다. 이것은 희미하게 '자기'를 경험하기 시작한 순간의 유아에게 자기대상이 보통의 공감반응조차 해주지 않아 생겼던 극심한 실망감·수치심·복수심이 억압되어 있다가 성인이 되어 표출되는 것이다. 자신이 원하는 대로 자기 대상이 자신에 대해 주기 바라는 아이의 욕구가 반복해서 좌절되면 자기애적 격노는 만성적인 심리구조로 자리 잡는다(하인즈 코헛, 2006). 따라서 격노의 심리적 근원은 파괴욕동이 아니라, '핵심자기'(core-self)가 파괴되어 자기의 응집성이 위협당하는 손상, 특히 유년기의 자기대상에 의해 가해진 '자기애적 상처'이다.

자기가 온전한 경우 본능욕동 경험은 항상 자기와 자기대상 사이의 공감적 관계를 포함한다. 그러나 자기가 심각하게 손상된 상태라면, 욕동은 그 자체로 강력한 힘을 지닌 부담스런 요소가 된다. 욕동의 파괴적 표출은 자기대상 환경이 공감을 제공하는데 만성적으로 실패해 자기가 심각히 손상될 때에만 생겨난다. 특히 핵심자기의 붕괴는 '고립된 파괴욕동'인 자기애적 격노의 폭발로 이어진다.

격노는 파괴성의 분출구를 찾고자 하는 고립된 분투일 뿐, 결코 인간의 일차적 심리요소가 아니다. 격노는 타고난 요소가 아니라, 자기대상이 오랜 기간 아이를 공감해주지 못함으로 인해 발생한 병리적 퇴행현상 내지 정신조직의 붕괴로 인한 심리적 파편화와 그로 인한 비인간화 현상이다.

(6) 오토 컨버그

오토 컨버그(Otto F. Kernberg, M.D. 1928-)는 비엔나 출신으로 칠레에서 의사수업과 정신치료 훈련을 받은 후 메닝거 클리닉에서 정신치료를 담당하고, 코넬대학교 의과대학과 컬럼비아 대학교 의과대학 정신과 교수를 역임했다. 그리고 컨버그는 미국 정신분석학회 회장 및 국제 정신분석학회장 등을 역임했는데, 1960년대 이후에 발표되기 시작한 일련의 저서들과 논문들은 이론가들의 많은 관심과 더불어 논란이 되었다.

컨버그는 프로이드의 욕동이론과 자아심리학의 방어기제론을 토대로 대상관계론과 자기심리학의 관점과 개념들을 종합하는 이론체계와 기법을 제시하였다. 특히 컨버그는 1970년대부터 현재에 이르기까지 국제정신분석학계 임상 논쟁의 중심에 있는 경계성 성격장애(Borderline Personality Disorder)의 만성적 격노 표출증상 원인과 치료적 기법을 제시하였다. 컨버그는 경계성 성격장애의 악성분노 증상 발생 원인을 현실대상에 대해서 '전적으로 좋은/전적으로 나쁨'(all good/all bad)으로 양극화하여, 원시적으로 이상화하거나 극도로 평가절하 하는데 있다고 하였다. 이들의 내면에는 구강기에 해소되지 못한 채 분열된 시기심, 격노, 증오가 가득하다는 것이다. 이들의 원시적 정동(affect)인 격노(rage) 주변에는 여러 유형의 공격욕동들이 있는데, 악성 성격장애의 격노는 성격화된 공격성인 증오(hate)로 발달한다고 한다. 그리고 격노의 기저에는 부정적이고 파괴적인 환상들이 존재하며, 이 환상들은 어린 시절 '자기'의 한 측면과 '중요 대상'의 한 측면이 맺었던 부정적 대상관계를 내포한다. 유아가 표출하는 격노의 기본 기능은 고통이나 짜증의 원천을 없애고 자신이 바라는 만족 상태를 회복해 달라고 양육자에게 촉구하는 것이다. 이에 비해 후기 발달단계에서의 격노는 만족을 방해하는 장애물을 제거하려는 시도이다.

이상에서 정신분석적 접근을 통한 분노를 맥락적으로 살펴 볼 때, 건강한 주장을 통한 양태가 있는가 하면, 신경증적이고, 성격장애와 정신증적 형태의 병리적 양태가 있음을 볼 수 있다. 정신분석적 접근을 통한 병리적 분노의 원인은 대부분 어린 시절에 주어진 고통체험과 어린 시절에 형성된 심리구조의 결함에 기인하고 있음을 본다. 특히 어린 시절 분노, 수치, 불안, 공포, 과잉흥분 등의 불편한 정서가 양육자와의 관계 속에서 해소되지 못한 채 무의식에 분열, 부인, 억압되어 망각되고 그 상태로 고착되어 있다가, 현재의 외부 촉발자극과 연결될 때마다 내부에서 치솟아 이성과 의지가 통제하기 힘든 돌발적이고 부적절한 분노를 일으키게 된다는 것이다. 정신분석치료에서는 어린 시절의 '욕동·대상관계·자기' 발달욕구와 연관된 문제요인이 무의식에 내재되어 있어서 성인이 되어서도 현 상황에 맞지 않은 유아적 정서로 반복해서 나타나는 것을 병리적 현상이라고 본다. 그러므로 치료를 위해서 무의식에 내재된 병인을 의식화시켜 직면·명료화·해석하는 작업을 통해서 해소·완화해가는 것이다.

3) 분노의 인본주의적 접근

미국에서 인본주의 심리학의 대두는 1950년대 말 내담자 중심적 접근을 주창한 칼 로저스(Carl Rogers)에 의해서 시작되었으며, 형성기의 공헌자로 마슬로우(Abraham Maslow)와 메이(Rollo May) 등을 들 수 있다. 그리고 인본주의 심리치료의 진영에 속하는 것으로 분류되고 있으나 실존주의 심리치료의 진영에 가까운 빅터 프랭클(Viktor E. Frankl, 1905-1997)이 있다.

그들은 인간행동의 기본적인 결정요인 가운데서 가치존중의 자율적 능력과 그 역할을 중시한다. 특히 인본주의 심리치료 입장은 인간행동의 신체적·유기적·상징적 영역의 다차원적 측면을 중시하며, 인간행동의 심층부를 탐구하는 과제에 관심을 기울인다. 가치, 문화, 책임 등은 모두 인간 특유의 상징적 영역에서 나타나는 특성들이다. 이렇게 인간을 다차원적 측면에서 이해하는 입장이므로 인본주의 심리치료에서는 이런 문제를 다루는데 있어서 현상학적·임상적 접근을 중요시한다.

현상학적 입장에서 분노는 한 개인이 세상에 대한 지각의 반응으로써 언급하고 있다. 즉, 분노는 한 개인이 세상에 대한 지각된 감정으로 나타난다고 믿고 있다. 이러한 지각은 한 개인이 생존하는 방식이므로, 분노는 한 개인이 살아있다고 느끼도록 만드는 활성화의 역할을 한다고 본다. 실존적이고 현상학적 입장에서 분노조절을 생각한다면 분노는 화가 난 사람의 인지적 지각과 관련이 있기 때문에 인지적인 재구조화(reframing)는 가장 중요한 분노 해결의 방법이 되는 것이다(오오현, 2007).

인본주의 심리학에서는 사회의 결정적 요인과 무의식의 요인들이 인간의 심성에 중대한 영향을 미친다고 보는데, 이들 요인은 부정적이며 또한 파괴적이기도 하다는 것이다. 그러나 독자성과 존엄성을 지니고 있는 인간은 자력에 의하여 능히 개체의 능력과 자존심을 함양할 수 있다고 보는 것이다. 이와 같은 가치 중심의 인간관을 전제로 하여 인본주의 심리기법이 발전하였다. 특히 내적 성장의 어려움을 감안하여 발달과 관련되는 개인의 처지에 따라 자기책임을 수용하는 중요성을 강조한다(이남표, 2000).

또한 인본주의 입장에서는 내담자의 문제가 반드시 어릴 적의 경험 때문이라고 생각하지 않는다. 어렸을 적의 경험이 중요하지 않다는 것이 아니라 인간중심의 치료에서는 과거의 전통적인 심리치료보다는 지금, 여기(here and now)에 더 강조점을 둔다(이용배, 2004). 인본주의 지향의 치료자는 내담자들로 하여금 이런 종류의 삶에 대해 끊임없는 투쟁이 요청되는 것을 인식시킴으로써 완전하고 자발적인 삶을 살도록 도전하게 한다(김충기·김현옥, 1991).

인본주의적 접근은 여러 혼란들을 극복하고 일반적 차원에서 보편화되어 적용되고 있다. 그것은 이 접근법이 어떤 상담기법보다 특별한 기술 없이 쉽게 적용할 수 있다고 보기 때문이다. 분노 이해 측면에서도 여러 면을 검토해야겠지만 내담자의 마음을 열고 내면의 문제를 끄집어 낸 후 해결책을 찾는 것도 유용하다고 본다. 인본주의적 접근은 내담자에게 큰 부담을 주지 아니하고,

본인 스스로 적극적인 자세로 노력함에 따라 큰 실효를 거둘 수 있게 하는 접근법이다. 또한 인본주의적 접근은 "완전히 기능하는 인간"을 표방한다고 하였다. 그러므로 분노라는 감정도 '불완전하게 기능하는 인간'에서 비롯되는 것이기에 분노하는 사람이 '완전하게 기능하는 인간'으로 변화하게 될 때 비로소 이상적인 인간이 될 수 있다는 것이다(김용배, 2004).

(1) 빅터 프랭클

기계적이고 동물적인 인간관을 반대하고 인간의 정신적 독특성을 강조하여 의미요법(Logotherapy)을 주장한 빅터 프랭클(Viktor E. Frankl, 1905-1997)은 분노를 발생시키는 것은 어떠한 외부적인 영향 때문이 아니라 자신의 태도 때문이라고 하였다. 즉, 동일한 조건에서도 자신의 태도에 따라 분노가 발생할 수도 있고, 발생하지 않을 수도 있는 것이다. 타인에 대한 태도와 자신에게 잘못 행동한 사람들에게 대하는 태도는 각자가 가지고 있는 인간관과 밀접한 관련이 있기 때문이다. 그러므로 타인에 대한 분노의 경향을 줄이고 공격적인 행동을 억제하려고 한다면 세상에 대하여 보수적이고 전통적인 견해를 갖기보다는 자유론적인 태도로 바꾸도록 하는 것이 필요하다는 것이다. 그리고 분노 경험에서 벗어나기 위해서 자신의 삶에 의미를 부여하고 또한 현재 살아가는 삶에서 의미를 발견해야 하며, 그 의미를 강화시켜 지혜로운 분노 관리를 할 수 있게 해야 한다는 것이다.

5. 한국문화에서의 분노이해

한국문화에서 한국인의 분노 정서로 대변되는 것으로는 한(恨)과 화병(hwa-byung)을 예로 들 수 있다. 한(恨)은 한국민족의 문화적 질병인 화병(hwa-byung, 울화병이라고도 불림)으로 나타나며, 정신장애의 진단 및 통계편람(DSM-Ⅳ)은 이를 한국 민속 증후군으로 보고 분노증후군(anger syndrome)이라 번역하고 있다. 화병은 분노의 억제로 인해서 발생하는 것으로써 전문의들은 증세를 50가지 이상으로 파악한다. 김열규(2004)는 화병(hwa-byung, 火病)의 전형적인 3대 증상으로 첫째는 번열(煩熱), 곧 발열, 둘째는 열상(裂傷)의 아픔, 곧 살이나 육신이 찢기고 금가는 아픔, 그리고 셋째는 폐쇄증, 곧 막힘의 증상이 나타난다고 하였다. 다시 말해, 뜨겁고 아리고 막히는 것이 화병의 전형적인 3대 증상이다.

한국문화 속에서 화병이 흔하게 된 배경을 보면 첫째, 우리민족은 다른 민족에 비해 감정표현을 억제 당하는 문화 속에서 살아 왔기 때문이라고 볼 수 있다. 우리 민족은 예부터 외세의 침입을 수없이 받아왔기 때문에 외부의 압력을 본능적으로 차단하고 내부적으로 결속하는데 치중해 왔다. 내부결속은 지역과 가정 같은 소규모 집단 안에서 나름대로의 서열을 세우는 결과를 낳았는데, 서열사회에서는 '우두머리' 외에는 모두 스트레스에서 자유롭기 힘들고, 더욱이 그 서열에서 밀려날 경우는 더 가혹한 스트레스에 시달리게 되고 분노감정은 증폭되게 된다.

둘째, 우리문화 속에서 한과 화병은 한국인의 심성의 근간이 되는 전통종교와 밀접한 관련이 있음을 알 수 있다.

한국인에게 있어서 무교는 집단 무의식의 기저를 이룰 만큼 심성의 핵을 이루었고, 불교도 한국인의 심성 형성에 자연친화적인 이미지를 부여했다. 반면, 유교는 가족주의적인 가부장적 문화를 이 땅에 전해주었다. 하지만 한국의 풍토 속에서 모성적 종교와 부성적 종교는 평화적 공존보다는 갈등 속에 존재해 왔음을 알 수 있다. 부성적 종교인 유교적 문화는 모성적 종교인 무교와 불교문화를 억압하며 갈등을 일으켜 '한'(恨)이라는 정서적 질환을 만드는 원인을 제공하였다(이기춘, 2003).

한국문화 속에서 인간의 감정표출의 통로였던 무교는 유교적 세력과 충돌을 일으켰지만 쇠퇴의 길을 걷지 않고 더욱 내면화되어 한국인의 억압된 감정의 응어리가 되었다. 이 응어리를 한(恨)이라고 하는 바, 한은 극단적 감성표현으로 합리성이 결여되었다는 약점을 갖게 되었다. 반면, 유교는 인간의 감성을 억제하고 합리성을 추구하는 윤리체계로 등장하면서 조선왕조의 통치철학이 되었다. 이로부터 시작된 모성적, 부성적 종교의 갈등은 사회적으로 한을 확산시켰고, 수많은 한의 이야기들은 조선왕조에서 만들어졌다. 유불선의 조화로운 문화를 창출했던 신라시대와 비교해 보면 이런 사실이 극명하게 드러난다. 한국의 기독교는 이러한 갈등의 틈바구니에서 제3의 세력으로 한국문화 속에 뿌리를 내렸다(이기춘, 2003).

이렇게 볼 때 화병의 원인은 외부의 압력을 차단하고 내부적으로 결속하는데 치중함으로 생겨난 역기능적 서열문화와 유교문화 위에 뿌리 내린 가부장제도 아래 여성에게 삼종지덕을 강요해 왔던 사회 문화적 맥락의 영향 때문임을 볼 수 있다. 다시 말해서 한국의 유교적, 가부장적 문화는 분노를 안으로 삭이는 한국 여성의 한을 양산한 셈이다(심수명, 2004).

화로 인한 화병에는 급성 화병과 만성 화병이 있다. 급성 화병은 화의 발생 직후에 나타나는 화병이며, 만성 화병은 화가 상당한 기간을 거쳐 화병으로 진행되는 화병 형성과정을 거친다. 먼저 급성 화병의 경우에는 화 사건에 대한 예기나 개인내적으로 화에 대한 대처기제가 발달되지 않은 상태에서 심리적 충격을 유발할 수 있는 심각한 부당성 피해를 받게 될 때 화 감정에 대한 대처와 통제 기능이 마비된 상태에서 공포, 불안, 초조를 경험하며 경우에 따라 신체적 증상(마비, 고혈압, 급체, 진전 등)을 수반하는 화로써 인성, 정서 및 행동장애를 나타낸다. 그러나 급성 화병에서도 화는 흥분과 쇠진의 반복이 짧은 시간 내에 빈발하며 그 기간에 피로와 쇠진, 정서의 황폐화가 급진적으로 진행된다. 급성 화병환자의 전형적 증상 표현양식은 쓰러지거나 병으로 눕는 것과 같은 자기 무능화이며, 이러한 무능화는 타인으로부터의 동정과 관용을 얻어낼 수 있다. 급성 화병은 진행의 속도가 빠른 만큼 회복의 속도도 빠를 수 있다.

만성 화병은 장기간에 걸쳐 화감정의 흥분과 쇠진이 반복적으로 나타나며, 이 과정에서 화의 강도는 누적적으로 높아지고 이에 반비례해 화에 대한 통제력이 약화됨으로써 정서체계에 혼란과 장애가 점진적으로 진행되어 궁극적으로 적응장애를 야기하는 형태와 단계를 거친다.

만성 화병과 급성 화병에서 함께 나타나지만 특히 만성 화병에서 더욱 현저하게 나타나는 화병의 진행 및 증상 표현에서의 특징의 하나는 화와 울이 순환적으로 나타나는 것이다. 따라서 화병은 비록 화에서 발생했으나 화병의 진행과 증상은 화와 울이 번갈아 나타난다는 점에서 '화울병'으로 칭할 수 있으나 일상적으로 '울

화병'으로 지칭된다. 여기서 울의 상태는 흥분성 화의 발화에 수반되는 쇠진의 상태에서 피해의 회복불가, 부당성의 교정불가, 화냄과 화풀이의 무효과와 연계된 효능감 상실, 자기 비하, 자존심의 저하, 삶의 의미상실 등에서 비롯되는 우울 증세를 나타낸다. 따라서 울화병에서는 과흥분성 화감정과 의기소침, 위축, 절망 등의 울기가 나타나고, 이러한 울기가 지나면서 다시 억울한 생각이 회상, 정리되어 분기로 나타나고 분기는 화기로 표출된다.

화와 울이 순환적으로 반복되고 특히 장기간에 걸쳐 화와 분의 순환이 일어나게 될 때, 울에서 화로 가는 과정은 화 사건과 화 관련 인지의 회상에 따른 분한 생각과 감정이 화를 선행해서 현재적 과정으로 개입되는 것이 특징적이다. 초기 발생의 화 경험에서는 분의 감정이 잠재적 과정으로 개입되는 것이 특징이나 시간의 경과와 더불어 화 사건이 인지적으로 정리되고 화의 감정에 인지적 요소가 더 큰 비중으로 관여 또는 포함되게 된다. 인지 과정의 명료도와 관여도가 커질수록 분의 현저성은 높아지고, 특히 울과 화의 순환고리에서 울이 화로 전환되는 과정에 분의 마음이 매개변수 형태로 현저하게 관여·작용하게 된다.

6. 분노의 성서적 이해

1) 구약성서

구약성서에는 하나님의 분노와 인간의 분노가 600여 번이나 언급되어 있고, '분노'라는 낱말만 450회 이상 나온다(Jame M.

Boice, 1978). 그 가운데 375회가 하나님의 분노에 관해서 사용되고 있다. 구약 히브리어에서 분노에 해당하는 표현 중 가장 널리 쓰이는 단어는 '아나프'(אנף)이다. '아나프'(אנף)의 명사형은 '아프'(אף)로 '코' 혹은 '콧구멍'을 뜻하는 말에서 유래되었다. 그래서 '아프'는 사람이 분노할 때 콧구멍이 벌어지거나 콧김이 세차게 내뿜어지는 모습을 말한다. 동사 '아나프'는 항상 하나님의 진노를 표현하지만(14회), '아프'는 하나님(170회)과 사람(40회)의 진노를 모두 표현하고 있다. 대개의 경우 하나님의 의로우신 진노를 표현하는데 사용되었지만, 모세가 십계명이 적힌 돌판을 던져 깨뜨릴 때 개인적인 감정이 섞인 분노를 표현하는 경우에도 쓰이고 있다. 또한 분명히 옳지 못한 발람의 분노(민 22:27)에도 쓰이고 있다.

'아프'라는 단어 다음으로 자주 쓰이는 단어는 '자암'(זעם)이다. '자암'이란 단어는 동사(12회), 명사(22회), 총 34회 나타나며 주로 후기 예언서나 성문서에 쓰이고 하나님의 노(怒)나 저주를 나타낼 때 자주 쓰인다. 명사로 사용된 22회의 경우는 전부 하나님의 진노를 가리키는데 사용되었다. 또한 묵시문학 속에서 '자암'은 '진노의 때'를 가리키는 특별한 뜻으로 사용되었다(사 26:20; 단 8:19, 11:36).

2) 신약성서

신약에서 '분노'에 해당하는 대표적 헬라어로 '쒸모스'(θυμός)와 '오르게'(ὀργή)가 있다. '쒸모스'는 매우 흥분된 상태로 마음속에 있는 분노를 터뜨린다는 의미로 잠시 동안 발끈하여 순식간에 타오르고 곧 사라진다. 그러나 '오르게'는 마음이 안정되거나 지속적인 상태에서 서서히 일어나는 분노를 말한다. 이 단어는 보복의 의도가 내포되어 있고, 본질상 오래 계속되는 경향이 있다. 어원적으로 '오르게'는 식물 또는 과일의 즙 같은 내부 물질이란 의미에서 어떤 사물의 타고난 기질, 성질, 성격 또는 충동을 뜻하는 단어이다. '쒸모스'와 '오르게'는 서로 바꾸어 사용될 수 있는 동의어로서 인간의 분냄과 하나님의 진노 모두에 대해 사용되고 있다. 이는 곧 의로운 진노와 그릇된 분노를 표현할 때 똑같이 사용된다는 말이다.

분노에 대한 성경의 가르침은 대부분 부정적으로 표현되고 있다. 잠언에 기록된 10회의 분노 가운데 9회가 부정적이며, 단 한 번만 단서가 붙여져서 용납되고 있다. 잠언의 지혜자들이 권고하기를 인간의 분노는 불필요한 덕목으로써 분노 자체는 잔인한 것이며(잠 27:4), "분노에서 싸움이 생긴다"(잠 30:33)고 한다. 따라서 분노는 칼을 부르는 것이므로 분노는 죄라고까지 규정짓는다(욥 19:29). 그리고 신약 서신서에서도 분노를 멀리하라고 가르치고 있다(약 1:19-20, 갈 5:20-21, 골 3:8, 딛 1:7). 그런데 성경 안에서 분노에 대한 상반된 견해가 동시에 기록된 본문이 있다. 에베소서 4장 26절에서는 분을 내어도 죄를 짓지 말라고 하면서 31절에서는 노함과 분냄을 버리라고 말하고 있다. 이는 분노에 대해 중요한 점을 말해주고 있다고 본다. 인간이 타인의 이익이나 하나님의 정의나 사람을 위해 분노를 하기도 하지만, 인간의 분노 대부분은 하나님의 뜻을 따르기보다는 감정이 선행하며, 오래 두면 부정적인 결과를 초래하는 원인이 되기 때문이다.

다시 말해서, 성경은 분노 자체를 정죄하고 있지는 않으나 위험한 감정이라고 설명한다. 분을 품고 있는 동시에 사람들이 경험하는 생리적인 각성과 정서적인 각성의 정도가 심할수록 분노는 평소의 이성적인 생각과 판단을 흐리게 하고 절제력을 잃어 죄악된 행동으로 발전되기가 쉽다. 사도바울이 골로새서 3장 8절과 에베소서 4장 31절에서 분노를 금하는 것은 분노 자체가 죄이기 때문이 아니라 풀지 않은 분노에서 나올 수 있는 죄의 가능성을 경계하고 있는 것이다. 성경은 분명히 불화의 결과로 생기는 분노나 질투와 증오에서 나오는 분노를 금하고 있다.

신구약 성경에서 말하고 있는 분노는 크게 하나님의 분노와 인간의 분노로 구분되는데, 구체적으로 설명하면 다음과 같다.

(1) 하나님의 분노

구약성경에서의 하나님의 분노는 인간의 부정함과 불경건에 대한 반응으로 하나님의 거룩하신 성품의 일부로 나타나고 있다. 하나님의 분노는 죄에 대한 그의 의로우신 반응에 의해서 조정되고 그의 인내와 자비의 속성에 의해서 제한을 받는다(Frank B. Minirth, Paul D. Meier, Frank B. Wichern, & Donald E. Ratcliff, 2003).

하나님의 분노는 하나님의 권능과 위엄의 상징이다. 그의 백성들일지라도 계속되는 불순종에는 치명적인 하나님의 진노하심이 임한다. 이러한 하나님의 분노는 그의 긍휼하심과 뒤섞여 있다(출 22:23).

신약에서 하나님의 진노는 인간 죄악의 필연적인 결과다. 모든 사람이 죄를 범하였으므로 인간은 다 하나님의 진노아래 있다. 그러나 하나님께서는 진노의 그릇을 오래 참으심으로 관용하시고 긍휼의 그릇을 허락하셨다(롬 9:22). 하나님의 진노는 하나님이 인간을 구원하고자 하는 계획의 일면이며, 하나님의 사랑의 일면이다. 그래서 폴리슨(D. Powlison)은 하나님의 사랑을 이해하지 못하고서는 그의 분노를 이해할 수 없다고 했다. 하나님의 진노는 인간을 사랑하셨기 때문에 일어난 반응으로써 하나님의 분노에는 목적이 있다. 하나님의 분노는 인간의 불의를 바르게 하여(욘 3:9; 렘 3:12) 하나님의 대리자로서의 위치를 회복시키고자 한 것이다. 구약과 마찬가지로 신약에 나타난 하나님의 진노는 악(롬 12:19, 13:14), 율법의 파기(롬 2:17, 3:19), 배신(롬 5:8, 10) 등에서 나타난다. 이런 면에서 볼 때, 하나님의 진노는 인간의 죄(하나님과 타인에 대한)로 인해 일어나는 하나님의 의(義)의 표현이다. 하지만 그의 진노는 항상 용서와 인내를 갖고 있었고 인간이 불의에서 떠나 하나님의 대리자로서 위치를 회복케 하려는데 목적이 있었다.

(2) 예수님의 분노

예수님은 이 땅에서 많은 사람들로부터 집요하게 공격을 당하셨고 많은 요구를 받았다. 예수님의 삶을 보면, 오래 참으시고 온유하시며 용서하시는 모습으로 특징 지워진다. 하지만 예언자와 제사장과 왕의 기능을 수행하신 예수님은 하나님의 뜻인 공의와 사랑을 이루기 위해서 인간의 일상적 분노와는 다른 의분을 표출하심을 볼 수 있다.

예수님은 마가복음 3장에서 한편 손 마른 사람을 고쳐 주신 이적에 대해서 유대인들이 완악한 태도를 보였을 때 분노하시며 꾸짖는 모습을 본다(막 3:1-5). 이것은 중심으로는 하나님을 떠나있으면서 형식만을 지키려는 위선자들을 향하신 예수님의 분노인 것이다. 그리고 예수님은 성전으로부터 돈 바꾸는 자들을 내어 쫓으실 때 진노하셨음을 볼 수 있다(요 2:13-15). 누가는 헤롯이 그를 죽이려 할 때, 예수님께서 헤롯을 여우라고 불렀다고 전한다(눅 13:31-35). 그리고 마태는 예수님이 자기를 고소하는 자들에게 '독사의 무리들', '마귀의 자식들'로 불렀다고 기록하고 있다(마 12:33-36). 또한 마태복음에서는 예수님이 바리새인들에 대하여 '화 있을 진저'로 시작하여 '외식하는 자', '천국의 문을 막는 자', '약대를 삼키는 자', '소경된 인도자', '회칠한 무덤', '뱀들아 독사의 새끼들아' 등의 심한 표현으로 비난하셨다(박봉배, 1986).

 예수님의 분노 대상은 주로 사회적인 부정이나 종교적 불의, 그리고 하나님의 영광과 뜻을 거스르는 자들에 대한 것이었음을 알 수 있다(강사문, 1986).

 예수님의 분노에 대한 구체적인 가르침은 산상수훈에 잘 나타나 있다. 예수님은 산상수훈에서 사람들이 분노에서 벗어나야할 필요가 있다는 점을 분명히 하셨고, 형제에게 노하는 것을 살인 행위와 동일시 하셨으며(마 5:21), 형제에게 노하는 자는 살인자와 마찬가지로 심판을 받게 될 것이라고 하였다. 그러나 예수님께서 사용하신 특별한 분노 표현들(마 5:21-24)과 분노를 일으킨 상황에 대한 예들(마 5:38-42)은 주님이 분노를 느끼는 사람을 질타하는 것이 아니라 죄악된 방법으로 분노를 표현하는 사람들을 책망하고 계시다는 사실을 암시하고 있다. 이 말씀을 하신 예수님은 청중의 관심을 겉으로 드러나는 의로부터 사람의 속에 들어있는 것으로 이끌어 가셨음을 본다. 그러므로 사람들이 설사 살인이나 간음을 하지 않았다 할지라도 마음속에 분노나 음욕을 품고 있다면 하나님 앞에 의롭다고 할 수 없다는 것을 가르치셨음을 볼 수 있다(Mark P. Cosgrove, 1996).

예수님은 마태복음 5장에서 악한 사람을 저항하지 말고 오른편 뺨을 치거든 왼 편도 돌려 대라고 하셨다(마 5:39). 또 송사하여 속옷을 가지고자 하는 자에게 겉옷까지도 가지게 하며, 누구든지 군인의 짐을 지고 억지로 오리를 가게 하거든 그 사람과 십리를 동행하라고 말씀하셨다. 예수님께서 관심을 가지신 것은 약한 사람을 못 살게 구는 악인의 불의나, 법적인 소송이나, 로마 군 당국의 처사가 아니라 부당한 취급을 당한 사람의 태도와 반응이었음을 본다. 부당한 대우를 당했을 때 보일 정당한 반응은 분노와 증오가 아니라 사랑과 기도라는 것이다(마 5:43-44). 예수님께서는 사람들 속에 있는 분노가 이 세상의 무엇보다도 더 많은 해를 끼칠 가능성이 있다는 것을 알고 계셨다. 사람들에게 다른 편 뺨도 돌려 대라고 가르치실 때 주님은 모욕을 당할 때 그것을 무시하는 자유를 누리는 것이 더 중요하며, 그리할 때는 또한 그 모욕을 다룰 최선의 방법을 찾아낼 자유도 누리게 된다는 뜻으로 말씀하셨다. 사람들이 화가 나서 자제력을 잃으면 상대방을 용서하거나 남들을 도울 자유를 잃게 된다. 그리고 위험을 피할 자유도 놓치게 된다.

화목을 추구하는 동일한 마음 자세가 송사의 예에서도 강조되고 있다(마 5:40). 송사하여 속옷을 가지고자 하는 자에게 마지막 남은 재산인 겉옷까지도 포기해야할 이유는 무엇인가? 예수께서는 비록 화가 날지라도 자제력을 유지하고 있다는 것을 보여주라는 뜻으로 말씀하신 것을 볼 수 있다.

(3) 인간의 분노
성서에서 인간의 분노를 말할 때는 하나님의 분노와는 달리 대부분 자신들의 이익에 제한을 받기 때문에 합당하지 못하다고 본다(한국성서학연구소, 1996). 이것은 창세기 4장 5-7절에 분노를 잘 다스리지 못하여 아벨을 죽이는 사건 속에 잘 나타나고 있다(김오실, 2001). 인간의 분노가 비판을 받는 것은 부정적 결과를 가져오기 때문이다(창 49:6-7). 그래서 지혜로운 자는 분노를 참는다고 하였고(잠 29:8, 11), 분노는 미련한 자의 특징으로 묘사하고 있다(욥 5:2; 잠 14:17; 전 7:9). 신약에서 바울은 분냄을 새로운 피조물 된 믿는 이들이 벗어버려야 할 죄악의 목록에 포함시키고 있다(엡 4:31; 골 3:8; 고후 12:20). 그리고 믿는 이는 분노 대신 사랑의 삶을 살아야 하고, 원수에 대해서도 분노하며 보복해서는 안 된다고 하였다(롬 12:19). 그러나 바울은 에베소서 4장 26절에서 '분을 내어도 죄를 짓지 말며 해가 지도록 분을 품지 말라' 고 말함으로써 분을 내지 않는 데 있어서 인간의 한계성을 인정하고 있음을 볼 수 있다.

대상에 따라서 다양하게 표출되는 인간의 분노를 요약하면 다음과 같다(이관직, 2007). 첫째, 인간의 분노 가운데 가장 많은 부분을 차지하는 것은 타인에 대한 분노이다. 사회적인 동물인 인간은 가족관계를 비롯해서 이웃과의 관계, 직장상사와 동료들과의 관계, 친구관계, 각종 모임에서의 상호관계 등 수없이 많은 관계의 줄로 얽혀 있다. 이와 같은 직접적인 관계 외에도 불특정 다수의 사람과의 관계 속에서 살아간다. 이러한 여러 관계 속에서 분노 감정을 자극받는 상황이 도래할 때 대상을 향한 분노를 표출하게 된다.

둘째, 자신을 향한 분노이다. 이것은 하고자 했던 일을 정해진 기간 내에 마치지 못했거나 자기주장을 하지 못하고 다른 사람의 의견에 끌려 다닐 때, 혹은 중요한 약속을 까맣게 잊거나 선물 받은 소중한 물건을 잃어버렸을 때, 똑같은 실수를 반복하게 될 때 자신을 향해 분노하고 실망하게 된다. 특히 완벽주의 성향을 지닌 사람들일 경우 자신이 추구하는 기준에 도달하지 못하게 될 때 자기 자신에 대하여 분노한다. 그러나 자기 자신의 분노는 대개 외부로 드러나지 않은 채 억제되는 경향이 있다.

셋째, 사회적 분노이다. 사회적인 분노는 개인이 당하는 억울함보다는 다른 사람의 억울함을 대변하는 입장에서의 분노이다. 사회적인 분노는 일반 사회 구성원들의 분노를 대변할 뿐만 아니라 민족적 · 국가적 분노 역시 반영한다. 사회적인 분노가 건설적인 방향으로 향하면 그 사회의 공평과 정의를 구현하는데 일익을 담당하지만 집단 이기주의나 자민족중심주의로 발전하면 오히려 해가 될 수 있다(오윤선, 2010).

7. 분노의 기능성과 역기능성

생후 2달 된 유아도 분노를 경험하고 표현할 수 있을 정도로 분노는 생의 초기부터 경험하고 표현되는 정서다(Sullivan, 1990). 이는 그만큼 분노가 인간의 생존이나 적응을 돕기 위해서 꼭 필요한 정서임을 간접적으로 보여준다. 하지만 인간 사회가 문명화되고 복잡해질수록 분노와 그에 수반되는 공격행동은 다양한 역기능을 초래하기 쉬우며, 그에 비례해서 분노에 대한 사회문화적인 제약도 커지게 마련이다. 현재까지 기능적인 분노와 역기능적인 분노를 구분해주는 명확하게 합의된 기준은 없으나 일부학자들에 의해서 시도가 되었다(김세진, 1999; Bowlby, 1980). 이들의 주장을 근거로 분노의 기능적인면과 역기능적인면을 구별하고 성경적인 입장을 살펴보면 다음과 같다.

1) 분노의 기능성

모든 감정들과 마찬가지로 분노는 우리의 삶을 향하신 하나님의 뜻 안에서 여러 가지 목적을 이룬다. 그러므로 분노는 성경의 원리들에 맞지 않는 방법으로 표현되기 전에는 윤리적으로 중립 상태에 있다. 분노는 몸의 자연적인 반응 체계의 일부로서 긍정적인 유익을 가져다준다.

첫째, 분노는 인류의 생존을 위해 중요한 기여를 하는 정서로 위협 상황에서 에너지를 효율적으로 동원해서 위기에 잘 대처하게 해주는 동기적인 역할을 한다(Ellis, 1975). 분노는 특히 사람들로 하여금 악을 대항하여 일어서게 하고 악의 결과와 상처와 고통을 치료하는 방향으로 밀고 나갈 때 생동감 넘치는 삶을 살게 해줄 수 있다.

둘째, 분노는 경고를 알려준다. 육신의 고통은 사람이 자기 몸 안에 있는 문제에 적절히 대처하게 만드는 목적을 이룬다. 고통과 불쾌감이 없다면 사람들이 화상을 입을 때까지 뜨거운 난로에서 손을 떼지 않게 될 것이다. 분노도 역시 우리 속에서 뭔가 잘못되어 가고 있다는 것을 경고하는 기능을 할 수 있다. 분노는 주의를 필요로 하는 내면의 더 깊은 장애를 알려주는 하나의 증상일 수가 있다. 분노는 점점 깊어져 가는 좌절감이나 실패에 대한 두려움, 삶에 대한 불합리한 기대, 해결되지 않은 죄책감 혹은 육신의 탈진을 암시할 수도 있다.

셋째, 분노는 개인의 존엄성, 주체성, 자존심을 보호해준다. 무시당하거나, 비웃음을 당하거나, 고통받고 있다고 생각할 때 분노가 일어난다. 분노는 남에게 속거나, 과소평가 당하거나, 공격받을 때 자신을 방어할 수 있도록 용기를 북돋아준다.

넷째, 사회적 상황에 맞게 적절히 사용된 분노는 사회적 조절자로 기능하며, 때로는 사회적 결속을 다져주고 사회적 변화를 일으키는 자극이나 점화장치가 되기도 한다.

다섯째, 분노는 의사소통의 한 양상이다. 위협받거나 방해받는 상황에서 얼굴을 붉힌다거나 화난 목소리를 내는 것은 위협이나 방해물을 없애준다.

2) 분노의 역기능성

성경은 분노를 모두 죄로 간주하지 않지만 분노하지 말라고 권면한다. 성경은 분노 자체가 비록 잘못된 것은 아닐지라도 위험한 감정이라고 설명한다. 분을 품고 있는 동안에 사람들이 경험하는 생리적인 각성과 정서적인 각성의 정도가 심할수록 분노는 평소의 이성적인 생각과 판단을 흐리게 하고 죄악된 행동으로 발전하지 못하도록 배워서 익혀둔 절제력을 잃게 하기가 쉽기 때문이다. 그러므로 분노를 죄로 바꾸어 놓는 잘못된 생각이나 행동의 동기를 통제하는 것이 필요하다. 특히 분노는 강한 흥분상태를 수반하는 부정적인 감정이어서 대인관계, 일, 심리적·신체적 건강 등의 다양한 측면에 악영향을 미치기 쉽다. 흔히 분노의 대상이 되는 상대는 우리가 싫어하는 사람이 아니고 우리가 잘 알고 지내는 가까운 사람들이다. 분노를 경험하면 분노를 유발시킨 부당한 상황에 대해서 쓸데없이 반추하게 되고 보복적인 내용의 생각을 곱씹는 경향이 있다. 이로 인해 집중력이 저하되어 일의 능률이나 문제해결 능력이 저하되기 쉽다(Ellis & Tafrate, 1997).

그러므로 인간의 자기중심적이고 죄성에서 비롯된 분노를 통제하지 못하면 인격성숙과 신앙성숙은 어렵게 된다. 현재 우리의 삶의 목적과 고난의 의미에 대한 신념, 자기 자신의 중요성에 대한 견해, 책임감과 도덕적 관념 등이 분노할 가능성을 제공하고 우리가 선택할 분노 반응의 성질을 조성한다. 그리고 시간이 지나고 반복이 되면서 분노 반응은 뿌리를 내리고 습관화되므로 고질적인 문제를 만들어 낸다. 분노가 핵심감정인 사람은 반복된 분노문제 때문에 늘 좌절을 경험하게 되고 영적, 심리적, 육체적, 사회적 건강성을 해치게 될 것이다.

그러므로 분노가 방치되어 독버섯처럼 자라서 더 큰 문제가 야기되지 않도록 순기능적인 방법을 통해서 통제되고 조절되어야 할 것이다.

제4장

청소년 분노 이해하기

1. 청소년 분노의 특성
2. 청소년 분노의 원인
3. 청소년의 분노조절을 위한 선행연구 분석
4. 청소년 분노조절의 기독교 관점과 말씀묵상기도

chapter 4 청소년 분노 이해하기

1. 청소년 분노의 특성

청소년기는 인생발달 주기 가운데서 가장 정서적으로 격렬하고 쉽게 동요하는 속성이 있기 때문에 분노감정 지수가 높다고 할 수 있다(이규미, 1998). 특히, 청소년들은 호르몬 변화에 따른 정서변화와 자기의식과 정체성 문제에 따른 관심사를 설명하기 위한 표현방식으로 분노를 표출하는 경우가 많다.

이은순(1998)은 청소년기의 분노의 특성으로 아동기에 비해 훨씬 더 오래 지속되는 경향이 있으며, 사회적 욕구의 저지와 도덕적인 문제—자기발전에 방해를 받을 때, 자기주장을 못할 때, 간섭, 압박, 이유 없이 꾸중을 듣는 일, 불공평한 취급, 흥미 없는 충고, 무시, 자유의 속박—로 인해 분노를 느끼거나 실패의 원인을 자기에게서 찾으며 자기 자신의 무능력에 대한 분노를 느끼는 것이라고 했다. 그리고 권혜진(1995)은 청소년 분노 특성으로 대인관계에 따른 분노해결의 학습기임을 강조하였으며, 애버릴(J. R, Averill, 1983)은 청소년들이 가족, 친구 등 보다 밀접한 관계가 있는 사람들 사이에서 더 빈번한 분노를 경험하는 특성을 가지고 있다고 하였다.

특히 청소년들은 또래관계에서 분노를 더 많이 경험하게 되는데, 청소년들에게 있어서 또래관계는 실질적으로 도움을 주는 긍정적인 영향을 미치기도 하는 반면에, 또래 압력에 의해서 많은 청소년들이 고통과 상처 등의 부정적인 영향도 받는다. 또래의 압력을 받은 청소년들은 공포감정과 더불어 타인의 생각에 민감한 반응을 보이게 된다. 이러한 청소년들의 경우, 상대방의 감정을 상하지 않게 하면서 인간관계를 맺기 위해서 또래 집단을 따라 원치 않은 부적절한 행동을 일삼기도 한다. 그리고 또래 압력으로 억눌렸던 분노 감정이 통제력을 잃으면서 일순간 폭발하여 문제를 일으키기도 한다.

또한 우리나라 청소년들의 경우 입시 스트레스와 상대적 열등감 등 개인적이고 사회 환경적으로 억압된 감정들이 분노로 표현되어지고, 조절되지 못한 분노는 청소년 문제를 야기시킨다. 청소년 분노와 폭력문제는 성인 범죄로 이어질 가능성이 높기 때문에 더욱 신중하게 다루어야 할 사안이다. 이뿐만 아니라 청소년들에게 분노표현은 결과에 따라서 죄책감과 수치심, 우울 등 또 다른 정서적인 문제를 일으킬 수 있다.

2. 청소년 분노의 원인

분노의 원인에 대해서는 학파와 학자에 따라서 다양하게 규명되어 오고 있다. 청소년 분노의 원인 또한 다양하게 규명할 수 있으나 내적요인과 외적요인으로 분류해서 종합적으로 정리하면 다음과 같다.

1) 청소년 분노의 내적요인

청소년 분노의 내적요인으로는 낮은 자존감과 좌절 그리고 완벽주의(perfectionism), 죄책감, 거절감 혹은 상처 등을 들 수 있다.

첫째, 자존감이 낮은 청소년들은 정상적인 상황에서도 위협을 느끼고, 두려움과 상처와 질투가 쉽게 표면에 나타난다. 특히 자기의 약점이라고 생각되는 영역에 대한 비판을 너그럽게 받아들이기 어렵기 때문에 분노가 많다.

둘째, 청소년들 가운데 자신이 설정한 목표를 향해 나아가지 못하도록 방해하는 장애물, 사건 혹은 물리적 장애가 나타났을 때, 다시 말하면 제지를 당하거나 창피를 당하는 식으로 좌절당했을 때 분노하게 된다. 평상시에 폭력을 거의 사용하지 않는 청소년들도 오랫동안 계속해서 쌓인 좌절을 참아내다가 어떤 상황에서 폭력적인 분노를 터뜨리게 되는 일이 종종 있다.

셋째, 완벽주의(perfectionism)적인 성격을 지닌 청소년들은 자신이 상상한 완전에 미치지 못할 때마다 분노를 초래한다. 또한 이들 중에는 재능이 뛰어난 청소년들이 많이 있지만 여전히 비현실적인 표준들을 세워놓고 좌절한다. 그들이 세워놓은 표준들은 자기 자신이 가치 있는 존재로 받아들여지고 있다는 느낌을 충분히 갖기 위해서 반드시 그대로 이루어져야만 하는 것들이다. 예를 들면 항상 100점만 받는 학생이 90점을 받을 경우 화가 나서 우울증에 걸리기도 한다. 이렇게 완벽주의를 추구하는 청소년들은 자신들의 목표가 가로막혀져 있을 때도 화를 내지만, 다른 사람들에 대해서도 높은 표준을 제시해 놓고 그대로 이룰 것을 요구하며 쉽게 화를 내고 정죄하는 태도를 취한다.

넷째, 실패에 대한 죄책감이 해결되지 않으면 과민하고 성미 급한 반응을 보이게 되고, 비난을 받게 되면 대개는 많은 분노가 일어나게 된다.

다섯째, 타인의 말이나 행동에 의해서 거절당하게 되면 상처를 받고 분노와 적대감을 갖기 쉬운데, 상처에 대한 반응으로 나타나는 분노는 더욱 큰 위협과 분노로 악순환이 되는 경향이 있다.

2) 청소년 분노의 외적요인

청소년 분노의 외적요인으로는 분노학습, 학교에서의 갈등, 경쟁, 소음, 건강, 알코올 및 약물오남용 등이 있다.

첫째, 자녀들은 부모의 분노 표현과 가족 간의 용납상황을 보면서 자신도 어떻게 분노를 표현할 것인가를 배우게 된다. 사도 바울은 에베소서 6장 4절에서 자녀를 노엽게 하지 말라는 말씀을 통해 어린 시절 분노 표현 학습에 대한 중요성을 말하고 있다.

둘째, 학교에서의 미해결 된 갈등은 청소년들의 외적인 분노를 유발시킨다. 우리나라 청소년들은 대부분의 시간을 학교에서 보내지만 입시위주의 교육으로 인해 정서나 도덕예절, 인성 등에 관한 교육기회가 매우 부족하여 자신의 필요를 충족하거나 자아 통제력을 훈련할 수 있는 길이 없다. 이러한 비교육적인 학교생활에 적응하지 못한 아이들은 심한 열등감과 소외 의식 속에서 자신감을 상실하게 되고 자신을 비하시키며 나아가 자신의 곤경을 비정상적인 분노의 탈출구로 삼는다.

셋째, 입시 경쟁체제에서 살고 있는 청소년들은 성적이 떨어지거나 뒤처지게 될 때 열등감과 불안감으로 아드레날린 호르몬 수치가 올라가기 때문에 감정이 민감하게 된다. 그리하여 사소한 외부자극에도 분노와 공격을 일삼게 된다. 이는 시험과 진학을 앞두고 있는 청소년들에게서 흔하게 볼 수 있는 현상들이다.

넷째, 소음은 신체적 각성을 일으켜 작은 자극에도 두려움과 분노를 유발하게 만든다. 특히 각종 소음에 휩싸여 있는 청소년들일수록 아드레날린 호르몬 수치 증가로 인해서 분노감정을 더욱 자극받게 된다.

다섯째, 청소년들의 고통과 피곤, 수면부족, 지나친 다이어트, 저혈당으로 인한 생화학적 변화, 생리 등은 분노감정을 자극시키는 요인이 된다. 감정은 신체적 상황과 밀접하므로 청소년들의 신체건강을 위한 노력이 요구된다.

여섯째, 알코올과 약물오남용은 청소년들의 분노를 촉발시킨다고 볼 수 있다. 알코올과 약물오남용은 이성을 마비시키고 분노를 포함한 다양한 감정을 유발시킴으로 많은 청소년 문제를 일으킬 수 있게 된다.

3. 청소년 분노조절을 위한 선행연구 분석

1) 청소년 분노조절의 인지행동적 치료 분석

베키오와 오러리(T. Vecchio & K. D. O' Leary, 2004)가 1980년대부터 최근까지 실시한 분노조절에 대한 메타분석 결과를 통해서 볼 때 인지행동적 치료접근이 대세를 이루고 있음을 볼 수 있다. 그리고 청소년들을 대상으로 하는 인지행동치료의 내용을 분석해 보면 비행청소년에 치중되어 있음을 볼 수 있다.

페인들러(E. L. Feindler, 1991)는 비행청소년을 다루는데 있어서 가장 중요한 요소는 인지적 요소라고 하였고, 슈테파넥 등(M. E, Stefanek, T. H. Ollendick, W. P, Baldok, G, Francis, & N. J. Yaerger, 1987)은 비행청소년의 분노 행동에 관한 연구에서 비행청소년들은 인지적 문제해결 능력이 일반 청소년에 비해서 떨어지므로 인지능력을 향상시켜야 한다고 하였다. 이 외에도 다수의 학자들(Bistline & Frieden, 1984; Novaco, 1986; Feinder & Ecton, 1986; Kadzin, 1987; Goldstein & Glick, 1987; Dangel & Deschner, 1989; Guerra, 1990; Crick & Dodge, 1996; Sherri & Enenencio, 1999; Deffenbacher & Mckay, 2000; Beck, 2000; 강신덕, 1997; 천성문, 1999; 임소영, 2000; 태상록, 2001; 이성식, 2003; 이은주, 2008)이 인지행동적 접근을 통해서 비행청소년의 분노조절을 실시하였다. 그리고 우리나라 청소년들을 위한 대표적인 분노조절 프로그램으로 평가 받고 있는 "청소년의 분노조절 훈련 프로그램" 또한 비행청소년을 대상으로 하는 인지행동적 접근으로 실시되었음을 볼 수 있다(김용태 외, 1995).

2) 청소년 분노조절의 이완기법 분석

청소년 분노조절에 있어서 인지적 요소가 이완적인 요소보다 더 효과적이라는 노바코의 연구 결과에 대해서 1980년대에 이르러 디펜드백쳐(J. L. Deffenbacher, 1986)는 이완적 요소가 인지적 요소보다 더 효과적이라는 상반된 연구결과를 내놓았다.

이완기법은 신체의 모든 근육에 이완반응을 조건화시킴으로써 자율신경계의 교감신경 활동을 감소시키는 치료적 기술로써 주로 스트레스에 의한 부정적 신체증상을 감소, 방지하기 위한 목적으로 자신이 처한 어려운 상황을 변화시키기 힘들 때 활용하는 대처방법이다. 최근에 들어와서는 이완기법이 스트레스 완화 목적 외에 분노조절을 위해서도 활용되고 있다(김현옥, 2001).

이완기법 가운데 분노조절을 위해서 최근에 관심을 받고 있는 것 중 한 가지가 명상이라고 할 수 있다. 명상은 고대 동양 불교수행법의 하나로써 자기 마음의 내부를 들여다보고 자기를 탐구하여 스스로를 이해하기 위하여 정신을 수련하는 방법을 일컫는다.

명상수련에도 여러 가지가 있는데, 카밧 진(Kabat-Zinn, 1993)은 자신에게 주어지는 감각 혹은 만트라(mantra, 특별한 소리나 어구를 조용히 스스로 반복하는 것)에 자신의 주의력을 집중하는 것을 주의집중 명상이라 하였다. 그리고 로트와 크리져(B. Roth & T. Creaser, 1997)는 주의집중 명상을 호흡명상(breathing meditation, 복식호흡과 단전에 주의를 기울이는 것), 먹기명상(eating meditation, 먹는 행위에 주의를 기울이는 것), 도보명상(working meditation, 걷는 행위에 주의를 기울이는 것), 요가(yoga, 신체수련의 한 방법) 등으로 구분하였다. 위의 주의집중 명상들은 이완반응을 발생시키기 위한 것으로써 의식은 각성상태에 있으나 신체는 이완되어 편안함을 느끼게 하는 것이다.

청소년 분노조절을 위해서 이완기법과 관련된 연구를 살펴보면, 김교헌(1997)은 인지이완법이 분노조절에 유의미한 효과가 있다고 하였다. 김현옥(2001)의 연구에서는 분노조절 훈련 집단보다 명상을 통한 훈련 집단이 더 효과가 좋은 것으로 나왔다. 그리고 슐리히터와 호란(J. K. Schlichter & J. J. Horan, 1981)의 연구에서는 이완훈련이 인지적 개입과 병행할 때 더 효과적이라는 결과가 나왔다.

3) 청소년 분노조절의 감정표현 기법

감정표현 기법을 통한 분노조절에 대한 연구는 1990년대 말부터 많이 이루어지고 있음을 볼 수 있다. 청소년들을 대상으로 하는 감정표현 기법 가운데는 이야기하기, 행동하기 및 동작표현하기, 미술치료, 음악치료, 영화와 드라마 활용 등 매우 다양한 방법이 활용되고 있다. 1990년에 브레그 크로스 등에 의해서 처음 사용된 영화치료(cinema therapy)는 청소년 집단상담 등에 많이 활용되고 있는데, 영화 속 인물과 자신을 동일시하면서 비슷한 상황을 이해하고 극복하는데 도움을 얻게 하는 치료법이다. 우리나라에서도 최영희와 김은정(2009)이 남자 중학생을 대상으로 영화를 통한 분노조절 프로그램 연구를 실시한 것을 필두로 영화치료가 관심을 받고 있다.

그리고 최헌진(2003)은 청소년들의 분노조절을 위해서 사이코드라마를 통한 기법이 유용함을 피력하였다. 박혜성과 홍창희(2008)의 연구를 볼 때 감정표현기법이 인지이완기법보다 더 효과가 있다는 결과가 나왔는데, 이는 펜베이커(J. W. Pennebaker, 1997)의 연구와 동일한 결과가 나타났다고 할 수 있다.

4) 청소년 분노조절을 위한 기타 기법

이 외에도 청소년 분노조절을 위한 기법으로 감사프로그램 (thanksgiving program)이 있다. 이 기법은 감사하는 마음이 무엇인지 깊이 생각해 보면서 스스로 자신의 주변에서 감사할 것들을 찾아보고, 그 감사함을 직접 행동으로 실천해 보도록 해주는 집단상담 프로그램이다(서덕남, 2009).

그리고 최근 청소년 분노조절을 위한 기법으로 웃음치료가 있다. 웃음치료는 기존의 다양한 심리기법을 웃음치료에 통합시킨 것이다. 류창현과 이수정(2009)은 천안소년교도소에 수용된 남자 청소년들을 대상으로 웃음치료와 인지행동치료를 통해서 분노조절효과를 검증했다. 연구결과 인지행동치료가 웃음치료 보다는 더 효과적이지만 웃음치료 또한 사전에 분노를 조절하고 통제하는데 도움이 된다고 하였다.

4. 청소년 분노조절의 기독교 관점과 말씀묵상기도

1) 청소년 분노조절의 일반심리 기법과 기독교적 관점의 차이

청소년 분노조절을 위한 다양한 기법과 프로그램을 분석하는 과정 속에서 모든 기법과 프로그램은 그 나름대로의 의미가 있고, 접근 기법에 따라 분노조절 효과에 차이가 있음도 알 수 있었다. 현재 우리나라의 대표적인 청소년 분노조절 프로그램은 청소년 상담원에서 개발한 "청소년의 분노조절 훈련프로그램"이다(김용태 외, 1995). 이 프로그램을 만든 총 책임자는 김용태이다. 그는 이 프로그램을 만든 4년 후에 기독교 관점에서 분노조절에 대해 논문을 발표하였다. 그의 논문 내용 중 분노 연구에 대한 비판의 글의 일부를 옮기면 다음과 같다.

"분노에 대한 연구는 개인 심리 또는 사회 심리로 대변되는 인간 심리의 맥락에 국한되어 있다. 과학적 연구에서는 하나님과 인간의 맥락은 아무런 연관을 가지고 있지 못한다. 따라서 분노에 대한 일반 심리치료 연구는 하나님의 기준이 어떻게 관련성을 가지고 있는가에 대해서 아무런 시사점을 제공하지 못한다. 분노에 대한 연구를 하기 위해서 하나님과 인간의 맥락을 고려하는 일은 매우 중요하다. 분노의 역할은 맥락에 따라서 대단히 다르다. 만일 분노에 대한 연구를 단지 인간 심리의 맥락에서만 보지 않고 하나님과 인간의 맥락이라는 점에서 본다면 분노의 여러 가지 역할에 대해서 다양한 관점들을 말할 수 있을 것이다. 이 세상에서 분노에 대한 연구는 분노조절의 처방에 대해서 아무런 시사점을 제공하고 있지 못하다. 그러나 분노에 대한 연구는 이미 처방적 맥락에서 연구되어 왔다. 처방적 처치를 하기 위해서 연구자는 이면에 있는 가정과 믿음들에 대해서 연구를 해야 한다. 그러한 점을 고려하지 않으면 분노에 대한 연구는 잘못되게 된다"(김용태, 2001).

김용태는 물리적 세계에 있는 어떤 물체를 정의하듯 분노라는 감정을 중립적으로 정의해서는 안 된다고 보고 있다. 그 이유는 인간의 죄는 단지 행동에만 국한되기 보다는 인간의 본성과 태도에 적용되기 때문이다. 그러므로 분노조절을 위한 처방적 처치 이전에 인간의 본성과 죄성의 이해를 근거로 한 근원적 접근이 필요하다고 하였다(김용태, 2001).

분노가 심리적 문제인지 영적 문제인지에 대해서는 논란의 여지가 있다. 이 부분에 대해서 글렌 테일러와 로드 윌슨(Glenn Taylor & Rod Wison, 1992)은 분노는 심리적이며 동시에 영적 문제라고 했다. 그런가하면, 마틴 밥간과 디어드리(Martin Bobgan & Deidre Bobgan, 1985)는 분노는 영적인 문제로 심리적으로 드러나고 육체적으로 표출된 것에 불과하다고 주장했다.

결론적으로, 청소년 분노조절을 위한 기법과 프로그램을 운영하는데 있어서 일반 심리학적 관점과 기독교적 관점은 서로 다르다고 볼 수 있다.

2) 분노조절 목적의 차이

앞에서 고찰해 본 청소년의 분노조절을 위한 일반 심리학적인 다양한 방법들을 고찰해 볼 때, 분노를 조절하려는 최종 목적은 폭력의 파괴적인 행동을 줄이는데 있다. 이러한 의미에서 볼 때, 분노조절은 행동적 측면에 초점을 두었다고 볼 수 있다.

정신분석 입장에서 보면, 분노를 폭발하기 보다는 분노감정을 적절하게 표현하도록 하면 폭력 행동을 예방할 수 있다고 생각한다.

인지행동적 모델로 분노조절을 접근할 때는 비합리적인 신념을 변화시키거나 좋은 모델을 보여주는 것을 중요하게 생각한다. 왜냐하면 분노는 인지적 왜곡이나 나쁜 모델링과 관련이 있다고 생각하기 때문이다.

그리고 실존적이고 현상적인 모델을 통해서 분노조절을 하고자 하는 경우에는 분노는 인지적 지각과 관련이 있기 때문에 재구조화(reframing)가 가장 중요한 분노조절의 방법이 된다고 한다. 감정표현, 재구조화, 인지적 왜곡의 변화 그리고 긍정적이라는 모든 기법들은 결국 청소년의 폭력 행동을 줄이는 목적을 가지고 적용된다. 그리고 일단 폭력 행동이 줄어들면 분노조절은 성공하였다고 보게 된다.

기독교적 관점에서 분노조절의 목적은 하나님의 도덕적 기준을 만족시키는데 있다. 다시 말해서, 기독교 청소년들의 분노조절의 목적은 그들의 마음속에 하나님의 형상을 회복시킴으로 전인적인 치유를 이루는데 있는 것이다. 하나님의 형상을 회복하기 위해서 추구해야 할 대상은 예수 그리스도이다(엡 5:1-2). 다시 말해서, 예수 그리스도를 본받기 위해서 분노조절의 모든 측면들이 고려되어야 한다. 이를 위해서는 하나님 말씀과 성령님의 전적인 도움이 요구된다. 분노를 조절하는 과정에서 자신들의 본질적인 상처들을 치료하고 점점 예수 그리스도의 성품을 닮아가는 것이다.

3) 분노조절 지각의 차이

일반심리학적 접근을 취하는 대부분의 학자들은 분노감정 그 자체는 중립적이므로 분노감정 자체에 문제를 제기하지 않는다. 그래서 앞선 연구들을 볼 때, 청소년의 분노감정 자체가 일차적 관심이 되지 않고 폭력행동 자체에 초점이 맞추어진 것이다 (Graham, Sandra & Hudley, 1992).

하지만, 기독교 처방적 접근은 분노라는 감정 자체에 관심을 갖는다. 기독교 처방적 접근에서는 인간의 분노감정은 인간이 본질적으로 죄성을 가지고 있는 사실을 확인해주는 것이라고 본다. 분노를 통해서 다른 사람과 하나님 앞에서 죄를 짓는다는 사실이다(J. Erickson, Millard, 1998). 그러므로 분노를 조절하기 위해서는 그들이 분노의 본성이라는 측면에서 자신의 마음속에서 분노를 발견할 때마다 자신이 죄인이라는 사실을 수용해야 된다. 그럴 때 하나님을 하나님으로 받아들이게 된다. 자신이 죄인이라는 사실을 받아들일 때 하나님을 주인으로 받아들일 수 있게 된다. 다른 사람을 향한 분노의 태도에 있어서도 예수님께서 인간의 죄를 애통하는 마음을 가졌듯이 타인을 향해서는 긍휼과 공감적 마음을 갖고, 자신을 위해서는 애통해야 한다. 그리고 분노의 행동적 측면에 관해서는 폭력 행동은 억제되어야 함으로 여러 대처가 있어야 하겠지만 적절한 책임, 보상, 회개와 용서, 승화 등 건강하고 순기능적인 방법이 이용될 수 있다. 그래서 성령의 도우심으로 하나님의 형상을 더욱 실현하며 예수 그리스도를 닮아가도록 해야 할 것이다.

4) 청소년 분노조절을 위한 말씀묵상기도

분노는 모든 사람들이 가지고 있는 감정이므로 기독교 청소년들도 예외가 될 수 없다. 그러므로 이들의 분노감정을 기독교적인 방법으로 조절하고 다스릴 수 있는 가장 현실적 대안을 찾는 것은 중요하다고 하겠다.

성서는 예수님이 가장 위대한 상담자이실 뿐만 아니라 분노조절에 대한 완벽한 모델임을 제시하고 있다(김용태, 2001). 그리고 성서는 하나님의 생명력이 넘치는 말씀이며 우리의 영성을 형성하고 삶을 변화시키는 힘이라고 말하고 있다. 바울은 디모데후서 3장 16-17절에서 성서는 교훈, 책망, 바르게 함, 의로 교육하기에 유익하다고 하였다. 바울은 성서의 이러한 형성적(formative) 목적은 '이는 하나님의 사람으로 온전케 하며'(딤후 3:17)라는 역할을 위해서라고 말하고 있다.

히브리서 기자는 "하나님의 말씀은 살았고 운동력이 있어 좌우에 날 선 어떤 검보다 예리하여 혼과 영과 및 관절과 골수를 찔러 쪼개기까지 하며"(히 4:12-13)라는 진술 속에서 성서의 생명력과 인간을 형성시키고 변화시키는 역할을 상기시킨다. 성서는 인간의 온전함을 위한 것이며, 존재와 영적 순례의 길에서 삶을 형성(formation)하고 재형성(re-formation)하고 변화(transformation)를 위한 것이다.

말씀묵상기도는 영성형성과 성숙을 위해서 성서를 읽고 성서를 반복하며 성서와 함께 살면서 기도하는 방법으로 가장 성서적인 영성훈련 방법이라고 말할 수 있다. 성서에 입각한 이러한 영성훈련 방법은 기독교 청소년들의 분노감정을 조절하는데 근원적이고 처방적인 접근이 될 수 있을 것이다.

허성준은 말씀묵상기도를 통해서 '분노와 같은 우리 안의 부정적 감정들을 가라앉히고 긍정적인 에너지를 가지게 하며… 신체적·정신적 치유도 일어난다'라고 하였다(허성준, 2005).

이는 무한질주 속도시대에 분노감정을 다스리지 못하는 청소년들에게 정적이고 자아성찰적인 접근을 시도하고 있는 말씀묵상기도가 그들의 분노감정을 조절하고 인격성숙과 신앙성숙을 위해서 매우 중요한 신앙훈련 방법임을 말하고 있는 것이다.

특히, 인간의 근원적인 분노문제에 대해서 심리적인 분노조절 기법을 일시적으로 적용하거나 프로그램에 동참시킨다고 해서 완전히 해결될 수는 없다. 그러므로 보다 근원적이고 연속적인 접근이 필요하다고 본다.

이러한 측면에서 볼 때, 말씀묵상기도는 청소년 분노조절에 매우 유용하다고 할 수 있다. 청소년들이 매일의 삶속에서 교훈, 책망, 바르게 함, 의로 교육하기에 유익하고, 하나님의 사람으로 온전케 하는 성서를 읽고 묵상하며 기도하고, 위로부터 부어주시는 하나님의 은혜 안에 거할 때 인격이 더욱 성숙해짐으로 분노를 순기능적으로 다스릴 수 있게 될 것이다.

말씀묵상기도는 정보습득을 위해서 성서를 읽는 것이 아니고 하나님의 신비와 말씀에 열린 자세로 하는 것이며, 복잡한 방법이 아닌 간편한 방식으로 말씀 안에 머물면서 마음에 와 닿는 구절을 자연스럽게 자신 안에 내면화하고 육화시키는 방법이므로 자기주도 학습이 강조되고 있는 청소년들을 위해서 매우 유익한 방법이라고 할 수 있다.

제 5 장

말씀묵상기도 이해하기

1. 말씀묵상기도의 의미
2. 말씀묵상기도의 역사적 고찰
3. 말씀묵상기도의 단계
4. 말씀묵상기도와 큐티(QT)의 차이점
5. 말씀묵상기도 수행 전 준비
6. 말씀묵상기도 수행 시 일반적 원칙들

chapter 5 말씀묵상기도 이해하기

1. 말씀묵상기도의 의미

성서와 교회 역사가 보여주는 성서읽기와 기도의 형태는 수없이 많다. 그 모든 방법에는 나름의 성서적 근거, 역사적 배경과 의미가 있다. 그 중에서 말씀묵상기도는 초대교회부터 지금까지 면면히 내려오는 성서적이고 전통적이며 가장 본질적인 성서읽기와 더불어 기도방법이라고 할 수 있다.

말씀묵상기도 즉, 렉시오 디비나(Lectio Divina)라는 용어는 알렉산드리아 출신 그리스 교부 오리겐이 그리스어로 '테이아 아나그노시스'(Theia Anagnosis)라고 한 말을 라틴어로 옮겨서 사용하면서부터이다. 라틴어 Lectio Divina는 'lectio'(독서)와 'Divina'(신적인)가 합쳐진 용어인데, Lectio는 동사인 Legere의 명사형이다. Legere는 "모으다", "필요한 것을 선택하다", "눈으로 모아들이다"란 뜻인데, 특히 기록된 본문을 눈으로 훑어본다는 뜻이 있다.

암브러스 와튼(Ambrose Watten, 1986)은 Lectio의 두 가지 의미를 이렇게 설명하였다. 즉, Lectio의 능동적 의미는 "모으다", "집중하다"인데 그 후 차차 뜻이 변하여 Lectio 자체가 독서의 내용과 대상을 뜻하게 되었다는 것이다. 전통적으로 수도생활사에서 Lectio는 독서의 대상과 방법 그리고 목적 때문에 'Divina'(신적인)일 수 있었다고 본다. Lectio Divina는 용어 자체에서 드러나듯이 세속적인 독서나 학문적 탐구 또는 심신서적이나 교리서적인 독서와는 전혀 다른, 그 이상의 의미를 내포하고 있다(허성준, 2005).

영어권에서는 말씀묵상기도인 Lectio Divina를 Spiritual Reading, Holy Reading, Prayerful Reading, Sacred Reading, Meditative Reading 등으로 번역하여 사용하게 되었다. 그리고 우리나라에서는 Lectio Divina를 영적독서, 성서독서, 성독(聖讀), 신적독서, 거룩한독서 등으로 다양하게 번역되어 사용되고 있으나, 아직까지 의미의 혼돈을 피하기 위하여 원어 음을 따라서 말씀묵상기도로 사용하는 경우가 많음을 볼 수 있다(박노권, 2008). 하지만 최근에 이경용(2010)은 렉시오 디비나가 말씀묵상기도의 의미를 가장 잘 표현한다고 하였다. 본서에서는 이경용의 표현법을 따라 렉시오 디비나를 말씀묵상기도라고 지칭하였다.

말씀묵상기도는 성서를 진정한 '하나님 말씀'으로 받아들여, 그 속에서 하나님이 자신에게 주시는 말씀을 듣고 그 말씀을 묵상하며 기도하는 것으로 일반적인 청원기도와는 구분 된다(이경용, 2010).

2. 말씀묵상기도의 역사적 고찰

1) 유대전통 및 성서적 기원

말씀묵상기도의 전통적 모형은 초대교회 이전, 유대 전통 안에서 찾아볼 수 있다. 이스라엘 백성들은 모세의 율법서 안에서 하나님의 현존을 믿었고, 온 마음으로 말씀을 경청했고 늘 마음에 새기며 생활했다. 쉐마(shema)라고 불리는 신명기 6장 4-9절은 이것을 잘 나타낸다.[1] 쉐마는 하나님이 이스라엘 백성에게 특별히 주신 말씀으로, 수천 년이 지난 지금도 경건한 유대인들은 이 말씀을 문자 그대로 지킨다. 유대인들은 이 말씀을 경문이라는 조그만 용기에 담아 손목이나 이마에 부착하고, 이 말씀을 적은 '메주자'라는 양피지 조각을 나무나 금속 용기에 넣어 문설주에 붙여 두고 출입할 때마다 입을 맞추거나 손으로 만짐으로 말씀을 귀로만 듣지 않고 온몸으로 들으려는 자세를 취한다.

그리고 이스라엘 백성이 시내산에서 하나님께 계약법전을 받는 장면에서 말씀묵상기도의 모형을 찾을 수 있다(출 19-24장; 수 24장; 신 27-28장). 특별히 출애굽기 24장 1-8절은 말씀묵상기도의 원형으로 꼽을 수 있는 부분이다(이연학, 2002). 장엄한 종교의식 속에서 모세를 통하여 하나님의 말씀을 들은 이스라엘 백성들은 자신이

---

[1] 신명기 6장 4절-9절 말씀은 유대인들이 "쉐마"(Shema)라 부르는 내용인데, 쉐마는 "들으라 이스라엘아"(Sh'ma Yisroel) 에서 "들으라"에 해당되는 히브리어 단어이다. "쉐마"의 뜻은 두 가지로 "듣다, 순종하다."라는 뜻이 있다. 쉐마는 하나님의 말씀을 듣고 순종하는 것이다. 유대인들은 모세가 설교한 이 말씀을 자녀교육의 원리로 삼았다. 그래서 13살이 되면 율법 시험을 치르고 합격을 하면 남자에게는 "바르 마츠바(율법의 아들)"라고 했고 여자에게는 "바르 미트바"(율법의 딸)이라고 하여 정식 유대인으로 인정했다.

들은 하나님의 말씀을 준행할 것을 다짐하고 있다. 이와 같이 거룩한 말씀을 듣고, 들은 말씀을 실천하고자 하는 것이 바로 말씀묵상기도의 기본적인 정신이라고 말할 수 있다.

구약성서에 나타난 또 다른 말씀묵상기도의 전형적인 모델은 기원전 587년경에 이루어진 느헤미야 8장 1-12절에 하나님의 뜻을 저버린 이스라엘 백성이 바벨론 포로로 끌려갔다가 기한이 차서 귀환한 후에 수문 앞 광장에서 공동체가 최초로 행하는 말씀예전의 모형에서 볼 수 있다. 온 이스라엘 백성이 수문 앞 광장에 모였을 때에, 에스라 선지자가 높은 단위에 올라가서 새벽부터 정오까지 모세의 율법을 읽고, 레위 사람들이 통역하고, 뜻을 밝혀 줄 때 말씀의 의미를 깨닫고 모두 울었다. 이스라엘 사람들은 하나님의 말씀을 들을 때 말씀으로 와 계시는 하나님의 임재를 체험하게 된 것이다. 이는 지금까지 종교의식에서 행하여 온 짐승의 희생을 통한 형식이 아닌 오직 말씀으로만 진행된 말씀의 축제로 코페르니쿠스적인 전환점이 생기게 된 것이다. 이러한 전환점은 에스라의 말씀 낭독이 결정적이었다고 할 수 있다. 이러한 구약성서의 말씀들이 말씀묵상기도의 성서적 기원이 된다고 하겠다.

2) 초대교회의 말씀묵상기도

하나님의 말씀에 대한 존경과 경청은 초기 그리스도인들에게도 영향을 주었다(딤후 3:14-16; 눅 24:13-35; 행 8:26-40 참조). 예수님께서 가버나움과 나사렛 그리고 갈릴리의 여러 회당에서 행하신 일은 신약성서에서 보여주는 말씀묵상기도의 전형이라고 말할 수 있다. 누가복음 4장을 보면, 나사렛에 오신 예수님께서 늘 하시던 대로 안식일에 회당에 들어가셔서 이사야의 말씀 두루마리를 펼쳐 읽으셨다는 말씀이 있다. 예수님이 이사야서 61장의 말씀을 다 읽으신 후에 "이 글이 오늘날 너희 귀에 응하였느니라" (눅 4:21)라고 말씀하셨다. 예수님이 이 말씀을 읽을 때, 그 말씀을 듣는 자들은 "오늘"로 현재화된 말씀을 깨닫게 되었다. 말씀묵상기도는 말씀 안에 현존하시는 하나님의 경험과 예언의 현재화로 즉, 오늘 우리에게 주시는 말씀으로 경험하게 되는 것이다.

이러한 말씀묵상기도의 실천은 초대교회 안에서도 나타난다. 사도행전 13장 14-15절을 보면, 바울과 바나바가 비시디아의 안디옥에 이르러서 안식일에 회당에 들어가 앉았다. 그리고 율법서와 예언자의 글을 낭독한 뒤에 회당장들이 바울과 바나바에게 사람을 보내어 "형제들이여, 이 사람들에게 권면할 말씀이 있으면 해주시오"라고 하였다. 이에 바울이 일어나 사람들에게 말씀을 자세히 풀어주었다. 이뿐만 아니라 사도행전 15장 21절에도 말씀묵상기도의 모습이 나타난다. "이는 예로부터 각 성에서 모세를 전하는 자가 있어 안식일마다 회당에서 그 글을 읽음이니라 하더라" 이처럼 구약성서와 신약성서 속에 성서를 통하여 하나님의 말씀을 듣고, 실천하는 말씀묵상기도의 모습이 여러 곳에서 다양하게 발견되고 있다.

초대교회의 전례에서는 무엇보다 먼저 성서가 읽혀졌으며 영적인 주석을 통하여 말씀의 깊은 의미를 심화시키고 말씀의 중요성이 강조되었다. 그리고 말씀을 가르치는 지도자들은 매우 중요한 위치를 차지하였다.

3) 2-3세기 교부들과 4-5세기 사막교부들의 말씀묵상기도

초대 교부들에게 말씀묵상기도의 전통과 중요성이 이어져서 교부들은 하나님의 말씀인 성서를 생명의 책으로 존중하여 읽고 말씀묵상기도를 실천하며 살았다. 동방과 서방의 모든 교부들이 말씀묵상기도를 수행할 뿐만 아니라 신자들에게도 각 가정에서 하도록 권면하였다. 그리고 교부들은 전통을 발전시켜 말씀묵상기도 방법을 문자로 기록하는 작업도 하였다. 그리하여 '말씀묵상기도'(Lectio divina)라는 단어는 이미 4-5세기부터 여러 교부들의 문헌 및 수도승 문헌에서 발견되고 있다. 특히 알렉산드리아 학파는 성서에 대한 독특한 해석과 함께 말씀묵상기도의 중요성을 강조했다. 이들의 성서 해석방법은 클레멘트에 이어 오리겐(Oregenes, 185-251)으로 대표될 수 있는데, 오리겐은 성서를 문자적으로만 해석하는 것이 아니라 영적으로 해석해야만 참된 의미를 얻을 수 있다고 보았다. 오리겐은 하나님의 말씀인 로고스는 성서를 통하여 현존하시고 성서는 영성생활의 근본임을 강조했고, 성서를 유익하게 읽기 위하여 주의력 집중과 끈기 있는 노력이 필요함을 지적했다. 많은 수도 공동체에서 아침 시간을 성서묵상에 할애하는 것과 식사 중에 성서를 읽는 것은 그의 영향이라고 할 수 있다(허성준, 2005).

최초의 수도회 생활 창시자로 알려져 있는 파코미우스(Pachomius, 290-346)[2]도 수도원 생활에서 성서를 읽고 암기하며 묵상하는 것을 중요하게 여겨, 수도원에 있는 문맹자들을 내버려두지 않고 철저히 교육시켰다. 그리고 파코미오 공동체의 장상들은 수시로 성경과 교리를 가르쳤는데, 40여 명으로 이루어진 각 집

(casa)의 장상이 일주일에 두 번, 그리고 일주일에 세 번은 수도원장(최고 장상)이 두 차례씩 성서를 강의했다. 성서에 대한 장상들의 설명을 통해 수도자들은 말씀묵상기도를 할 때 더욱 쉽게 하나님 말씀의 참뜻을 깨달을 수 있었다. 이렇듯 파코미오 수도 공동체에서 성서는 수도자들의 실천적인 규율이었을 뿐만 아니라, 영적생활에 근본적인 영감을 주는 원천이었다(박미향, 2004).

카파도키아 교부 중 한 사람인 체사리아의 주교인 성 바실리오(St. Basilius, 329-379)는 말씀묵상기도를 하나님을 만나는 가장 중요한 수단으로 보았다. 또한 동방의 수도 전통을 서방에 전해준 요한 가시아노(Joannes Cassianus, 365-433)도 성서를 매우 중요시하며 모든 영적 인식도 성서 말씀에서 나오는 것임을 강조했다.

또한 4세기의 교부이자 위대한 설교가였으며, 콘스탄티노플의 주교였던 성 요한 크리소스톰(St. Joannes Chrysostomus, 347-407)은 성서를 하나님이 쓰신 편지라고 했으며, 성서 읽기는 모든 그리스도인들이 실천해야 할 몫이라고 강조했다(서인석, 2002). 그는 성서는 구원을 위한 조건이므로 성서에서 유익을 얻지 못한 사람은 구원을 얻지 못한다고 말씀묵상기도를 강조했다(허성준, 2005). 그는 사람들에게 예배가 끝나고 집에 돌아가서도 성서를 펼치고 교

---

2) 체노보스키온 마을에서 태어난 그는 로마군에 징집되어 잠시 복무한 뒤 세례를 받고 팔라몬(Palamon)이라는 연로한 금욕주의자에게 지도를 받으며 은수자 생활에 들어갔다. 320년경에 신적인 소명을 받은 파코미우스는 타베니시 마을에 수도원 공동체를 조직하였다. 이 공동체 구성원들은 엄격한 공동생활을 하였다. 즉, 그들은 노동, 기도, 명상으로 이루어진 공동 일과표를 따라 생활하였고, 함께 식사하고 모든 재산을 공유하였다. 원장들에게 엄격히 순종하는 것이 관습이었고, 원장들은 파코미우스가 점진적으로 발전시킨 수도회칙(Rule)에 따라 전반적인 수도생활과 소속 수도원들을 다스렸다. 그의 코이노니아는 수많은 수도원들(여자들의 공동체들을 포함한)을 포괄하게 되었고, 그로써 최초의 수도회를 구성하였다. 이 공동체들은 직접 노동하여(농업, 베짜기 등) 생계를 유지하였고, 구원의 도를 훈련하는 일에 서로 돕고 격려하였다.

회에서 들었던 말씀을 다시 읽을 것을 강조했다. 그가 말씀을 음식에 비유해서 "집에 돌아가서 상을 두 개 마련하시오. 하나는 음식상이고, 다른 하나는 말씀의 식탁입니다. 남편은 교회에서 들은 말씀을 다시 읽으시오… 여러분의 집을 교회로 만드시오"라고 말했다(Enzo Bianchi, 2001).

말씀묵상기도에 관한 강조는 알렉산드리아 학파와 같이 동방교회에서만 있었던 것은 아니었다. 서방 라틴 교회에서도 성서독서와 묵상이 매우 중요한 위치를 가지고 있었다. 북아프리카 카르타고의 감독이었던 키프리아누스(Cyprianus, 200-258)는 성서독서를 주님의 독서(lectio dominica)라고 표현하면서, 도나투스에게 보낸 편지 제15항에서 독서와 기도를 강조하고 있음을 본다. "근면한 기도나 독서가 너의 것이 되도록 하라. 이제 하나님과 함께 말하고 하나님께서 너에게 말씀하시리라" 키프리아누스는 오리겐과 같이 하나님께서 말씀하시는 바를 듣기 위해 항구적인 기도와 독서를 강조했다(Cyprianus, 1987).

그리고 수도자이면서 성서학자였던 성 예로니모(St. Hieronymus, 347-420)는 "성서를 모르면 그리스도를 결코 알 수 없다"고 하면서 기도의 리듬으로 독서를 진행시켜야 함을 강조했다. 그는 성서는 그리스도의 몸과 피이므로 우리는 성서를 읽을 때 그분의 몸과 피를 먹고 마시는 것이라고 말했다(Enzo Bianchi, 2001). 그러므로 그는 누구든지 성서를 사랑한다면, 지혜도 그를 사랑하고 안전하게 지켜줄 것이라고 말했다. 그는 성서에 대한 사랑이 수도자들의 유일한 열정이 되어야 함을 강조하면서 말씀묵상기도를 자기 정화의 수단으로 제시하기도 하였다.

밀란(Milan)의 주교였던 성 암브로시우스(St. Ambrosius, 339-397)

도 성서는 모든 사람의 상처를 치유할 수 있고 또한 교훈적인 가르침을 주기 때문에 우리 모두는 성서를 먹고 마셔야 한다고 말하였다. 그리고 암브로시우스의 영향으로 마니교에서 그리스도교로 개종한 후, 북 아프리카의 타가스테에서 수도생활을 하다가 후에 히포의 주교가 된 성 아우구스티노(St. Augustius, 354-430)도 성서독서는 기도의 준비이자 기도자체라고 말한다. 그리고 펠라기우스(Pelagius)는 항상 하나님의 말씀을 묵상해야 하지만 성서 읽기에 전념할 수 있는 고정된 시간을 역설하며 하루 중 제3시까지의 아침시간이 가장 적합하다고 구체적으로 제안했다(Pelagius, "Epistola ad Demetriadem," Cap. 23 PL 30. 37 A-37 B). 이렇게 성서독서는 수도생활 안에서 노동과 더불어 하루 삶의 중심축을 이루면서 수도자들의 영성생활의 원천이었다.

특히, 서방 수도생활의 아버지라 불리는 성 베네딕도(St. Benedictus, 480-540)는 회수도자(vita coenobitica)[3]를 향한 『베네딕도 규칙서』를 통해서 말씀묵상기도에 대해서 피력하고 있다. 이곳에 나타난 말씀묵상기도는 귀고(Guigo) 2세에게서 볼 수 있는 조직화되고 체계화된 말씀묵상기도는 아니지만 후기의 발전에 틀을 제공

---

3) 베네딕도 규칙서는 세상을 떠나 홀로 하나님을 찾는 독수도생활(vita anachoretica), 은수도생활자(vita eremitica)가 아닌 회수도생활(vita coenobitica)을 하는 자들을 위해서 기록했다고 했다. '독수자' 나 '은수도자'는 수도원 안에서 오랫동안 훈련을 받은 뒤 광야로 나와 하나님의 도우심에 힘입어 혼자 수도생활을 하는 자들을 의미한다(수도규칙 1, 3-5). 그리고 회수도생활자는 공동체 생활을 하는 수도자를 의미한다(수도규칙 1, 2).
은수도자는 세속·악마·육체와 싸우기 위해서 세상으로부터 물러나 사막의 철저한 고독 속으로 들어간 자들이다. 그들은 성서 외의 독서가 내면에 무가치할 뿐만 아니라, 해로울 수도 있다고 생각했다. 그래서 사막의 교부들의 금언집(Apophthegmata)에는 여타의 독서가 나타나지 않는다. 은수도자들의 아버지 성 안토니오(St. Antonius, 251-356)는 하나님을 기쁘시게 하는 방법 가운데 하나가 성서의 말씀을 따라 행해야 한다고 강조하고 있다. 그리고 팔레스타인 은둔생활 창시자 힐라리온 압바(Abba Hilarion, 291-397)도 마음으로 성서를 읽어 배웠고, 그의 제자로서 이집트에서 수도생활을 했던 키프로스(Cyprus)의 주교 에피파니오(Epiphanius, 315-403)도 성서에 대한 무지를 깊은 심연에 비유했다.

하는 매우 중요한 요소가 되고 있다. 『베네딕도 규칙서』에 등장하는 성서 읽기는 크게 네 가지로 분류될 수 있다. 성무일도로서의 전례독서와 식사독서, 공동독서, 개인독서가 있다. 성무일도란 수도승이 정해진 시간에 함께 모여 기도하는 공동기도로 성서에 취한 독서와 찬가의 연속을 의미한다. 그래서 이 전례 독서를 '성서적 기도'라고도 한다(Jean Leclerq, 1984). 이 때 주로 시편을 외우며 기도하는 것이지만 구약성서와 신약성서 그리고 교부들이 쓴 성서 주해서를 읽는 것도 포함된다(강치원, 2006).

식사독서는 수도승이 식사하는 동안 한 사람이 성서를 읽고 다른 사람들은 듣는 것으로 매 식사 때마다 항상 실시되는 것이었다. 성서를 읽는 식사독서자는 임의적으로 선정되거나 순서대로 돌아가는 것이 아니라 "듣는 사람들이 감동시킬 수 있는 형제"가 맡아야 했다. 식사를 하는 수도승은 수군거리지 않고 철저한 침묵 가운데 독서를 들어야 했다(수도규칙, 39, 1-12).

공동독서는 저녁기도나 저녁 식사 후에 하는 것으로 식사독서와 같이 한 사람이 읽고 다른 사람은 듣는 것이다. 수도원에 있는 모든 사람들이 예외 없이 참석해야 하는 이 공동독서는 하루의 일과가 끝난 뒤 늦은 저녁 시간에 이루어지기에 이해력이 떨어지는 사람들을 위해 깊이 생각해야 하는 내용보다는 쉽고 감동적인 책이 선호되었다. 이 규칙서는 창세기에서 사사기까지와 열왕기와 같은 책을 독서 자료로 제시한다(수도규칙, 42, 3-7).

규칙서에 등장하는 성서 읽기 중 개인독서는 말씀묵상기도로써 의미가 깊다. 베네딕도는 『수도규칙서』(ordo monasterii)에 영향을 많이 받았지만, 수도규칙서와 다른 길을 선택한 것은 그곳에 없는 개인적인 성서 읽기를 시도한 점과 성서 읽기와 노동시간을 구분하여 사용했다는 점이다.

수도승 생활의 핵심적인 수행 중의 하나로 간주되는 개인적 성서 읽기는 노동과 마찬가지로 하루의 일과 중에 정해진 시간에 행해졌다.

규칙서는 10월 1일과 사순절을 기점으로 3기로 구분하는데, 부활축일부터 10월 1일까지는 여름철기이고, 10월 1일부터 사순절까지는 겨울철기이며 사순절 기간이다(수도규칙 48, 2-6; 10-16). 여름철 기간에는 제4시부터 제6시까지가 성서 읽기에 할애되었고, 겨울철에는 제2시 끝까지와 저녁 식사 후부터 저녁기도 시간까지가 독서의 시간이다. 겨울철에 성서 읽기가 아침과 저녁 시간에 배정된 것은 낮 시간이 짧아 이 시간에 노동을 해야 했기 때문이다. 사순절 기간에는 아침부터 제3시 끝까지가 성서 읽기로 규정되어 있다. 이 기간에는 모든 수도사들이 도서관에 보관되어 있는 성서를 개별적으로 받아 성서 읽기에 몰두해야 했다. 그리고 주일은 이 구분에 상관없이 봉사자 외에는 성서 읽기에 전념해야 했다.

베네딕도는 수도규칙서를 저술함에 있어서 일반적인 독서는 그저 '렉시오'라는 말로 사용하였지만 '디비나'라는 형용사를 붙여 이 독서가 일반 독서가 아닌 성서의 독서를 의미하는 '말씀묵상기도' 용어를 처음 사용한 것이다. 그리하여 베네딕도는 수도자들이 적어도 하루에 2-4시간을 말씀묵상기도를 할 것을 정하고 있다. 그러나 구체적으로 베네딕도회 수도자들이 어떻게 말씀묵상기도를 수행했는지에 대해서는 명확한 언급은 없다. 하지만 규칙서 48장 5절을 보면 어느 정도 추측이 가능하다.

> 형제들은 제6시 기도 후 식사를 마치면 각각 자기 침대에서
> 완전한 침묵 중에 쉴 수 있지만, 혼자 독서를 하려는 사람은
> 남에게 방해가 되어서는 안 된다(수도규칙 48, 3-5).

이는 당시의 독서가 천천히 작게 소리 내어 읽는 수행이었으므로 혹시 그런 수행이 다른 형제들의 수면을 방해할 수 있었기 때문이다.

베네딕도 당시에 수도자들의 독서는 지금처럼 침묵 중에 하는 독서 방법과는 달리 그들이 눈으로 본 것을 작게, 그러나 들릴 만큼 소리 내어 읽었다. 이런 수행이 조용한 시간에 공동 장소에서 행해졌다면, 분명히 다른 사람들을 방해했을 것이다. 그래서 베네딕도회 수도자들은 정해진 시간이나 다른 여유 시간에 혼자 조용히 자신만의 말씀묵상기도 수행을 했던 것 같다(수도규칙 48, 3-5).

4) 중세 수도회의 말씀묵상기도

중세의 말씀묵상기도에 대한 강조는 베네딕도 규칙서를 재발견하는데서 시작된다. 중세의 시작이라 할 수 있는 그레고리오 대교황(Gregorius Magnus, 540-604)은 베네딕도에 대한 관심이 높았다. 그가 이탈리아 성인들에 관한 이야기를 쓰면서 대화집(I-IV) 2권에 성 베네딕도의 일화를 전한다. 그의 성인들에 대한 존경과 칭송은 성 베네딕도의 수도규칙이 서방교회 안에서 확산될 수 있는 여건을 마련하였고 성서독서의 중요성을 인식하여 "복음적 독서"(evangelica lectio)라고 표현하고 있다. 이렇게 하여 말씀묵상기도의 가치를 후대에 지속할 수 있게 되었다. 6세기 이후 여러 수도규칙

서들이 있었으나 7세기경에 와서는 베네딕도 규칙서의 중용과 조화의 정신 때문에 엄격한 규칙서들이 성 베네딕도의 규칙서 안으로 점차 흡수되거나 통합되었다(허성준, 2005).

그 후 768년 샤를마뉴 대제(747-814)의 즉위와 함께 수도원은 교회의 쇄신과 개혁에 중요한 역할을 하게 되는 반면 국가의 간섭을 받게 된다. 그의 아들 경건자 루이스(Louis the Pious, 814-840)는 아니아네의 베네딕도(750-821)에게 권한을 주어 수도생활을 쇄신하도록 한다. 이때 그는 성 베네딕도의 규칙을 지킬 것을 명한다. 그는 말씀묵상기도의 중요성을 인식하면서 그 대상도 성서 외에 오리게네스, 성 예로니모, 성 아우구스티노, 그레고리오 1세 교황들의 저서까지 확대한다. 중세를 거치면서 말씀묵상기도의 대상이 넓어진 셈이다(C. H. Lawrence, 1989). 그러나 아니아네의 베네딕도가 죽고 10세기 베네딕도 수도회의 개혁파인 클뤼니 수도원의 수도 쇄신운동이 시작되면서 베네딕도 규칙의 엄격한 준수와 전례의 강조, 금욕의 생활은 수도원을 급속히 성장하게 만들었고 탁월한 아빠스들의 지도하에 교회 개혁에 영향을 주었다. 또한 수도생활의 세 축인 기도와 일, 말씀묵상기도의 균형감각을 잃게 만들었다. 성 오도(St. Odo, 927-944) 아빠스가 수도자의 삶은 전례와 말씀묵상기도에서 힘을 얻어야 된다고 강조하였으나 말씀묵상기도에 대한 중요성이 전보다 떨어졌고 말씀묵상기도의 대상도 성서주석서, 신학 서적, 교부들의 문헌, 백과사전에 이르기까지 다양화되고 넓어졌다(Noreen Hunt, 1967).

11세기 말에 이르러 클뤼니 수도원이 영향력을 상실하면서 새로운 수도회들이 탄생하면서 본연의 수도생활의 모습으로 돌아가려는 운동이 일어났다(C. H. Lawrence, 1989). 이 시기에 가말돌리회, 카르투오시오회, 시토회들이 탄생하게 된다. 시토회의 로베르토(Robertus, 1028-1111) 아빠스는 성서의 학문적 연구를 철저히 반대하였고, 수도생활에서 기도와 독서, 그리고 일의 조화를 회복하며 온 마음으로 성서를 읽고 묵상하며 직관하는 말씀묵상기도를 활성화시켰다(허성준, 2005). 또한 클레르보의 성 베르나르도(St. Bernard, 1090-1153)는 성서 말씀에 자신을 온전히 내맡기라고 하며 독서가 마음의 입에 마치 꿀과 같이 감미롭다고 노래하였다(Michael Downey, 1993).

5) 귀고 2세의 말씀묵상기도

귀고 2세(Guigo 2, 약 1115-1188)는 카루투시오 수도원의 9대 원장이었다. 카르투시오회는 매일 저녁 11시 45분에 일어나고 3시간을 기도할 정도로 아주 엄격한 수도회였다(이경용, 2010). 그는 원장으로 있으면서 말씀묵상기도를 체계화하고 집대성하였다. "게르바제에게 보내는 관상생활에 대한 편지「수도승의 사다리」"(Scala Claustralium)를 통해서 그때까지 내려오던 6단계 즉, 독서(lectio), 심사숙고(cogitation), 공부(stadium), 묵상(meditatio), 기도(oratio), 관상(contemplatio) 중에서 심사숙고와 공부를 묵상으로 통합시켜, 말씀묵상기도를 독서(lectio), 묵상(meditatio), 기도(oratio), 관상(contemplatio)이라는 네 단계로 체계화시킴으로 하나님과의 일치를 위하여 올라가야 할 영적 단계로 언급하였다.

귀고 2세는 지금까지 말씀묵상기도가 일정한 순서에 따라 이루어지지 않은 것을 사다리의 메타포를 사용하여 출발점과 종착점이 있는 계층적 모델로 말씀묵상기도를 바꾸어 놓은 것이다(박노권,

2008). 귀고 2세의 계층적 모델로의 말씀묵상기도는 하나님의 말씀을 읽으면서 시작하여 묵상과 기도 단계로 올라가고 마지막은 관상 안에서 하늘의 구름 속에 도달하는 것이다. 귀고 2세의 수도승의 사다리는 중세시대에 매우 선호하는 작품이 되어서 그 시대에 100여 개의 필사본이 만들어졌다. 그리고 라틴어로 쓰인 이 작품이 1475년 이후 영어와 프랑스어, 독일어, 이탈리어로 번역되어 수많은 판들이 인쇄 출판되어 영향력을 끼치게 되었고, 지금까지 기도의 한 전형으로 굳게 자리잡게 되었다(박노권, 2008).

6) 중세후기의 말씀묵상기도

13세기에 대학 수도승들이 출현되면서 전통적 말씀묵상기도가 차츰 소멸되어 갔다. 특히, 아리스토텔레스의 저서가 아랍어에서 라틴어로 번역되기 시작하자 세계관은 달라지기 시작하였다. 이런 상황에 놓이게 되자 수도 전통 안에서 성서를 수도생활의 원천으로 여기고 말씀 안에서 활력을 받아 사는 전통은 하나님 말씀에 대한 질의와 논증으로 바뀌었다(Enzo Bianchi, 2001).

파리의 소르본느 대학과 밀라노의 볼로냐 대학 등 학교에서 성서가 읽히기 시작하였으며, 성서 말씀을 신학적 논증을 위해 스콜라식 독서법(질문과 논증)이 도입되었다. 이리하여 말씀묵상기도의 전통이 와해되기 시작한 셈이다. 그리고 실증주의와 과학주의도 말씀묵상기도의 와해에 한 몫을 하였다(Eduardo Ghiotto, 1991). 이처럼 성서가 학문 중심적으로 변하면서 일반 성도들에게 외면당하게 되었다. 이러한 과정에서 여러 탁발 수도회들이 출현하게 되었는데, 대표적인 공동체로서 프란시스수도회, 갈멜수도회, 도

미니크수도회가 있다.

첫째, 프란시스(Francis of Assisi, 1182-1226)는 기독교 역사 속에서 그리스도의 수난에 대한 복음서의 내용을 문자 그대로 재현해낸 가장 뛰어난 인물 중의 하나이다. 그에게 있어서 그리스도를 본받는다는 일차적인 의미는 그리스도가 지닌 덕을 본받는다든가 혹은 내면화한다는 데에 있지 않고, 그리스도의 수난을 문자 그대로 실존적인 삶 속에서 재현시키는 데에 있었다. 프란시스의 수도규율에 따르면, 성서에 대한 명상적 반추와 진정한 은혜의 역사를 식별하기 위해서 경험들을 나누는 일, 그리고 자문과 기도를 통해서 인도를 받는 것을 중시했다.

둘째, 관상수도회인 갈멜수도회는 관상적인 경험 자체가 지극히 내면적인 일이기 때문에 깊은 성찰과 이미 풍부한 경험을 가진 이들의 섬세한 안내가 있어야 함을 강조하였다. 갈멜수도회의 전통을 지닌 대표적인 인물 가운데는 아빌라의 테레사(Therese of Avila, 1515-1562)와 십자가의 성 요한(St. John of the cross, 1542-1591)이 있다. 아빌라의 테레사는 로마교회로부터 대학자의 칭호를 받은 '기도의 스승'으로 일생을 통하여 고행을 실천하면서 끊임없이 묵상기도로 자신의 영성생활을 꽃피워갔던 인물이다. 그녀의 영성생활은 고행과 기도훈련이라는 수덕적인 측면과 영성생활의 최상의 단계인 수동적인 하나님의 은총 체험인 신비적인 측면이 잘 어우러져 있다. 그녀의 영성생활은 기도서를 비롯한 갖가지 경건서적들과 수도원 규칙적인 생활, 그리고 영성지도자들과의 교제에 의해서 성숙한 단계로 인도되었다(이정순, 2004). 그리고 갈멜수도회의 전통을 지닌 또 다른 인물인 십자가의 성 요한은 아빌라의 테레사의 수도원 개혁운동에 함께 참여한 활동적인 사람이었지만 동시에 그의 선천적인 기질과 환경으로 인하여 매우 엄격한 관상생활을 하였던 수도자였다. 그의 삶은 철저히 내면적이고 관상적이었다. 성 요한은 갈멜수녀회의 개혁자로 알려진 아빌라의 테레사를 만나면서 그의 생애에 중요한 전기를 맞이한 인물이다. 그는 테레사의 개혁운동에 참여하게 되면서 완화 갈멜수도원 측과 마찰을 빚음으로 똘레도 감옥에 갇혔지만, 그곳에서 육체적 고통과 정신적인 번민이라는 엄청난 시련 속에서 '하나님의 부재'를 체험하게 된다. 그리고 그는 그 혹독한 시련 가운데서 영적 성장의 신비를 경험한다. 그의 영성체험을 나타내는 핵심적인 단어인 '캄캄한 밤'은 바로 이러한 배경에서 비롯되었다(Gerald G. May, 2006).

십자가의 성 요한의 '밤'은 무지나 죄로부터 정화의 부족 상태이며, 하나님의 찬란한 빛을 감당할 수 없는 인간의 연약한 상태를 말한다. 인간은 전부(all)를 얻기 위해서 무(nothing)에 이르고자 하는 투쟁을 해야 한다는 것이다. 즉, 전부이신 하나님을 얻고자 자신의 영혼을 무로 돌리는 과정이 바로 스스로 밤으로 들어가는 투쟁이요 십자가의 성 요한이 지향하는 영성수련이다.

셋째, 도미니크수도회(Dominicans)를 대표할 수 있는 카더린은 진리를 듣고자 열망하고 진리를 향하여 자기 자신을 개방한 사람은 주님의 인도를 받을 수 있다고 하였다. 그리고 믿음, 소망, 사랑을 통한 하나님과의 연합에서 변화의 절정을 이루며 복음서를 묵상하고 듣는 것이 영성 향상에 가장 중요한 요소라고 하였다.

7) 이냐시오 로욜라의 말씀묵상기도

말씀묵상기도의 불꽃이 되살아난 것은 15-16세기에 예수회 창시자인 이냐시오 로욜라(Ignatius of Loyola, 1491-1538)의 영성수련(Spiritual Exercises)에 의해서이다. 이냐시오 로욜라는 독특한 영성적 체험을 바탕으로 각 개인의 영성형성을 도와주기 위해서 '영성수련'을 저술하였다. 이냐시오의 영성수련이란 침묵의 환경에서 말씀과 특별한 자료를 통하여 성령 안에서 수련자의 삶을 그리스도의 삶에 적응시키고 실존적으로 하나님의 일을 선택하며 하나님께 나아가는 여정을 돕는 작업이다.

이냐시오 로욜라는 스페인의 귀족 가문에서 태어나 군복무 중 중상을 입고 오랜 병상생활을 하게 되었는데, 이 때 많은 경건서적과 영성서적을 탐독하면서 특별한 종교적 체험을 하였다. 프랑스 파리에서 신학을 공부한 후 그는 1534년 8월 15일 여섯 명의 동료와 함께 가난, 순결, 순례와 영혼 구원에 헌신할 것을 맹세하고 수도원을 설립했다. 1540년 교황을 방문한 그는 이 수도회를 공식 수도회로 인정해줄 것을 요청했고, 당시 교황 바오로 3세는 '예수회'라는 이 수도회를 승인했다. 이 수도원은 전통적인 수도회가 내세우는 서원인 청빈, 순결, 순종 외에 '영혼 구원과 믿음의 전파를 위해서 내려지는 교황의 명령을 지체 없이 실행에 옮겨야 한다'는 항목이 덧붙여 있다. 이것은 예수회의 특징이기도 하다. 이들은 전통적인 수도회의 모습 중에서 필요없다고 생각되는 것은 과감하게 탈피하는 모습을 보여주었다. 수도원의 건물보다는 인적인 관계를 중시했으며 수도자 복장도 갖추지 않았다. 수도원의 전통적인 영적인 모든 것은 그대로 받되 활동이나 형식은 그 시대에 맞게 자유롭게 변형시켰다.

이냐시오 로욜라의 영성수련을 준비하는 단계에서 특히 유의해야 할 사항은 주변 환경으로부터 자유롭도록 하기 위하여 가족이나 친구를 떠나도록 하며 철저히 침묵 가운데 거할 것을 요구하고 있다. 이것은 단순히 외적인 침묵과 고요만을 의미하는 것이 아니며 자신으로부터 떠나는 것도 포함되어 있다. 그것은 곧 내적 침묵을 통하여 진정으로 자신의 내면을 소란케 하고 집착케 하는 것을 제거함을 말한다. 그러므로 이냐시오는 내적인 침묵과정에서 철저히 분리된 외적인 침묵을 강조하고 있다.

그리고 영성지도자는 고요한 내적인 침묵 속에서 반응하고 있는 수련자의 상태를 식별하면서 그 사람이 어떤 성서 텍스트나 어떤 부류의 묵상을 가지고 기도해야 할 것인가를 결정하게 된다. 결국 이냐시오의 영성수련이란 침묵의 환경에서 말씀과 특별한 자료를 통하여 성령 안에서 수련자의 삶을 그리스도의 삶에 적응시키고 실존적으로 하나님의 일을 선택하며 하나님께 나아가는 여정을 돕는 작업이다(Ignatius Loyola, 2001).

8) 종교개혁과 말씀묵상기도

말씀묵상기도가 개신교와 직접적으로 연결을 가지게 된 것은 종교 개혁자 요한 칼빈(John Calvin)과 『참된 목자』(The Reformed Pastor, 1656)를 쓴 리처드 백스터(Richard Baxter)에 의해서였다.

칼빈은 성서가 쓰인 목적대로 하나님의 말씀을 보여주기 위해 "만약 우리가 하나님을 진정으로 관상하기를 원한다면 우선 하나님의 말씀 속으로 들어가야만 한다. 왜냐하면, 우리를 향하신 하나님의 모습이 진실되게 그리고 생생하게 묘사되어 있는 곳이 바로 성서이기 때문이다"라고 하였다(J. Marjorie, Thompson, 2000).

리처드 백스터(Richard Baxter, 1830)도 하나님 말씀을 듣는 말씀묵상기도의 중요성을 중요하게 생각했으며, 존 낙스 역시 매 주일마다 구약과 신약을 읽을 것을 주장했다. 그뿐만 아니라 말씀묵상기도를 "성서묵상"이라고 부른 디트리히 본회퍼는 "성서를 묵상하지 않고 학문적으로만 연구하는 것이 얼마나 위험한 일"인지를 지적한다(J. Marjorie, Thompson, 2000).

9) 말씀묵상기도의 현대적 의미

16세기 인문주의자들의 말씀에 대한 자구적·역사적 의미를 탐구하는 비판적·조직적 독서 방법이 성서학의 발전에 큰 역할을 하였으나 수도 전통에서의 말씀묵상기도 수행은 멀어지게 하였다(Eduardo Ghiotto, 1991).

그리고 가톨릭의 경우, 종교개혁의 영향으로 교회 안에서 평신도들이 성서를 마음대로 읽고 해석하는 것을 제한하면서, 자국어로 성서를 읽지 못하게 된 성도들은 성서 외에 다른 일반 신앙 서적들을 읽게 되었다. 따라서 성서는 성직자들의 전유물이 되었고 성서를 원천으로 삼던 말씀묵상기도는 점점 잊혀지게 되었다. 따라서 이 전통은 소수의 수도회를 통해서 간간이 이어져 오게 되었다. 그러다가 2차 바티칸 공의회(1965)에서 교회 전통에 매우 중요한 자리를 차지했던 말씀묵상기도의 중요성이 재발견되어 "모든 사람이 지속적인 거룩한 독서로… 부지런한 연구로… 성서에 그 자신을 잠기게 하는 것과 그리고 모든 사람이 기도는 거룩한 성서의 독서를 수반해야만 하는 것을 기억하게 하는 것이 필요하다"라고 하였다(The Second Vatican Council, 1992).

말씀묵상기도와 관련하여 현대에 큰 영향력을 끼치고 있는 인물 가운데는 토머스 머턴(Thomas Merton, 1915-1968)을 들 수 있다. 토마스 머턴은 칼 바르트로부터 말씀묵상기도의 중요함을 깨닫게 되었는데, 그는 1948년에 출판되어서 '20세기의 고백록'으로 평가받는 자서전 『칠층산』(1999, 성바오로출판사)을 통해 세상에 널리 알려졌다. 머턴은 많은 글들을 통해 기도와 묵상 안에서 발견한 영적 통찰을 나눠 주었기에 갑작스러운 죽음을 맞이한 지 40여년의 세월이 흘렀지만, 70여 권에 이르는 그의 작품들은 여전히 활발하게 출판되고 있다. 특히, 그의 생전에 소개되지 않았던 4,000여 통의 편지와 일기가 출판되어 더욱 많은 사람들이 깊고 친밀하게 머턴을 이해할 수 있게 되었고, 한국인 독자들에게도 많은 영향력을 끼치고 있다.

　이뿐만 아니라 최근에 말씀묵상기도를 소개하는 번역물과 책이 출판되고 있다. 개신교 인물 가운데 말씀묵상기도에 대해 많은 저술을 통하여 구체적인 도움을 주고 있는 인물 가운데는 유진 피터슨(Eugene H. Peterson)이 있다. 유진 피터슨은 미국 장로교 목사인데 말씀묵상기도에 관한 글을 쓸 뿐 아니라, 말씀묵상기도를 통해 나온 그의 심오한 묵상들을 나누고 있기 때문에 실제적으로 크게 유익을 주고 있다고 본다(텔마 홀, 2001). 그는 "본문의 말씀을 눈으로 잘 살피고 다시 혀와 입으로 소리 내어 읽다보면 우리는 그것이 어떤 용도로 쓰인 것인지 또 그 말씀을 어떻게 이해해야 하는지 느낌을 파악할 수 있다"라고 하였다(H. Eugene & H. Peterson, 2003).

3. 말씀묵상기도의 단계

말씀묵상기도를 수도원 전통 안에서 규범적으로 받아들여 시행되도록 체계화시킨 사람은 12세기 카르투시오회의 제9대 원장을 지낸 귀고 2세이다. 귀고 2세가 제시한 말씀묵상기도의 네 단계 구성인 독서(lectio), 묵상(meditatio), 기도(oratio), 관상(contemplatio)은 800년이 지난 지금까지도 사용되고 있다. 하지만 네 단계의 개념은 귀고 2세가 독창적으로 창안해낸 것이 아니고 이미 전통적으로 이와 비슷한 형태를 띠면서 내려오던 단계들을 나름대로 정리했다고 볼 수 있다. 귀고 2세가 사용한 말씀묵상기도 네 가지 개념이 처음 등장하게 된 곳은 812년 마이클 수도원장이 된 스마라그두(Smaragdus)의 『수도승들의 왕관』에서 "기도(oratio)-독서(lectio)-묵상(meditatio)-관상(contemplatio)" 순서로 사용한 것이다. 같은 카르투시오 수도회의 선임원장이었던 귀고 1세(1083-1136)는 귀고 2세와 똑같은 네 개념을 사용하였지만 정반대로 택하고 있다. 약 1184년 이후 같은 수도회의 회원이 된 것으로 간주되는 아담(Adam)은 그의 저서 『골방에서의 네 가지 훈련』에서 "독서(lectio)-묵상(meditatio)-기도(oratio)-행위(actio)"를 제시한다. 중세의 전통에 있어서의 말씀묵상기도는 네 단계로만 제시되지는 않는다. 더 많은 단계로 제시되기도 하고, 더 적은 단계로 제시되기도 한다. 전자의 대표적인 경우는 빅토르 휴(Hugh of st. Victor)이며, 후자의 대표적인 경우는 보나벤투라(Bonaventura)이다.

휴가 제시하는 영적 사다리는 다섯 단계인데 "독서(lectio)-묵상(meditatio)-기도(oratio)-실천적 행위(operatio)-관상(contemplatio)"이다. 기도와 관상 사이에 실천적인 행위가 더 들어가 있는 것이다.

휴와 반대로 보나벤투라는 세 단계로 줄여서 나타내는데, 그의 저서 『세 가지 방식에 대하여』에서 독서를 묵상 부분에 포함시켜 "묵상(독서)-기도-관상"이라는 세 단계로 소개한다 (강치원, 1986). 이와 같이 말씀묵상기도를 실행함에 효율적으로 적용하기 위한 단계를 다양하게 배열하는 것은 말씀묵상기도에 대한 생각의 차이에서 비롯되었기 때문일 것이다.

장 러끌레르끄(Jean Leclercq)는 말씀묵상기도의 고전적 수행을 두 가지 범주, 즉 학문적 접근과 수도생활 접근으로 나누어 제시하고 있다. 첫째, 학문적 접근은 하나님 말씀에 대한 지적인 접근 방법으로써 분석적(quaestio), 논쟁적(disputatio) 측면을 지닌다 (Jean Leclercq, 1961). 이런 방법은 오늘날 특히 성서학적으로 많은 공헌을 하고 있지만, 성서를 단순히 지적 호기심이나 학문적 측면에서만 접근한다면, 말씀이 담고 있는 본래의 참다운 의미와 영적인 측면을 소홀히 할 위험이 있다. 그래서 토마스 머튼은 비록 현대에 수많은 학문적인 성서 연구가 우리의 성서 이해에 도움을 주었지만, 그 반대로 이러한 시도들은 잘못하면 성서의 참된 의미로부터 우리의 정신을 혼란시킬 수 있고 또 전문영역의 복잡함으로 인해 성서에 대한 관심이 사라지게 할 수도 있음을 지적하고 있다 (Thomas Merton, 1986).

둘째, 수도승적 접근은 성서를 머리가 아닌 순수한 마음으로 읽는 수행 방식이다. 이런 독서는 자연스럽게 묵상(meditatio)과 기도(oratio)를 향하며 최종적으로 하나님과의 일치에로 나아가게 한다. 이런 단계는 단순히 학문적 차원을 뛰어넘는 더 깊은 인격적인 차원임을 토마스 머튼은 강조하고 있다 (Thomas Merton, 1986). 학문적 묵상 방법들이 인간의 지성과 상상을 지나치게 강조하는 반면에,

초기 수도 전통은 말씀묵상기도에서 특별히 기억을 강조했다. 즉, 말씀을 기억에 간직하고 끊임없이 그 말씀을 암송하는 단순한 묵상을 실천한 것이다. 이 방법은 오늘날 새롭게 인식되고 있는데, 그동안 학문적인 접근이 지나치게 강했기 때문에 이러한 움직임은 성경 접근 방법에 조화를 이루기 위해서라도 오늘날 더욱 필요하다고 여겨진다. 학문적 접근방법에 비해서 수도승적 접근방법이 관상을 더욱 지향하도록 되어 있는 것이 특징이라고 말할 수 있다. 즉, 수도승적 접근방식은 머리보다는 가슴으로 말씀을 대하고 하나님이 우리에게 주시는 말씀을 경청하는 것이다.

따라서 수도승적 전통의 말씀묵상기도가 학구적인 전통의 말씀묵상기도 보다는 덜 체계적이며, 덜 이성적이고(단순한), 형식에 덜 구애받으면서 학구적으로 관상을 지향한다는 장점을 지니고 있다고 볼 수 있다.

이러한 점에서 수도승적 전통의 말씀묵상기도를 〈그림 1〉과 같이 네 단계로 세분해서 설명하고자 한다. 그러나 이것은 하나의 안내를 위한 절차일 뿐 기계적 단계를 말하는 것이 아님을 기억해야 할 것이다.

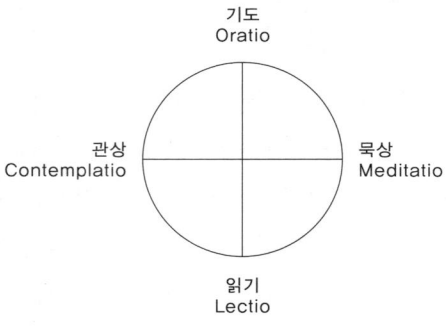

〈그림 1〉 말씀묵상기도 네 단계

1) 읽기 (Lectio)

말씀묵상기도의 첫 단계는 성서를 읽는 것인데, 성서를 읽는 일은 혼자 하는 것이 아니라 성령과 함께 하는 일이다. 홈즈(Holms)는 "성서를 읽는 것은 하나님의 신비를 직접 대면하는 행위이며, 여기서 우리는 말씀을 듣게 된다"고 했다. 또한 그는 "성서는 교회의 기억"이라고 했다. 성서를 읽는 것은 교회의 기억 속으로 들어가는 것이며 그 안에서 하나님의 현존의 신비 앞에 서게 되는 일이다(Holms T. Urban, 1982). 오직 성령의 현존만이 단순한 문자를 영으로 변화시키는 보증이 되시며, 오직 그분만이 성서 본문에 영원한 생기를 부여하신다.

성서를 읽는 목적은 단순히 책을 읽는데 있지 않다. 성서의 내용을 읽으면서 잘 들어야 한다. 초기 수도승들의 작품들을 보면 '독서'(lectio)와 '들음'(auditio)은 동의어로 자주 사용되었음을 볼 수 있다. 중세 때까지 수도승들은 주로 입술로 소리를 내어 읽고 귀로는 그것을 듣는 독서의 방법을 사용하는데, 여기서 읽는다는 것은 동시에 듣는다는 것을 의미했다. 그러므로 수도승들의 독서는 단순히 읽는 수행이라기보다는 하나님의 말씀을 듣고 그 말씀에 귀를 기울이는 수행이었다. 그래서 장 러글레르끄(Jean Leclercq)는 이러한 수행을 일컬어 "청각적인 독서"(acoustica reading)라고 하였다. 말씀묵상기도에서 읽음을 통한 들음은 자연스러운 묵상(되새김)과 기도, 그리고 관상에 이르게 하는 가장 중요한 단계이다(허성준, 2005).

그러므로 말씀묵상기도의 첫 단계인 독서는 우리를 구원하는 하나님의 말씀 앞에 우리 자신을 열어 드리는 것을 의미한다. 말씀의 지식을 얻기 위해서가 아니라 말씀이 우리를 변화시키도록 우리를 말씀 앞에 열어 드린다는 의미이다. 성서의 저자에게 영감을 준 성령, 그 성령이 내 안에 계시므로 성령께서 우리의 스승이 되신다. 성서를 천천히 소리 내어 반복하여 읽다가 한 줄의 글이나 단어가 마음에 부딪혀와 관심을 사로잡으면 거기에 멈춰서 그 말씀에 머문다. 그리고 그 말씀을 주의 깊게 반복해서 읽고 또 읽는다.

2) 묵상(Meditatio)

말씀묵상기도의 두 번째 단계인 묵상은 하나님의 말씀 안에 숨어 있는 진리를 깨닫기 위해 그 말씀이 왜 나의 마음에 와 닿았는지(touch), 그 말씀은 내게 무엇을 말하고 있는지를 우리의 전 인격을 동원하여 숙고하는 단계이다.

말씀묵상기도의 묵상방식 가운데 학구적 전통에서의 묵상은 이성과 지력을 활용하는 논리적 태도를 갖는 반면, 수도승적 전통에서는 이성과 지력에 의존하지 않고 다만 말씀을 반복하며 '되새김'(ruminatio, 반추)함으로써 자연스러운 성령의 내적 조명을 기대하는 수동적 태도를 갖는다. 고대 수도 전통에서 되새김은 독특한 성서 묵상법으로써 매우 중요한 수행활동이었다. 그래서 고대 수도 전통에서는 성서에 대한 묵상과 되새김이 분명히 구분되지 않고 같은 뜻으로 사용되기도 했다(허성준, 2005). 되새김은 소나 낙타가 음식을 저장했다가 그것을 살과 뼈에 스며들 때까지 천천히 되새김질하는 것과 같이 기도하는 마음으로 성서 본문을 되씹어 맛보고 그 본문의 깊고 충만한 의미를 깨달아 자기 것으로 만드는 것이다(Jean Leclercq, 1961).

　12세기 이후 스콜라 학문의 발전으로 묵상개념에 지성적인 면이 내포되었는데, 이러한 영향권에 살던 귀고 2세는 성서를 읽을 때는 단순하게 읽는 것이 아니라 읽고 듣는 것임을 강조했지만, 본문을 주의 깊게 관찰하거나 고찰해야 할 것이라고 한 것은 고대 수도 전통에서 온 마음으로 성서를 읽고 암기했던 수행과는 약간의 거리가 있다고 하겠다(허성준, 2005).

　오늘날은 묵상에 대해서 이냐시오 묵상법이나 가르멜 묵상법처럼 상상과 추리를 요구하는 추론적 묵상법들의 영향으로 묵상을 상상이나 추리로 여기는 경향이 많다. 하지만 본래 묵상은 그런 뜻이 아니었음을 볼 수 있다. 어원적으로 라틴어 meditari(묵상하다)는 '관심을 기울이다' 라는 뜻인 그리스어 meletan에서 왔으며 이것은 다시 '어떤 것을 반쯤 소리 내어 중얼거린다' '작은 소리로 탐독하다' 는 뜻의 히브리어 단어 '하갑'(hagab)에서 왔다. 따라서 고대나 중세 수도자들의 묵상은 말씀을 복잡하게 숙고하는 것이 아니라 단순하고 순수한 마음으로 성서의 말씀을 작은 소리로 읽고 마음으로 그 구절의 깊은 의미를 새기는 수행이었다. 수도 전통에서 meditatio는 기억된 성서 본문에 대한 반복적인 암송을 의미했으며, 되새김의 수행을 고대 수도자들에게서 쉽게 찾아볼 수 있다. 사막의 교부 마카리우스와 파코미오, 요한 카시아누스, 어거스틴, 베네딕도 등 많은 수행자들이 말씀을 초식동물들이 음식을 먹고 되새김을 통해서 음식의 맛을 느낄 뿐만 아니라 음식의 체화(體化)를 통해 삶을 유지해가듯이 말씀의 체화를 이루기까지 되새김의 묵상을 강조했다.

　묵상의 중요한 역할은 계시된 말씀의 뜻이 무엇인지를 곰곰이

헤아리는 것이며, 묵상함으로써 그 말씀을 가슴속에 깊이 간직하는 것이다(허성준, 2005).

시편 기자는 "복 있는 사람은… 오직 여호와의 율법을 즐거워하여 그 율법을 주야로 묵상하는 자로다"(시 1:1-2)라고 노래하는데, 이는 구약에서 볼 수 있는 되새김에 대한 수행의 한 본이라 할 수 있다.

되새김으로써 묵상은 기억 속에 저장된 성서의 말씀을 문장이나 구절, 혹은 한 단어를 끄집어내어 반복 암송하며 경청하는 능력을 확장시키는 과정이다. 여기서 중요한 것은 인간의 이성이나 지성으로 쥐어짜는 듯한 성찰이 아니라, 성령께서 우리를 더 깊은 의미로 열어 주시도록 그분의 현존에 우리를 맡겨 드리는 것이다. 다시 말해서, 묵상은 성서 내용의 영적인 의미 안으로 우리가 젖어 들어가도록 허용하는 것이다. 이런 훈련에 익숙해지면 우리가 아무 것도 하지 않고 다만 성령께서 활동하시도록 해드렸을 뿐이지만 우리의 인식은 확장된다. 이렇게 하면 살아 계신 하나님에 대한 믿음을 체험하게 된다.

3) 기도(Oratio)

말씀묵상기도의 세 번째 단계인 기도 즉, 'Oratio'는 하나님의 현존을 깊이 느끼며 그분의 말씀 안에 고요히 머무르면 '하나님의 영'이 어떻게 기도해야 할지 모르는 우리를 대신해서 하나님께 간구해주심(롬 8:26)으로써, 자연스럽게 내면에서 솟아 나오는 기도를 드림을 말한다(허성준, 2005). 그러므로 기도는 우리 자신의 노력 대신 하나님께서 활동하시는 길을 준비하면서 마음을 끊임없이 그분께 열고, 성령의 처분에 우리 자신을 맡기는 적극적인 노력을 의미한다. 묵상과 관상 사이에서 우리의 마음이 점점 단순해지는데, 그 이유는 기도를 통해서 묵상의 처음 단계에서 흔히 있을 수 있는 지적인 추리와 사고가 점점 줄어들고 되새김을 통해 말씀을 묵상하면서, 기도를 통해 마음은 단순하게 솟아나는 그분에 대한 열망으로 가득하게 되기 때문이다(텔마 홀, 2001).

귀고 2세는 우리가 독서를 통해 말씀을 받고 묵상을 통해 말씀의 의미가 확장되어지며 주님을 알고자 하는 갈망이 문자적 겉 수준이 아닌 내면의 체험, 즉 가슴으로 경험되어진 주님을 온전히 더 알고자 큰 불같은 갈망으로 사로 잡혀 이끌림을 받는데, 이것이 기도이며, 음식에서 맛을 느끼는 단계가 기도라고 말한다. 그는 "주님께서는 제게 성서의 빵을 쪼개어 주시고, 이 빵을 쪼개심으로써 저에게 당신을 알려주시나이다. 그리하여 제가 주님을 알면 알수록, 단지 글자라는 겉껍질에서뿐만 아니라 체험의 감각적 인식으로 주님을 점점 더 깊이 알고자 하는 갈망이 생기나이다. 주님, 제가 이것을 청하는 것은 저의 공로 때문이 아니오라 당신의 자비 때문이옵니다. 저는 부당한 죄인임을 고백하옵니다. 그러나 강아지들도 주인 상에서 떨어지는 부스러기는 주워 먹습니다. 하오니 주님, 저에게 장차 얻을 유산의 보증을 주소서 제 갈증을 조금이라도 식혀줄 저 천상의 비를 한 방울이라도 떨어뜨려 주소서 제가 사랑으로 타오르고 있나이다"라고 하였다(Enzo Bianchi, 2001).

말씀묵상기도에서 기도는 하나님을 사랑하는 영혼들이 하나님을 더 가까이서 만나고 감각적 체험을 통해 하나님과의 연합을 이루는 대화의 과정이다. 하나님은 성서 말씀을 통해 자신의 뜻과 목적, 그리고 의도를 우리에게 전해 주시는 음성을 주셨고, 그 음성을 들은 우리는 어떤 식으로든 응답을 해야 하는 것이다. 이 응답은 하나님을 구하는 간청일 수도 있고, 때로는 마음을 찢는 통회와 자신의 연약함에 대한 도움을 요청하는 것일 수도 있다. 또, 여러 가지 하나님의 은혜에 대한 감사 혹은 찬양이기도 하며, 이웃을 위한 중보의 내용 등 하나님과 맺는 관계의 온갖 표현들이 나타나게도 된다. 이 기도는 모든 내용의 근원이 독서와 묵상된 하나님의 말씀으로부터 얻어져야 한다. 무엇보다 말씀에 영감을 불어 넣으신 성령에 의해서 인도되어져 갈 때 기도를 통해 하나님과의 일치에로 나아가는 것이다(박주태, 2006).

기도의 성서적 특성은 신뢰, 지속성, 하나님의 계획이 우리의 것보다 크다는 지식에서 오는 겸손의 정신으로 단련된 솔직한 대화이다(박노권, 2008).

4) 관상(Contemplatio)

관상은 외부로부터 덧붙여지는 어떤 상태가 아닌 말씀묵상기도의 싹으로부터 자라나온 자연스러운 결실로 말씀을 통해서 우리를 찾아오신 하나님의 현존 앞에 머무르는 단계이다. 관상(觀想)이란 한자는 '마음의 상을 바라본다'는 뜻으로, 조용히 눈을 감고 호흡을 가라앉히고 있노라면 마음속에서 여러 가지 생각, 영상, 정서들이 흘러 들어오는 것들을 글자 그대로 바라보는 것을 의미한다. 관상이 영어로는 contemplation로 쓰이는데, 앞 단어인 con은 '함께', '강하게'라는 뜻이고, 뒤의 temple은 '관찰하기로 표시된 특별한 장소', '성전' 등의 뜻을 의미한다. 이 말은 '주의를 기울여 집중적으로 바라보고 관조하기 위한 구별된 지역이나 장소'를 의미한다. 그리하여 관상을 통해 그 대상과 일치가 이루어진 상태를 의미한다. 이러한 관상의 상태는 교회 역사상 크게 두 가지 영성 전통이 있는데, 카타파틱(kataphatic)과 아포파틱(apopathic)을 통한 관상 상태에 도달하는 방법이다.

카타파틱은 상상을 적극적으로 사용하는 것에 기초를 두고 있다. 예를 들면, 묵상하는 가운데 그리스도를 좋은 목자로서 생생하게 마음속에 그리거나, 상처 입은 양을 달래고 잃어버린 양을 찾아 헤매는 목자의 모습을 그리며 그리스도를 온몸과 마음으로 느끼는 것이다. 그리고 하나님이 지니고 있는 선함, 정의, 사랑과 같은 속성을 생각하면서 하나님에 대한 경험을 한다. 카타파틱은 긍정 전통으로 언어와 이미지와 논리를 통해서 주님과의 일치된 상태를 지향하며, 기독교 역사에 주류를 이루고 있다.

반면에 아포파틱은 철저히 마음을 비우는 것으로 하나님에 대한 어떤 이미지를 만들거나 상상하지 않는다. 절대 개념화될 수 없는 하나님에 대해 접근할 수 있는 길을 부정을 통하여(via negativa)만 가능하다고 보기 때문이다(R. C. Bondi, 1983). 아포파틱 전통은 인간이 사용하는 언어나 이미지들을 하나님과 일치를 지향하기 보다는, 이런 것 없이 가슴으로 수동적인 상태에서 직관적으로 주님과의 일치를 지향한다. 이 전통은 역사적으로 제도권 교회에서 그리 유력한 자리를 차지하지 못했다. 그러나 깊은 신앙심을 갖고 주님과의 일치와 헌신을 지향하는 신자, 수도자들에게는 매우 중요한 영성생활의 방편이 되었다. 바로 이러한 접근 방법이 말씀묵상기도에서 말하는 관상에 해당된다.

그리스도교 역사에서 신앙심 깊은 여러 영성 전통에서 모두 자신들의 영성훈련 방법들이 주님과의 일치를 지향하는 관상기도를 하고 있다고 말하고 있으나, 그들의 뿌리와 지향점, 그리고 어느 방편을 통해 관상을 지향하는지를 분별하는 것이 중요하다.

어번 홈즈는 『그리스도교 영성 역사』라는 책에서 기도의 현상을 사색적(spepculative) 기도, 감정적(affective) 기도, 상상적(imaginative, kataphatic) 기도, 비우는(emptying, apophatic) 기도로 나누어 기술하고 있다. 사색적 기도는 성경을 묵상, 공부, 독서를 통해 주님의 뜻을 알아가는 것이며, 감정적 기도는 주님을 사랑하는 마음으로 기도하는 것을 의미한다. 상상적 기도는 예수회의 영성 수련방법이나, 동방교회의 성화를 보며 기도하는 방법 등이 이에 속한다. 즉, 십자가 위에 달려서 피 흘리시는 주님을 상상하면서 우리의 신앙심을 키우고 기도하는 방식이다. 마지막으로 비우는 기도는 주님의 현존에 머무르며 가슴으로 기도하며 직관으로 주님의 뜻을 찾고 기도하는 방식이다.

여기서 관상기도는 비우는 기도로 외관상으로는 동양의 명상 전통과 별로 구별이 되지 않아서 오해를 많이 받고 있다. 그래서 그리스도교 전통에 익숙한 상상적·사색적 전통의 기도를 해 온 신자들이 비우는 스타일의 기도에 대해 여러 가지 부정적 태도와 비판을 하고 있는 것이 사실이다. 하지만 관상기도는 성서에서 무수히 많이 찾아볼 수 있는 기도요 1세기부터 내려오고 있는 전통적 기도 형식이다. 구약과 신약의 대표적 본문을 몇 개 언급해 보면, 엘리야 선지가가 하나님의 호렙산의 동굴에서 "세미한" 하나님의 음성을 들었다고 하였다(왕상 19:1-18). 그리고 이사야는 "주 여호와 이스라엘의 거룩하신 이가 이같이 말씀하시되 너희가 돌이켜 조용히 있어야 구원을 얻을 것이요 잠잠하고 신뢰하여야 힘을 얻을 것이거늘 너희가 원하지 아니하고"(사 30:15), 시편 기자는 "너희는 가만히 있어 내가 하나님 됨을 알지어다"(시 46:10) 라고 하였다. 여기서 시편 기자의 "가만히 있어"의 영어 표현은 "be silent"로써, 침묵 가운데 있어서 내가 하나님 됨을 알라는 중요한 말씀이다.

신약에서는 예수님께서 산상수훈의 첫 구절인 마태복음 5장 3절에 "심령이 가난한 자는 복이 있나니 천국이 저희 것임이요"라고 했다. 심령이 가난하다는 것은 마음을 비운 자가 가난한 자이고, 빈 마음에 성령께서 임하신다는 것이다. 요한복음에는 관상사상을 의미하는 구절이 많다. 요한복음 14장 10절, 20절, 17장 21절 등에 반복적으로 나오는 "아버지가 내 안에 내가 아버지 안에"라는 말씀은 관상기도를 통해 기도자가 마음을 비워 주님을 모셔 들이고 그분이 내주하여 나의 주인이 되는 상태를 지칭하는 것이다.

로마서 8장 26-28절은 관상기도 하는 신자의 내면에 무슨 일이 일어나고 있는지를 명확하게 보여준다. "우리는 어떻게 기도해야 할지도 알지 못하지만, 성령께서는 친히 이루 다 말할 수 없는 탄식으로 우리를 대신하여 간구하여 주신다"(롬 8:26)는 말씀은 성령께서 우리 안에서 우리가 의식하지 못하는데도 우리를 위하여 간구해주신다는 구절로써, 우리가 해야 할 일은 이런 성령의 활동을 도와주기 위해 조용히 침묵가운데 마음을 비워드리는 일인 것이다. 이것이 곧 관상기도 가운데 있는 것이다. 요한계시록 3장 20절 "내가 문을 두드리노니 누구든지 내 말을 듣고 문을 열면 나는 그로 먹고, 그는 나로 더불어 먹으리라"(개역) 여기서 주님께서 문을 두드리실 때 '문을 연다'는 것은 우리가 침묵 가운데 머무르며 다른 생각을 멀리하고 주님께로 우리의 마음의 문을 열어놓고 주님을 초대하면 내 영혼 안에 들어오시겠다는 말씀으로 해석된다.

또한 관상기도를 침묵기도라고 말하기도 하는데, 그 이유는 관상기도는 입으로 소리내어 간구하거나, 마음속으로도 주님께 간구하는 등의 행위를 하지 않고, 침묵 가운데 머무르며 주님께 마음의 문을 여는 행위를 지칭하기 때문이다.

또한 관상기도를 '명상기도'라고 번역하기도 한다. 이는 뭔가에 대해 골똘히 생각하는 것에서부터 눈을 감고하는 것까지를 포함하기 때문이다.

토마스 키딩은 이 기도를 향심기도로 표현한다(Thomas Keating, 2006). 향심기도란 영어의 centering prayer를 번역한 말로써, 어떤 사람은 '집중기도', '구심기도'로 번역하기도 한다. 이 말은 인간 존재의 중심에 계시는 그분을 지향하는 기도, 중심을 지향하는 기도라는 의미이다. 감신대의 영성수련 담당교수인 권희순은 키딩이 말하는 기도를 '센터링 침묵기도'로 옮기고, 키딩의 관상기도 입문서의 동일한 책 제목을 『센터링 침묵기도』로 붙여 출판했다(Thomas Keating, 2006). 인간 존재의 중심에 계시는 그분을 향해서 침묵으로 하는 기도라는 의미에서다. 무슨 말로 표명하든 이 기도는 전통적으로 행해져 온 인간의 의지와 논리를 사용하던 기도와는 다른 형태의 기도이다. 그런 인간적 노력을 하지 않고 오직 마음(heart)으로 주님을 향하고 사랑하는 마음으로 기도하는 것을 말한다.

다시 말해서, 관상기도는 우리를 찾아오시는 주님을 지향하고 마음을 비워 수동적 자세로 하는 기도를 말한다. 인간의 이성을 사용하여 하나님께 간청하는 행위라기보다는 아무런 노력 없이 주님의 품안에 머물러 있어 '하나님 안에서의 쉼'이다. 이 상태에서는 하나님을 능동적으로 찾지 않더라도 하나님을 경험하고 맛보기 시작하는 것이다. 관상기도는 내 존재의 근원에 계신 분과의 일치를 통해 그분과 템포를 같이 하려고 하는 시도라고 할 수 있다. 그래서 인간이 자신의 개인적 어떤 내용에 관심을 갖기보다는 자신을 비우고, 그분께 주의(attention)를 기울이며 그분의 뜻을 향하여 그래서 그분의 뜻에게로 일치를 지향하는 기도이다. 인간의 마음을 비워 주님께서 인간에게 임하시어 그분이 활동하시도록 하여 그분과의 일치를 지향하는 것이다.

관상기도는 매우 강력한 기도라고 할 수 있다. 그렇다고 해서 기존의 기도 방법들을 경시하거나 폐지하려고 해서는 안 된다. 인간은 언어를 매개로 모든 활동을 하기 때문이다. 그러나 그 언어적 기도의 힘을 밑에서부터 받쳐주는 침묵 속에서 우러나오는, 존재의 근원에 접촉함으로써 나오는 에너지가 받쳐주는 기도는 매우 힘이 있다. 가장 좋은 방법은 간구하는 기도를 20분 하고 난 후에 주님의 응답을 기다리는 경청의 기도를 20분 정도 하는 대화로써의 기도가 균형이 이루어지면 매우 효과적이라고 할 수 있다.

5) 말씀묵상기도의 단계별 관계

독서와 묵상(되새김)은 인간의 능동적인 면이 강조된 반면, 기도와 관상은 수동적인 측면이 강조되지만 네 단계는 깊은 유기적 관계로 서로 떼어놓을 수 없다. 그래서 귀고 2세는 말씀묵상기도의 각 단계들의 관계에 대해서 "묵상 없는 독서는 건조하며 독서

없는 묵상은 오류에 빠지기 쉽고, 나아가 묵상 없는 기도는 미지 근하며 기도 없는 묵상은 결실이 없는 것이라고 결론지을 수 있 다. 정성들인 기도는 관상을 얻게 해주며, 기도 없는 관상의 선물 은 드물고 기적에 가까운 것이다"라고 하였다(Enzo Bianchi, 2001). 이는 말씀묵상기도의 각 단계들은 함께 긴밀하게 연결되어 있어 서로를 위해서 필연적인 작용을 한다는 의미이다. 즉, 독서는 묵 상(되새김)으로 이어지는 준비작업인 동시에 묵상(되새김)이 계속되 어야 독서 또한 계속될 수 있다. 그리고 묵상이 기도로 심화되지 않으면 관상의 높은 경지에 이르기 또한 힘들게 된다. 하지만 말 씀묵상기도의 네 가지 단계는 계층적 단계라기보다는 순간 (moment)으로 이해해야 한다. 왜냐하면 관상 단계에 이르는 과정 이 항상 순서를 갖고 일어나지 않기 때문이다.

그러므로 렉시오(lectio)-묵상(meditatio, 되새김: ruminatio)-기도 (oratio)-관상(contemplatio) 단계가 lectio에서 meditatio(ruminatio)를 거치지 않고 바로 oratio나 contemplatio의 경험으로 나아갈 수 있다. 또 meditatio(ruminatio)에서 oratio을 거치지 않고 contemplatio의 경험으로 나아갈 수도 있다. 즉, 순간에서 저 순 간으로 가는데 있어서 일정한 순서나 절차가 있는 것이 아니다. 말씀묵상기도의 네 단계들은 상호관계적으로 서로 연결되어 있으 며 중심은 성서를 통하여, 우리 가슴속에서 말씀하시는 하나님의 성령이시다. 성령이 하시는 일은 "바람이 임의로 부는 것"(요 3:8) 과 같기 때문에 일정한 틀이 없고 인간적인 지식이나 어떤 고정된 틀로써 제시될 수 없으며, 그러한 방식으로는 하나님을 만날 수가 없다. 그러므로 관상으로 나아가는 영성의 여정으로써 독서와 묵 상(되새김)과 기도의 단계는 우리를 점진적으로 더 깊은 영적 세계로 인도하는데 있어서 엄밀한 의미에서 구분일 뿐이지 각 단계가 개별적으로 분리될 수 없다. 다시 말해서, 관상을 지향하는 영적 생활에서 이러한 단계들이 필연적으로 어떤 고리처럼 연결되어 일어나는 것은 아니겠지만, 이런 단계들을 통해서 영적인 삶은 하나님 안에서 더욱 기쁨과 풍요로 가득해질 것이다(박주태, 2006).

4. 말씀묵상기도와 큐티(QT)의 차이점

말씀묵상기도가 한국교회에서는 큐티(QT)라는 말씀묵상으로 소개되었으나 말씀묵상기도와 큐티는 〈그림 2〉와 같이 다른 것을 볼 수 있다. 큐티가 말씀묵상기도와 비슷한 단계를 이야기 하지만 큐티는 하나님의 진리의 말씀을 깨닫고 그 깨달은 바를 어떻게 실천에 옮길 것인가 하는 적용에 전반적으로 무게를 둔다. 하지만 말씀묵상기도는 하나님의 만남과 사귐에 역점을 두고 있다.

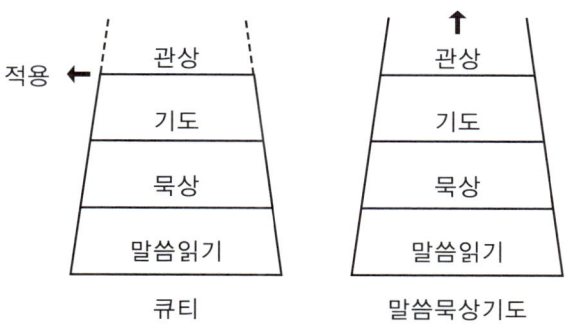

〈그림 2〉 큐티와 말씀묵상기도 비교

5. 말씀묵상기도 수행 전 준비

1) 외적인 준비

(1) 고요하고 여유로운 시간

말씀묵상기도를 하려면 최소한의 시간을 확보해야 한다. 하루에 20-30분 아니면, 일주일에 두세 번이라도 30분 이상 시간을 내어 말씀 앞에 서는 시간을 확보해야 한다(Thomas Keating, 2006).

(2) 조용한 장소

눈은 어디서나 감으면 보이지 않지만 귀는 그렇지 않다. 그러므로 고요하게 묵상하고 기도하려면 조용한 장소가 필수적이다. 무엇보다 소음이 없는 장소가 필요하다.

(3) 필기도구

분주하고 복잡한 오늘날의 일상에서 고대나 중세 수도사처럼 한 가지 일에만 몰두하며 살기는 어렵다. 그러므로 가능하면 묵상하고 기도할 때 깨달은 것을 기록으로 남겨 두어야 한다. 기록은 기억보다 오래가기 때문이다. 그 기록들이 모아져 묵상으로 연결되고 더 깊어진다.

2) 내적인 준비

(1) 사모하는 마음 갖기

말씀묵상기도에서 가장 중요한 것은 사모하는 마음이다. 말씀을 간절히 사모하는 마음이 없다면 아무리 좋은 성서와 시설이 있다고 해도 소용이 없다. 무엇보다 중요한 것은 목마른 사슴처럼 우리 영혼이 주님의 은혜를 사모하며 갈망하는 것이다. 주님은 사모하는 영혼을 만족한 것으로 채워 주신다.

(2) 몸과 마음을 바르게 하기

말씀을 묵상하며 기도하는 것은 순전히 몸의 활동만도 아니고, 그렇다고 순전히 영의 활동만도 아니다. 말씀묵상기도의 모든 과정에서 몸과 마음이 함께 움직여 나간다. 따라서 몸과 마음을 바르게 하는 것이 중요하다(William Johnson, 1996). 올바른 자세와 호흡은 다음과 같다.

▶ **자세** 성서독서나 묵상을 할 때 자세가 중요한데, 여러 앉는 자세가 있으므로 자기에게 맞는 방법을 선택해야 할 것이다. 보통 좌선 자세를 권하는데, 이 자세에서 중요한 것은 몸의 중심이 단전에 모이도록 척추를 곧게 세워 귀와 어깨가 수직이 되게 하고, 머리끝으로는 천장을 밀어 올리듯 하고, 턱은 안쪽으로 당기는 것이다. 턱이 들리면 자세에 힘이 빠지고 쉽게 졸음이 온다. 눈은 반쯤 살며시 감거나 뜨는 게 좋고 완전히 뜨거나 감지는 말아야 한다. 눈을 가볍게 뜰 때는 앞에 모셔진 십자가나 이콘(동방 그리스도교 전통에서 벽화나 모자이크, 목판 등에 신성한 인물이나 사건 등을 그린 그림)에 시선을 고정시키면 된다. 이때 손의 모습은 왼손을 오른손 위에 올리고 엄지손가락끼리는 인(印)자 모양으로 가볍게 붙여 몸쪽에 닿게 하고, 대충 배꼽 높이에 둔다. 양팔은 자유롭게 편하게 두되 팔 밑에는 계란을 하나 끼워둔 것처럼 가볍게 뗀다(석지현, 1994).

▶ **호흡** 가장 널리 알려진 방법은 복식호흡이다. 이것은 아랫배와 가슴을 부풀려 숨을 크게 들이마시고 잠시 멈췄다가 다시 숨을 토해 내는 간단한 방법이다. 단전호흡은 배꼽 3-4cm 아래의 단전에서 솟아나기 때문에 단전호흡을 하면 숨도 고르고 깊어진다. 이외에도 여러 가지가 있겠지만 각자 자기에게 맞는 방법들을 골라서 활용하는 것이 좋다(정태혁, 1994).

(3) 하나님의 임재 의식하기

몸과 마음을 바르게 했다면, 이제 하나님의 임재를 기다려야 한다. 하나님의 임재를 깊이 느낄수록 묵상과 기도가 깊어질 수 있다. 하나님의 임재를 자주 느낀다는 것은 그만큼 하나님께 몰두한다는 것이다. 그리고 하나님께 몰두할수록 친밀함이 높아진다. 친밀함이란 나와 하나님 사이에 거리감이 없다는 뜻이다. 둘 사이에 거리감이 없을수록 더 깊은 교제와 대화가 가능하다.

(4) 성령의 도우심 간구하기

몸과 마음을 고요하게 하고 하나님의 임재를 깊이 느낀다 하더라도 하나님의 말씀을 깨닫고 알게 하는 분은 성령이다. 성령은 하나님의 깊은 것까지도 통달하시는 분이다(고전 2:10). 그러므로 우리는 겸손히 성령의 인도하심과 조명을 간구하며 기다려야 한다. 진리의 성령이 오시면 그분이 우리를 진리로 인도하시며(요 14:17), 좀 더 깊은 기도로 이끄실 것이다.

6. 말씀묵상기도 수행 시 일반적 원칙들

1) 순수한 마음을 지녀라

말씀묵상기도는 여타의 독서와는 다르다. 지적으로 분석하거나 비판하지 말고 순수하고 깨끗한 마음으로 임하라.

2) 적합한 자료를 선택하라

적절하지 못한 자료의 선택은 오히려 영성생활에 걸림돌이 될 수 있다. 그러므로 가장 적합한 자료를 선택하는 것은 매우 중요하다. 모든 자료 중에서 가장 으뜸은 바로 하나님의 말씀인 성서이다.

3) 고요한 시간과 장소를 확보하라

말씀묵상기도를 할 때 시끄럽고 번잡한 시간과 장소는 가능하면 피해야 한다. 이런 기본적인 사안들을 무시할 경우, 하나님 말씀의 심오한 의미를 깨닫는데 여러 어려움들이 따를 수 있다. 그래서 가능하면 남에게 방해받지 않는 고요한 시간과 장소를 확보하는 것이 좋다.

4) 전 존재로서 읽어라

고대나 중세 수도자들은 성서를 읽고, 귀로 들으며 마음으로 배웠다. 오늘날 이런 모습이 많이 사라지긴 했지만, 인간 전 존재로 성서를 읽고 듣는다면 하나님 말씀의 심오한 신비를 더욱 잘 깨닫게 될 것이다. 따라서 말씀묵상기도를 할 때에는 언제나 열린 마음으로 자신의 전 존재로 말씀을 읽고 들어야 한다.

5) 성서 말씀에 집중하라

주어진 본문에 온전히 집중하지 못하는 것도 말씀묵상기도의 참 맛을 잃게 할 수 있다. 이때의 집중은 마음으로 뿐만 아니라 온몸으로도 하는 집중을 의미한다. 수도 전통에서 말씀묵상기도는 영적 수행이었음을 상기해야 한다.

6) 성령께 도움을 청하라

말씀묵상기도를 하면서 하나님의 말씀을 지적으로만 이해하려 하거나 그 말씀 자체에 어떤 저항이나 거부감을 가지게 될 때도 참된 말씀묵상기도를 하기 어렵다. 이런 때일수록 더욱 단순한 마음으로 하나님의 도움을 청하는 겸손한 마음이 필요하다.

7) 항구하라

말씀묵상기도는 인스턴트식품처럼 빠른 효과를 내는 것이 아니다. 그것은 시간이 지나면서 서서히 배어드는 먹물과 같다. 그러므로 꾸준히 해야 한다. 우리가 육체를 위해 매일 규칙적으로 식사하듯이, 영혼을 위해서도 같은 충실성이 필요하다. 우리가 하나님 말씀과 끊임없는 친교를 가지지 못한다면 결코 하나님의 참된 자녀가 될 수 없으며, 우리의 사도직 활동 역시 불가능하게 될지도 모른다. 왜냐하면 "어느 누구도 자신이 가지지 않은 것을 결코 남에게 줄 수 없다"는 영성생활의 금언 때문이다. 말씀묵상기도를 하면서 때로 무미건조함을 체험할 수도 있는데, 이때도 하나님께 대한 신뢰를 저버리지 말고 꾸준히 말씀묵상기도를 행함이 중요하다.

8) 여유를 가져라

말씀묵상기도는 서둘거나 긴장하지 말고 고요하고 평화롭게 행해야 한다. 조급하거나 시간을 낭비했다는 아쉬움 없이 단순한 마음으로 꾸준히 행함이 말씀묵상기도의 참모습이다. 성급함은 계시된 하나님의 신비에로 접근하려는 우리를 방해할 수 있다. 그러므로 말씀묵상기도를 할 때는 조급함 없이 여유를 가지고 기도하는 마음으로 꾸준히 행하는 것이 좋다. 그리고 많은 양을 읽으려고 욕심 부리거나 한 책을 정해진 시간까지 다 끝내려고 과욕을 부려서도 안 된다. 또 어떤 부분을 완전히 다 읽기도 전에 다른 부분을 읽으려는 유혹에 빠져서도 안 된다. 중요한 것은 빠르고 많이 읽으려는 유혹에 빠져서도 안 된다. 빠르고 많이 읽는 것이 아니라 말씀을 온전히 받아들이는 것이다.

9) 성서를 자주 읽고 되뇌어라

성서 독서 중에 특별히 어떤 본문이 마음에 와 닿으면 그것을 기억 속에 채워 넣고 계속 되뇔 필요가 있다. 사실 옛 수도자들에게 있어 묵상은 오늘날과 같이 머리로 숙고하고 반성하는 것이 아니라, 하나님의 말씀을 단순히 반복하고 끊임없이 되뇌는 수행이었다. 이것은 마치 소가 되새김을 함으로써 음식물을 철저히 자기의 살과 피가 되게 하는 것과 같다. 성서 독서 중에 특별히 마음에 와 닿은 구절이나 문장들이 있다면, 그것을 단순하게 자주 되뇌는 수행을 끊임없이 행한다.

10) 하나님 말씀에 순종의 삶으로 응답하라

말씀묵상기도는 수양을 위한 수단이 아니다. 이것은 하나님의 초대에 대한 응답이기 때문에 그분의 주도권을 인정하고 그분이 우리를 인도하시도록 자연스럽게 내맡기며 그분의 말씀에 순종해야 한다. 이때 말씀묵상기도는 우리 모든 생활에 풍요로운 결실을 가져다 줄 것이다.

제 6 장

말씀묵상기도를 통한 청소년 분노조절하기

1. 말씀묵상기도를 통한 분노조절 실행
2. 말씀묵상기도를 통한 분노조절 리트릿
3. 말씀묵상기도를 통한 분노조절 집단 프로그램
4. 말씀묵상기도를 통한 분노조절 프로그램의 효과

chapter 6 말씀묵상기도를 통한 청소년 분노조절하기

　정신치료 및 인지행동치료적 입장에서 청소년들의 분노표출은 어린 시절 충격적 정서적 경험, 애정결핍, 손상, 거부당함 등의 후유증이 신체와 신경계통에 각종 심리적 방어체제 형태로 무의식적으로 저장된 부정감정 또는 내외적인 요인에 의한 잘못된 신념체계에서 비롯된 부정감정이 현실에서 유사한 상황의 재현이나 좌절 그리고 인식될 때 나타난다고 본다.
　이러한 접근이 인간의 분노감정을 이해하는데 매우 중요한 요소이지만, 분노를 조절하기 위해서는 인간의 본성 자체를 일차적으로 고려함이 더 앞서서 전제되어야 한다. 기독교적 관점에서 분노는 죄성의 표현임과 동시에 죄를 짓는 행위이다. 그러므로 분노가 생길 때마다 자신이 얼마나 죄인인가를 인식해야 한다. 예수님은 분노조절의 완벽한 모델로 죄인들을 받아주는 모습을 성서에서 볼 수 있다. 우리 또한 타고나면서부터 가지게 된 분노의 정서가 상처나 정서적 결핍으로 부정적 감정으로 자리 잡아 현실상황에서 분노감정, 사고, 행동으로 표출될 때마다 자신들을 죄인으로 받아들여야 한다. 자신을 죄인으로 받아들인다는 것은 하나님을 있는 그대로 수용한다는 의미이다. 이렇게 될 때 하나님을 제대로 된 위치에 올려놓게 되고, 자신을 죄인으로 받아들인 후에 애통함으로 자신을 위로해야 된다. 분노를 해결하기 위한 왕도는 용서에서 비롯되기 때문에 자신을 용서하고 자신에게 상처를 준 대상을 용서하기 위한 성숙은 하나님의 은혜 안에 거할 때 가능하다. 그러므로 분노조절을 위해서는 하나님의 말씀을 묵상기도를 통해서 예수 그리스도를 바라보며 분노의 감정을 성서적 감정으로, 분노 행동들은 성서적 행동으로, 분노사고를 성서적 사고로 재구성(Restructuring) 함으로 가능하게 된다.

1. 말씀묵상기도를 통한 분노조절 실행

1) 말씀을 읽고 경청하기

분노감정을 조절하기 위한 말씀묵상기도의 첫 번째는 말씀을 읽고 경청하는 것이 중요하다. 말씀을 읽을 때는 많은 분량을 빨리 읽으려 해서는 안 되고, 수행시간을 50분 정도로 했을 때 1장 정도가 적당한 분량이 될 것이다. 성서에 분노에 관련해서 여러 본문이 있지만 오랫동안 경험한 바에 의하면, 시 37편, 시 19편, 시 90편, 시 66편, 삼상 20장, 창 37장, 삼상 18장, 창 4장, 벧전 1장, 출 21장, 히 12장, 엡 4장, 시 73편, 시 139편, 골 3장, 롬 8장,

마 5장, 요 13장, 시 143편, 빌 2장, 갈 2장, 잠 22장, 엡 6장, 잠 16장, 전 3장, 사 43장, 요 15장, 요 21장 등을 추천할 수 있다.

말씀을 읽을 때는 작게 소리 내어 세 번 혹은 그 이상을 읽도록 하며, 마음과 뜻과 정성을 다하여 오감으로 다해서 전 존재로 읽도록 해야 한다. 즉, 손으로는 성서를 받아들고, 눈으로는 보고, 입으로는 소리를 내고, 귀로는 듣고, 머리로는 기억하고, 마음으로는 깊이 새기는 것이다. 성서를 세 번 반복해서 읽을 때는 다음과 같은 형식을 취하면 효과적이다.

(1) 첫 번째 읽기와 경청하기

처음 읽을 때에는 천천히 소리 내어 읽으며 전체 내용을 파악한다. 처음 읽을 때 내용이 어렵고 이해가 되지 않더라도 멈추지 말고 그냥 끝까지 읽도록 해야 한다. 그리고 조용히 눈을 감고 2-3분 동안 묵상하며 경청한다. 이 때 묵상 중에 전체 내용이 그려지며 상(像)이 떠오를 수도 있고, 그렇지 않을 수도 있다. 어떤 내용이 떠오르면 주의 깊게 묵상을 할 수도 있지만, 어떤 내용이 떠오르지 않더라도 답답해하지 말고 마음을 다시 추스른다는 자세로 성령께 맡기고 그대로 고요히 머물도록 해야한다.

(2) 두 번째 읽기와 경청하기

두 번째로 다시 천천히 소리 내서 읽고 묵상하며 경청한다. 이때는 대체적으로 좀 더 전체적인 내용이 파악되어지고 구체적인 특정 사건이나 인물의 단어들이 하나씩 들어오게 된다. 두 번째에도 구체적인 내용이 그려지며 묵상이 될 수도 있고, 부분적인 내용만 묵상이 될 수도 있으며, 아무런 감이 오지 않을 수도 있다. 전체 내용이나 특정 표현 등으로 묵상이 되면 되는대로, 안 되면 안 되는 대로 임해야 한다. 너무 의지와 이성을 동원해서 뭔가를 떠올리려고 애쓰지 말고 성령께 맡긴 채 고요 중에 머무르면 된다.

(3) 세 번째 읽기와 경청하기

세 번째 읽기는 생명의 양식을 찾으며 읽는 단계이다. 자신에게 영적 양식과 생수가 되며 마음에 감동이 되는 말씀을 찾으며 읽는다. 그리고 읽다가 마음에 와 닿는 구절이 있으면 그 말씀 앞에 멈추어서 묵상할 수도 있다. 읽는 말씀이 구절이나 특정 단어 그리고 특정한 표현 등 무엇이든 마음에 와 닿는 부분에서 멈추고, 그 말씀을 반복하여 암송을 하면서 묵상을 하다보면 본문의 전체가 조명되기도 하며, 심오한 깨달음과 내면의 음성을 듣게 된다. 세 번에 멈추지 않고 네 번 혹은 다섯 번, 그 이상도 반복할 수 있다.

2) 묵상과 되새김

독서를 통해서 생명의 양식이 주어지면 자연스럽게 묵상(되새김) 단계로 넘어가는데, 묵상은 이성적인 작용을 적극 활용하는 반면, 되새김은 가장 단순하게 생명의 양식을 끊임없이 되뇌면서 하나님의 말씀을 마음으로 듣고자하는 자세이다. 되새김으로써 묵상은 조용히 말씀 안에 머무르면서 말씀을 계속 반복하고 음미하는 것이다. 이렇게 온 몸과 마음을 다하여 말씀을 반복하고 암송하다보면, 어느덧 말씀이 우리의 마음 깊은 곳까지 스며들어 차츰 우리의 전 존재로 퍼지게 되고, 그 말씀의 심오한 신비를 성령의 조명으로 깨닫게 된다. 그리고 생명의 양식을 마음의 위에 간직하고 계속 묵상과 되새김하는 가운데 자신의 분노감정은 정화되고 하나님의 은혜의 장중 안에 평안과 새로운 삶의 에너지가 생성되는 것을 경험하기도 한다.

때로는 그 날에 받은 생명의 양식이 그 날에는 아무런 열매도 없기도 하고, 며칠 뒤 뜻밖의 일상에서 생명의 양식이 되어 육화된 에너지를 경험하게 될 수도 있다. 그러므로 말씀묵상기도는 생명의 말씀이 내안에 육화되도록 되새김으로써 묵상을 충실히 하는 것이 매우 중요하다.

3) 말씀으로 기도하기

말씀으로 기도하기는 하나님의 말씀을 읽고 받은 음성과 느낌에 대해서 주님께 응답하는 것이다. 다시 말해서 읽은 말씀의 내용에 대해서 그 말씀과 내 삶이 연결되고 만나는 부분에 있어서, 특히 내 마음을 어떤 양상으로든 만지는 말씀에 대해 내가 주님께 응답하여 드리는 것이다. 그러나 실상 우리는 어떻게 기도해야할지 모르기 때문에 우리를 대신해서 성령께서 간구해주심으로 내면에서 자연스럽게 우러나오는 기도를 드릴 수 있는데 이것이 기도(oratio)인 것이다. 이러한 응답은 우리의 이성이나 의지로써가 아니라 성령에 의해 내면의 깊숙한 곳으로부터 회개, 감사, 찬양 등이 저절로 솟아 나오게 되는 것이다. 특히, 말씀묵상 가운데 자신의 무의식에 잠재된 분노감정과 의식적으로 인식된 분노감정에 대해서 하나님의 말씀으로 기도를 드린다.

4) 관상기도하기

하나님을 향한 마음의 감정이나 사랑이 절정에 이르게 되면, 마음은 더욱더 순수해지고 단순해지면서 마침내 하나님과 온전한 일치 즉, 영원한 하나님 안에 쉬는 것 같은 상태인 '관상'의 단계로 넘어가게 된다. 관상기도는 하나님과의 일치를 구하는 것이지 기도 중에 하나님의 현존을 느끼는 기도는 아니다. 그러므로 기도 중에 하나님의 현존을 느끼기 위해 감각을 사용하려고 애쓰거나, 하나님 현존의 영상을 바라보고 하나님의 사랑을 느끼려고 한다거나, 어떤 기쁨을 얻으려고 애쓰지 말아야 한다. 그것은 오히려 하나님과의 일치를 방해하는 요소가 된다. 관상은 그저 하나님께 대한 사랑 가득한 응시인 동시에 평온한 인식행위여서, 영혼은 슬기와 사랑의 단맛을 마시게 된다고 십자가의 요한은 말하였다. 더욱이 십자가의 요한은 "사랑의 침묵"만이 하나님께서 들으시는 가장 좋은 말이라고 보았기에, 그의 수도자들에게 자주 사랑 가득한 눈길로 하나님을 응시하라고 하였다(허성준, 2005). 분노감정에 대해서 하나님의 말씀으로 기도를 드리고 관상으로 기도하고 사랑 가득한 눈길로 하나님을 응시하고 수동적으로 있을 때 하나님께서 함께하시는 역사를 경험하게 된다.

5) 기록하기

말씀묵상기도를 마치면 일어서기 전에 준비된 노트에 기록을 한다. 읽은 성서 구절에서 특별히 마음에 와 닿은 부분을 쓸 수도 있고, 읽기를 통해 주님께서 들려주신 말씀이라고 여겨지는 것일 수도 있다. 혹은 어떤 느낌이나 감상의 기록일 수도 있고, 주님께 드리는 편지, 기도문으로도 쓸 수 있다. 아무것도 쓸 것이 생각나지 않을 때는 날짜와 읽은 부분에서 자신에게 주신 생명의 양식만이라도 기록을 하면 된다. 기록을 하다보면 생각이 정리되고 객관화를 이룰 수 있고 일정 패턴의 흐름과 줄기가 형성된다.

말씀묵상기도를 마무리한 후, 자리에서 일어나기 전에 생명의 양식으로 받은 말씀을 다시 한 번 기억하고 암송함으로써 삶에 배어나오도록 습관화할 필요가 있다. 그리고 일상속의 분주함 때문에 되새김이 안 될 수 있으므로 말씀 암송장을 만들어 기록하고 몸에 지니고 다니면서 되새김에 활용함으로 일상에서 한 순간이라도 말씀이 멀어지지 않게 하는 것이 좋을 것이다.

6) 일상 속에서 되새김

생명의 말씀을 되새김하면서 하루 일상을 보내는 기도의 삶을 살게 될 때 하나님의 초월적 시야로 세상을 바라볼 수 있게 된다. 그리고 이러한 삶을 통해서 생각과 인격, 그리고 삶의 근본적인 변화가 일어남을 경험하게 되는데, 특히 끊임없이 괴롭히는 죄성과 상처, 결핍, 잘못된 신념체계 등에서 비롯된 분노감정으로부터 용서의 축복과 회복의 축복을 누리게 될 것이다.

2. 말씀묵상기도를 통한 분노조절 리트릿

개인적으로 묵상기도가 쉽지 않은 청소년들을 대상으로 단기 분노조절 리트릿(Retreat)을 실시할 수 있다. 단기 분노조절 리트릿(Retreat) 역시 읽기-묵상-기도-관상을 기본 패턴으로 하되 여건에 따라서 1박 2일과 2박 3일 프로그램이 가능하다.

이경용(2010)이 실시해 온 단기 말씀묵상기도 프로그램을 청소년 분노조절을 위해서 응용하여 적용하면 1단계에서는 준비단계, 2단계는 실행단계, 3단계에서는 정리단계로 정리할 수 있다.

1) 1단계: 준비 모임

말씀묵상기도는 고요와 침묵 중에서 하나님 앞에 단독자로 서는 시간이므로 프로그램에 참여하는 청소년들에게 자신의 분노 감정을 침묵 중에 하나님 앞에 내려놓는 프로그램을 알려준다.

- **일정**: 1박 2일 또는 2박 3일
- **준비물**: 하나님을 사모하는 마음과 기도로 준비된 마음이 필요하며 성경, 노트, 필기도구, 필요한 물품에 관해서 알려준다.
- **사전 주의사항**: 리트릿 기간에는 휴대전화를 사용할 수 없으므로 필요한 연락은 미리하게 하며, 좋은 컨디션으로 참석할 수 있도록 참석당일 피곤하지 않도록 하게한다.
- **리트릿을 위한 중보기도**: 모든 참석자에게 가난한 마음과 분노 감정이 조절될 수 있는 고요한 영혼을 주시고, 하나님의 은혜를 맛보며 일정이 잘 진행될 수 있도록 중보한다.

2) 2-3단계: 실행 및 정리

● **리트릿 기간 중 지켜야 할 사항**: 모든 시간은 침묵으로 진행하며 마음과 에너지를 하나님께 집중하게 하고 모든 일을 여유롭게 하게한다. 특별히 분노조절을 위한 리트릿인 점을 감안하여 말씀묵상기도를 통해서 하나님 안에서 분노감정이 조절되도록 마음을 열게 한다. 말씀묵상기도는 읽기-묵상-기도-관상 순서로 하되 찬송가와 성경분문은 2-3가지를 제시해주고 선택하여 사용하게 한다.

성서 본문은 베네딕도 규칙서에 나타난 말씀묵상기도에서 사용되고 있는 성서 본문, 텔마 홀의 『깊이깊이 말씀 속으로』에서 제시한 기도를 위한 50가지 주제별 성서구절, 존 헌트 『성경적 상담의 열쇠』에서 제시한 성서본문 중에서 분노조절을 위해서 다음의 본문들을 선택하였다.

시 37편, 시 19편, 시 90편, 시 66편, 삼상 20장, 창 37장, 삼상 18장, 창 4장, 벧전 1장, 출 21장, 히 12장, 엡 4장, 시 73편, 시 139편, 골 3장, 롬 8장, 마 5장, 요 13장, 시143편, 빌 2장, 갈 2장, 잠 22장, 엡 6장, 잠 16장, 전 3장, 사 43장, 요 15장, 요 21장.

● **1박 2일 리트릿 일정** •**첫째 날**: 오리엔테이션-말씀묵상기도 1-식사(휴식 및 산책)-말씀묵상기도 2-휴식과 그룹 면담-취침. •**둘째 날**: 기상 및 세면-말씀묵상기도 3-아침(휴식 및 산책)-말씀묵상기도 4-전체모임(나눔)-종결.

● **2박 3일 리트릿 일정** •**첫째 날**: 오리엔테이션-말씀묵상

기도 1-식사(휴식 및 산책)-말씀묵상기도 2-휴식과 그룹 면담-취침. •둘째 날: 기상 및 세면-말씀묵상기도 3-아침(휴식 및 산책)-말씀묵상기도 4-전체모임(나눔)-점심(휴식 및 산책)-말씀묵상기도 5(필요한 경우 면담)-저녁(휴식 및 산책)-말씀묵상기도 6-휴식 및 그룹 면담-취침. •셋째 날: 기상 및 세면- 말씀묵상기도 7-아침(휴식 및 산책)-말씀묵상기도 8-나눔-정리.

3. 말씀묵상기도를 통한 분노조절 집단 프로그램

1) 분노조절 집단 프로그램

말씀묵상기도는 개인적으로 장기간 할 수 있고, 단기 리트릿(Retreat)을 실시할 수 있다. 하지만 청소년 분노조절을 위한 묵상기도를 실시한다고 할 때는 집단적으로 12회 이상 할 때 매우 효과가 있음을 볼 수 있다.

말씀묵상기도를 통한 청소년 분노조절 프로그램을 실시하고 임상한 결과는 12회 집단 프로그램이 매우 유용한 것임을 알 수 있었다. 12회 프로그램은 〈표 3〉과 같이 3단계로 실시된다. 1단계는 프로그램에 대한 소개 단계, 2단계는 말씀묵상기도 실시단계 그리고 3단계는 평가단계로 구성되었다.

성서 본문은 베네딕도 규칙서에 나타난 말씀묵상기도에서 사용되고 있는 성서 본문, 텔마 홀의 『깊이깊이 말씀 속으로』에서 제시한 기도를 위한 50가지 주제별 성서구절, 존 헌트 『성경적 상담의 열쇠』에서 제시한 성서본문 가운데, 분노조절을 위해서 다음의 본문들을 선택하였다.

시 37편, 시 19편, 시 90편, 시 66편, 삼상 20장, 창 37장, 삼상 18장, 창 4장, 벧전 1장, 출 21장, 히 12장, 엡 4장, 시 73편, 시 139편, 골 3장, 롬 8장, 마 5장, 요 13장, 시 143편, 빌 2장, 갈 2장, 잠 22장, 엡 6장, 잠 16장, 전 3장, 사 43장, 요 15장, 요 21장.

〈표 3〉 말씀묵상기도 프로그램의 구성

단 계	차 시	주요 활동내용
1	1	프로그램 소개
2	2–11	말씀묵상기도 실시
3	12	총 평가

매차시의 활동은 읽기–묵상–기도–관상 순서로 하되, 원활한 진행을 위해서 〈표 4〉와 같이 시작단계, 활동단계, 정리단계로 각각 나누어서 실시한다.

〈표 4〉 차시별 말씀묵상기도 활동 구성

단 계	활 동	시 간
시작단계	하나님의 현존 의식하기 / 성령님께 도움청하기 시작기도	5분
활동단계	말씀을 읽고 경청하기(3회) 묵상–되새김 말씀으로 기도하기 관상기도하기 / 나눔의 시간	40분
정리단계	감사의 기도 또는 주기도문으로 마침기도 / 기록하기 / 양식으로 받은 말씀을 한 번 더 기억하고 암송 / 말씀 암송장	5분

시작단계에서는 몸과 마음의 자세를 가다듬고 하나님의 현존을 의식하고 각자 자유롭게 성령님께 도움을 청하며 시작기도를 드린다.

활동단계에서는 미리 제시된 성서 말씀을 세 번 천천히 반복해서 작게 소리 내어 읽고 듣게 한다.

첫 번째 말씀을 읽고 경청할 때는 전체 내용을 파악하게 한다. 읽는 도중 내용이 어렵고 이해가 안 되더라도 멈추지 말고 끝까지 읽게 한다. 그리고 조용히 눈을 감고 2-3분 동안 묵상하며 경청하게 한다.

두 번째 읽고 경청할 때는 첫 번째와 같이 천천히 소리 내서 읽게 한다. 첫 번째 보다 좀 더 전체적인 내용이 파악되고 구체적인 특정 사건이나 인물들이나 단어들이 하나씩 들어올 수 있기에 내용이 그려진 대로 묵상하게 한다.

세 번째 읽기와 경청은 생명의 양식을 찾으면서 읽는 단계로 구체적으로 자신에게 영적인 양식과 생수가 되는 말씀을 찾아 읽고, 그 말씀 앞에 멈추어 묵상하게 한다. 말씀을 읽고 경청하기를 3회로 기준하여 제시하였으나 상황에 따라서는 그 이상도 반복할 수 있다는 것을 알게 한다.

말씀을 읽고 경청하기 다음 순서로 각자 주어진 말씀을 가지고 묵상하며 되새김하게 한다. 그리고 묵상된 말씀을 계기로 깊은 기도에 들어갈 수 있도록 시간을 가진다. 이어서 관상의 시간을 가진다. 관상기도가 끝나면 자신이 깨달은 바에 대해서 자유롭게 나눔의 시간을 가진다. 나눔은 모두가 의무로 해야 하는 것은 아님을 알게 한다. 정리단계에서는 하나님께 감사의 기도 또는 주기도문으로 마침기도를 드린다. 그리고 말씀묵상기도를 마치고 일어서기 전에 준비된 노트에 오늘 읽은 성경 구절에서 특별히 마음에 와 닿은 부분이나, 읽기를 통해서 주님께서 자신에게 들려주신 말씀이라고 여겨지는 것, 혹은 느낌이나 감상 등을 자신들이 원하는 형식을 따라 기록하게 한다. 마무리 후 자리에서 일어나기 전 생명의 양식으로 받은 말씀을 한 번 더 기억하고 암송하며, 할 수만 있으면 암송장도 만들게 한다. 그리하여 쪽지수행에 도움이 되게 한다.

4. 말씀묵상기도를 통한 분노조절 프로그램의 효과

1) 분노조절 집단프로그램

교회에 출석한 고등부 학생 1-2학년에 재학 중인 240명 가운데 분노경험 및 분노사고 사전 검사결과, 상위 50%(상태분노 16점 이상, 특성분노 23점 이상)에 해당되는 120명을 선발한 후, 말씀묵상기도를 통한 분노조절 프로그램에 참여 의사를 밝힌 학생 62명을 최종 선정하여 실험집단(experimental groups)에 31명, 통제집단(control groups)에 31명을 배정하였다. 하지만 연구의 최종 대상자는 불성실하게 참여한 실험집단의 여학생 1명과, 사후검사에 참여하지 않은 통제집단의 남학생 1명을 제외한 60명이었다. 분노경험을 위해서 사용된 척도는 상태 및 특성 분노표현 척도(State-Trait Anger Expression Inventory Korean: STAXI-K)이고, 분노사고를 위해서는 일차적 분노사고 척도(Primary Delinquency Anger Thought Scale), 이차적 분노사고 척도(Secondary Anger Thought Scale), 분노인지반응검사(Novaco Anger Scale: NAS)로써 도구의 신뢰도(Cronbach's α=.80 이상)는 모두 높게 나타났다.

연구는 유사실험설계(Quasi-experimental Design)를 적용하여 2010년 7월 4일부터 8월 29일까지 1주일에 1-2회씩 한회기당 50분간으로 총 12회기의 프로그램을 투입하였다. 사전 검사로 상태-특성 분노표현척도, 일차적 분노사고 척도, 이차적 분노사고 척도, 분노인지반응검사 사전검사 측정도구(부록에 있는 측정도구 참조)를 활용하여 시작하고, 동일한 검사지로 사후검사를 실시하여 변화가 있었는지를 분석해 보았다.

2) 분노조절 집단 프로그램의 효과

(1) 연구 집단의 동질성

표집과정에서 나타난 기독교 청소년의 분노지수는 일반청소년(이규미, 1998; 권혜진, 1995; 이은주, 2007)을 대상으로 표집하면서 나타난 분노지수와 큰 차이가 나지 않고 있는데, 이는 우리나라 청소년들이 분노의 세대임을 입증한다고 할 수 있다.

표집된 청소년을 대상으로 실험집단과 통제집단이 분노경험과 분노사고조절에 있어서 동질의 집단인지 알아보기 위하여 두 집단 간 사전검사 점수에 대해 검증(t-test)을 실시하여 비교한 결과 실험집단과 통제집단의 청소년들은 분노경험과 분노사고에 동질 집단임이 증명되었다.

(2) 분노경험에 대한 효과

분노경험(Spielberger, Jacobs, Russell, & Crane, 1983)을 상태분노와 특성분노로 구분하여 말씀묵상기도 프로그램을 적용한 결과, 프로그램을 적용한 실험집단과 그렇지 않은 통제집단 간 분노경험의 사전검사(pretest)와 사후검사(postest)의 평균값에서 차이가 나타났다.

분노경험에 대한 통제집단과 실험집단 간 사전·사후평균 차이를 분석한 결과, 상태분노는 실험집단의 사전평균(M=2.77)과 사후평균(M=2.64) 차이가 통제집단의 사전평균(M=2.76)과 사후평균(M=2.76) 차이에 비해서 상대적으로 높게 나타났고, 특성분노 역시 실험집단의 사전평균(M=2.78)과 사후평균(M=2.68) 차이가 통제집단의 사전평균(M=2.78)과 사후평균(M=2.77) 차이보다 상대적으로 높게 나타났다. 그리고 통제집단의 상태분노와 특성분노의 유의수준이 의미가 없는 것에 비하여, 실험집단의 유의수준은 상태분노(p<.01)와 특성분노(p<.01) 모두 통계적으로 의미가 있는 것으로 나타났다. 상태분노와 특성분노의 사전평균과 사후평균 차이를 점수로 환산하면 〈그림 3〉과 같다.

〈그림 3〉 분노경험의 집단 간 사전·사후 차이의 점수

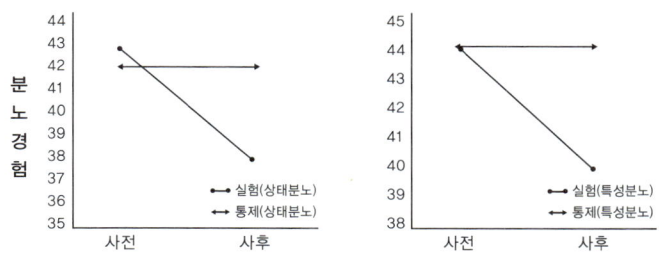

이와 같은 결과는 상담심리치료를 통한 특성분노 감소에 의미 있는 효과를 나타낸다는 서현정(1999)의 연구와 일치한다. 그리고 명상훈련과 분노조절을 통한 상태 및 특성분노 감소를 연구한 미국의 선행연구(Feindler, Marriot, & Iwata, 1984; Deffenbacher, 1988; Snyder, Kymissis, & Kessler, 1999)와도 일치한다.

지금까지 명상훈련에 관한 선행연구들은 주로 불안 감소와 통증완화, 스트레스 대처 훈련(Muirhead, Benson, Edwards, Gunn, Kabat-zinn, & Spiegel, 1999)과 관련된 것이 많으며, 분노에 관한 연구는 소수였다. 하지만 김현옥(2001)의 연구에서 명상훈련이 상태분노 감소에 효과를 나타낼 수 있다는 가능성을 보여주었다. 김현옥이 실시한 명상훈련 프로그램은 Kabat-Zinn(1970)이 메세추세스 병원(Massachusetts Medical Center)에서 이완과 스트레스 완화 프로그램으로 8주간 실시한 내용과 장현갑(1997)이 제시한 프로그램 내용인 단전호흡, 바디스캔, 요가, 도보명상, 정좌명상, 자비명상, 자신에게 알맞은 명상, 먹기명상, 심상법 등으로 이루어져 있다. 분노조절을 위한 이완기법 가운데 최근에 관심을 받고 있는 명상은 고대 동양 불교수행법의 하나로써 자기 마음의 내부를 들여다보고 자기를 탐구하여 스스로를 이해하기 위하여 정신을 수련하는 방법을 일컫는다. 이와 같은 명상기법은 분노행동조절에 유익함을 줄 수 있지만 인간의 죄성을 남겨둔 채 심리이완적인 접근방법만으로는 사도바울이 고백한 곤고함에서 오는 영적 좌절감을 극복할 수 없다고 본다.

이러한 측면에서 볼 때, 말씀묵상기도를 통한 청소년 분노경험 수준 조절 연구에서 유의미한 결과가 나오게 된 것은 기독교청소년 영성훈련과 심리치료를 위해서 매우 의미 있는 연구결과라고 할 수 있다.

(3) 분노사고에 대한 효과

청소년 분노사고조절에 말씀묵상기도 프로그램을 적용한 실험집단과 그렇지 않은 통제집단 간의 차이가 있을 것이라는 가설을 세우고 조사 연구를 실시하였다. 연구결과에 따라서 논의를 하면 다음과 같다.

분노사고에 대한 집단 간 사전검사 평균과 사후검사 평균 차이에 따른 효과 검증결과, 1차 분노사고 하위 영역 중 예민성은 실험집단의 사전평균(M=3.30)과 사후평균(M=3.19)의 차이가 통제집단의 사전평균(M=3.30)과 사후평균(M=3.29) 차이에 비해서 상대적으로 높게 나타났다. 무시/실망 역시 실험집단의 사전평균(M=3.30)과 사후평균(M=3.15)의 차이가 통제집단의 사전평균(M=3.30)과 사후평균(M=3.28) 차이보다 상대적으로 높게 나타났다.

2차 분노사고 하위 영역 중 타인비난/보복감은 실험집단의 사전평균(M=3.26)과 사후평균(M=3.15) 차이가 통제집단의 사전평균(M=3.26)과 사후평균(M=3.25) 차이에 비해서 상대적으로 높고, 무력감 역시 실험집단의 사전평균(M=3.26)과 사후평균(M=3.13) 차이가 통제집단의 사전평균(M=.27)과 사후평균(M=3.26) 차이보다 상대적으로 높게 나타났다.

분노 인지반응 하위 영역 중 주의/반추는 실험집단의 사전평균(M=2.18)과 사후평균(M=2.10) 차이가 통제집단의 사전평균(M=2.18)과 사후평균(M=2.17) 차이에 비해서 상대적으로 높게 나타났고, 적대감 역시 실험집단의 사전평균(M=2.26)과 사후평균(M=2.15) 차이가 통제집단의 사전평균(M=2.26)과 사후평균(M=2.26) 차이보다 상대적으로 높게 나타났다.

그리고 분노사고에서 두 집단 간의 차이를 위해서 검증(t검증)을 실시한 결과, 통제집단은 사전, 사후 각각 차이가 없었으나, 실험집단은 1차 분노사고(예민성 p<.001, 무시/실망 p<.01), 2차 분노사고(타인비난/보복감 p<.001, 무력감 p<.05), 분노인지반응(주의/반추 p<.01, 적대감 p<.001)에서 통계적으로 의미가 있는 것으로 나타났다. 1, 2차 분노사고와 인지사고의 사전·사후 평균차이를 점수로 환산하면 〈그림 4, 5, 6〉과 같다.

〈그림 4〉 일차적 분노사고의 집단 간 사전·사후 차이의 점수

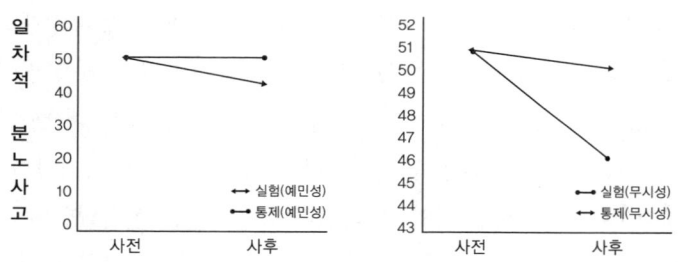

〈그림 5〉 이차적 분노사고의 집단 간 사전-사후 차이의 점수

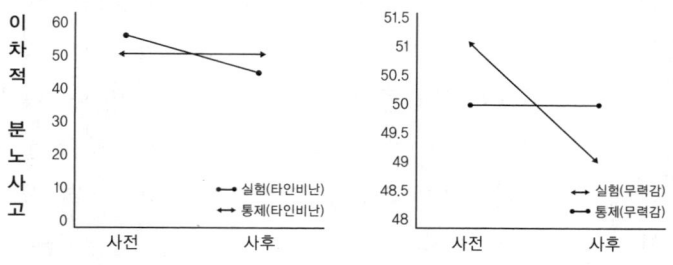

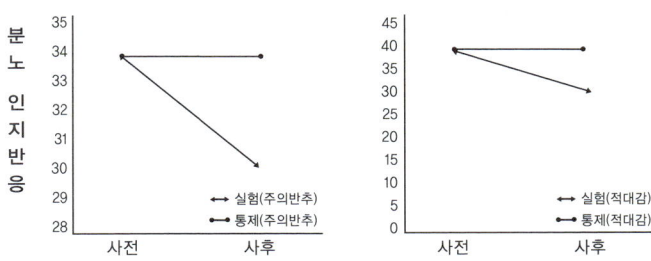

〈그림 6〉 분노인지반응의 집단 간 사전-사후 차이의 점수

이와 같은 결과에 따르면, 기독교 청소년들의 분노사고를 조절하는데 있어서 말씀묵상기도가 매우 효과 있음을 입증하고 있다고 할 수 있다.

최근까지 조사된 청소년들의 분노조절을 위한 선행연구들을 살펴보면, 절대다수가 Novaco의 연구를 기본으로 한 인지행동치료적 접근(Bistline & Frieden, 1984; Novaco, 1986; Feinder & Ecton, 1986; Kadzin, 1987; Goldstein & Glick, 1987; Dangel & Deschner, 1989; Guerra, 1990; Crick & Dodge, 1996; Sherri & Enenencio, 1999; Deffenbacher & Mckay, 2000; Beck, 2000; 강신덕, 1997; 천성문, 1999; 임소영, 2000; 태상록, 2001; 이성식, 2003; 이은주, 2008)이 대세를 이루고 있음을 본다.

그리고 기독교 심리학자들 또한 대부분 인지치료에 근간을 두고 있어 '기독교'라는 단어를 붙인 것 외에는 일반 심리치료와 크게 다르지 않음을 알 수 있다(Mark P. Cosgrove, 1988; Josh McDowell & Bob Hostetler, 1996; Tim LaHaye & Bob Phillips, 2002).

인지행동치료모델에 근거한 청소년 분노조절 프로그램이 분노감정의 각성(arousal) 조절, 인지재구조화, 친사회적 행동을 위한 프로그램으로 의미가 있지만, 심리치료를 통한 부정적인 감정의 문제해결은 이미 1980년대부터 한계가 있다는 것이 서구에서부터 주장되어 왔음을 본다. 그리하여 서구에서는 치료 대안으로써 동양종교, 초월심리학, 신비주의 등과 같은 다른 대용물이 나오게 된 것이다. 그러나 기독교적 입장에서 볼 때, 이러한 방법들은 다원주의적이거나 뉴에이지적인 시도들로써 잘못된 영성의 길을 추구하고 있는 것임을 알 수 있다.

본 연구를 통해서 말씀묵상기도 프로그램이 청소년 분노사고 조절에 의미 있음이 확증됨에 따라서 Baker(2002)의 말씀묵상기도는 스트레스, 불안, 분노 증상을 완화시키는 심리학적 유익을 준다는 연구결과와 일치함을 알 수 있다. 그리고 델몬트(Delmonte, 1987)와 삭스(Sacks, 1979)의 연구결과와도 일치하며, 허성준(1995)이 말씀묵상기도를 통해서 분노 감정들을 가라앉히고 긍정적인 에너지를 가지게 할 수 있다는 견해와도 일치한다고 볼 수 있다.

말씀묵상기도를 통한 영적훈련은 성숙에 목표를 두며 하나님과 함께 하는 삶을 지향하기 때문에 청소년의 분노감정을 일시적 조절이 아닌 지속적 조절을 가능케 해줄 수 있다. 또한 수도자들의 고유의 기도 방법을 통한 청소년 신앙훈련은 기복적이며 요청적인 기도 형태에서 벗어나 청소년들을 더욱 내적으로 성숙하게 할 것이다. 그러므로 수도 전통적 말씀묵상기도를 통안 청소년 분노조절 연구가 지속되고 교회 안에서 활발한 적용이 필요하다고 본다.

3) 개인사례분석을 통한 말씀묵상기도의 효과

말씀묵상기도 프로그램의 효과를 보다 정확히 평가하고, 개인의 분노조절을 위한 유용한 자료를 얻기 위해서 개인사례의 변화를 깊이 분석할 필요가 있다고 하겠다.

본 연구사례는 실험집단에 참여한 학생 중에서 분노에 대해 실시한 사전·사후 측정에서 점수가 크게 감소한 K군의 사례를 분석함으로 말씀묵상기도의 효과성을 증명하고자 한다.

(1) 사례배경

고등학교 1학년에 재학 중인 K군의 아버지는 영관급 장교로 현재 가족과 떨어져 지내고 있다. 부모님 가운데 어머니만 신앙생활을 하고 있는데 K군은 어머니를 따라서 유치원 때부터 교회를 다니기 시작하였다. 현재 K군은 어머니와 여동생(중3)과 함께 같은 교회에 출석하고 있다. K군은 매주 교회를 빠지지 않고 출석하고 있으나 교회에서 동료 학생들과 잘 어울리지는 못하는 편이고, 집에서는 화를 자주내고 특히 여동생에게 자주 폭언을 한다. K군의 외모는 조금 왜소하고 소심해 보이나 말이 빠르고 억양은 매우 강한 편이다. K군의 아버지의 성격은 활동적이고 강직하며, 언어 표현이 직설적이고 거친 편인 것에 비하여 어머니는 소심하고 내성적인 편이다. K군의 어머니를 통한 면담에서 K군의 아버지는 홀어머니 밑에서 성장해서인지 매우 자기중심적이고, 독선적이며 일방적이라고 하였다.

K군의 아버지는 부대 사정으로 현재는 가족과 떨어져 있지만, 가족과 함께하는 시간은 모든 가족 구성원들이 긴장하고 힘들다고 한다.

K군의 학교성적은 보통이며 고등부 사역자와 교사들의 관찰에 의하면 K군은 인정욕구가 강하고 자신의 의견이 관철되지 않을

때는 언어가 거칠어지고 주위 사람들에게 분노를 거침없이 표출한다고 한다.

(2) 사전평가

K군이 본 연구의 실험집단에 참여하게 된 것은 상태분노(16점 이상)와 특성분노(23점 이상)가 상대적으로 높은 기독교 학생 50% 중에서 실험집단에 참여할 의사를 밝힌 대상에 속하기 때문이다.

본 연구를 위해서 K군을 포함한 실험집단과 통제집단의 사전 분노경험과 분노사고 평균을 산출하는 과정에서 실험집단의 전체 평균(분노경험: M=2.78, 분노사고: M=2.93)에 비해 실험집단 남학생들의 분노경험 평균(M=3.00)과 분노사고 평균(M=3.10)이 상대적으로 높게 나타났다. 그리고 K군의 사전 분노경험 평균(M=3.82)과 분노사고 평균(M=3.70)은 실험집단의 남학생들의 평균보다도 더욱 높게 나타났다.

(3) 말씀묵상기도 적용

K군에게 말씀묵상기도가 실제적으로 실시된 기간은 총 10회였다. 말씀묵상기도는 〈표 4〉에서 제시된 차시별 말씀묵상기도 활동 구성 순서에 따라서 매주 시작단계, 활동단계, 정리단계 순서로 실시되었다.

K군을 포함한 실험집단 학생들에게 초기단계에서는 몸과 마음의 자세를 가다듬고 하나님의 현존을 의식하고 각자 자유롭게 성령님께 도움을 청하며 시작기도를 드리게 하였지만, 초기 몇 주간은 K군을 포함한 상당 수 학생들이 조금 어색해했으나 중기로 접어들면서 점차로 적응해갔다.

활동단계에서는 미리 제시된 성서말씀을 세 번 천천히 반복해서 작게 소리 내어 읽고 듣게 했다. 말씀묵상기도 기간에 사용된 성서 본문은 마 5장, 엡 6장, 빌 2장, 잠 16장, 시 37편, 창 4장, 엡 4장, 시 90편, 삼상 18장, 요 15장, 롬 8장, 요 21장이었다.

대부분 말씀을 읽고 경청하기를 3회로 기준하여 제시하였으나 상황에 따라 조금씩 달리 적용되기도 했다. 특히 관상기도 하기가 끝나면 나눔의 시간을 가졌는데 K군이 처음에는 매우 소극적이었으나 중·후반부터 서서히 자신이 깨달은 바에 대해서 나눔의 시간에 참여하게 되는 변화를 보이기 시작했다.

말씀묵상기도를 마치고 일어서기 전에 마음에 와 닿은 부분이나 읽기를 통해서 주님께서 자신에게 들려주신 말씀이라고 여겨지는 것, 혹은 느낌이나 감상 등을 자신들이 원하는 형식에 따라 기록하라고 했을 때, K군은 4주까지는 소극적이었으나 5주 이후부터 순종하려는 태도를 보였다. 그리하여 5주에 접어들면서 연구자가 K군에게 암송장의 필요성을 구체적으로 알려주고 활용해 보도록 했다.

K군의 태도변화에 대해서 차시별로 살펴보면 2-4회까지는 적응단계로 다소 어려움을 겪었지만 주변의 관찰자들을 통한 분석에 의하면 4회부터 언어사용에 다소 변화를 보였다. 중기에 접어들면서 K군의 행동에 변화를 보였는데, 실험집단 내 학생들하고도 잘 어울리고 연구자에게 자신의 내면에 대한 분노를 치료받고 싶다고 표현하며 기도를 부탁하기도 했다. 그리고 지금까지 교회를 다니며 설교를 수없이 들었지만 하나님 말씀과 기도에 대해서 너무나 무지했다고 표현하기도 했다. 10주째부터는 K군이 말씀 읽기 시간과 기도시간에 눈물을 흘리는 모습도 볼 수 있었고, 외

견상으로 처음보다 얼굴이 많이 밝아졌음을 느낄 수 있었다.

(4) 사후 평가 및 해석

K군이 말씀묵상기도에 참여한 후에 나타난 사후평가를 보면, 실험집단의 전체 분노경험 평균(M=2.66)보다 K군의 사후 평균은 더 감소되었으며(M=2.60), 분노사고 역시 실험집단의 전체 사후 평균(M=2.81)보다 다소 감소된 것(M=2.79)으로 평가되었다.

특히 K군의 경우 사후 분노경험 평균은 사전 분노경험 평균(M=3.82)에 비하여 감소되었고(M=1.22), 사후 분노사고의 평균은 사전 분노사고 평균(M=3.70)보다 낮게(M=0.91) 평가되었다.

그리고 관찰자인 어머니와 교회학교 교사, 주위 친구들의 평가에서도 K군의 분노행동과 간접적인 분노표현이 감소되었음을 알 수 있었다. 이는 말씀묵상기도를 통해서 K군의 분노가 효과적으로 조절되었음을 증명한다고 할 수 있다.

부 록

1. 귀고 2세가 묵상생활에 대해서 제르바제에게 쓴 편지
2. 분노유형 체크리스트
3. 분노지수검사
4. 청소년 분노측정을 위한 검사도구

부록 1

귀고 2세가 묵상생활에 대해서 제르바제에게 쓴 편지[1]
A Letter of Guigo 2 II,
Prior of the Grand Chartreuse to his friend Gervase

목 차

Ⅰ. 인사
Ⅱ. 사다리의 네 단계
Ⅲ. 네 단계들의 기능
Ⅳ. 독서의 기능
Ⅴ. 묵상의 기능
Ⅵ. 기도의 기능
Ⅶ. 관상의 효과
Ⅷ. 은총이 다가오는 표시들
Ⅸ. 은총의 숨어 있음에 대하여
Ⅹ. 잠시 감추어져 있음으로써 우리의 선악에 협력하시는 은총에 대하여
Ⅺ. 은총을 받은 후 영혼이 신중하게 처신해야 함에 대하여
Ⅻ. 요약
XIII. 이 여러 단계들이 어떻게 서로 연결되는지에 대하여
XIV. 몇 가지 결론들
XV. 각 단계로부터 우리를 떼어놓는 네 가지 장애물

---

[1] 이 글은 Sources Chritiennes 총서 163으로 출간된 Guigues II le Chartreux, Lettre sur la vir contemplative(L'echelle des moines), Deuze Meditations, introduction et texte critique par Edmund College, o.s.a. et James Walsh, s.j., traduction par un Chartreux, Paris 1970, 82-123. Guigo II, The Ladder of Monks and Twelve Meditaitons, trans by Edmond College and James Walsh(kalamazoo, MI: Cistercian Publishings, 1981). Enzo Bianchi, Praying the Words, trans by James W. Zona(Kalamazoo, MI: Cistercian Publications, 1998), 100-114을 대본으로 삼아 우리말로 옮긴 것이다. 중세 사람들의 사랑을 받았던 이 글은 흔히 「수도승들의 계단」(Scala Claustralium)이란 별칭으로 불리기도 한다.

Ⅰ. 인사

제르바제(Gervase) 형제에게 보냅니다.

주님 안에서 즐거워하십시오. 형제님, 제가 형제님에게 사랑의 빚을 졌습니다. 왜냐하면 형제께서 먼저 저를 사랑하셨기 때문입니다. 그리고 지난번 편지에서 답신을 부탁하였기에 회신에 대한 책임감을 가지고 있었습니다. 그래서 저는 수도승들의 영적 수련에 대해 제게 떠오른 몇 가지 생각을 형제에게 전해 드리려고 결심했습니다. 제가 영적수행들에 대하여 이론적으로 알아들은 바를 형제께서는 체험으로써 더 잘 알고 있기에, 형제께서 저의 생각을 판단해주시고 수정해주셨으면 하는 바람입니다. 그리고 누구보다도 먼저 형제에게 제 작업의 첫 결과물들을 모아 보내는 것은 당연한 일입니다. 형제께서는 파라오의 속박에서 비밀리에 캐낸 그 어린 나무로부터 첫 열매들을 얻을 수 있을 것입니다. 파라오에게서 자란 그 나무를 당신이 질서 있게 늘어선 나무들 사이에 자리잡게 해주었습니다. 그리고 당신은 훌륭한 정원사처럼 야생 올리브나무 가지 하나를 정교하게 잘라내어 좋은 올리브나무에다 접목해 주었습니다.

Ⅱ. 사다리의 네 단계

하루는 바쁘게 손노동을 하는 중에 우리의 영적 수련에 대해 생각하기 시작했습니다. 그러다가 불현듯 제 내면의 사색에 네 가지 단계 －독서(lectio), 묵상(moditatio), 기도(oratio) 그리고 관상

(contemplatio) - 가 떠올랐습니다. 이것들은 "수도승들의 계단"(scala claustra1ium)으로서, 수도승들이 땅으로부터 하늘로 올라가게 하는 사다리를 만듭니다. 그 사다리는 계단이 얼마되지 않지만, 그 길이는 잴 수도 없거니와 형언할 수도 없습니다. 왜냐하면 맨 아랫부분은 땅에 닿아 있고 그 꼭대기는 구름을 꿰뚫어 있어서 하늘의 신비에 닿아 있기 때문입니다. 사다리의 계단 혹은 단계들의 이름이나 수효에 있어서 서로 다른 것처럼, 순서와 중요성에 있어서도 서로 다릅니다. 그리고 만일 누군가가 이 단계들의 특성과 기능, 각 단계가 우리에게 미치는 영향력, 그리고 각각의 상이성과 중요성으로 본 순서 등을 주의 깊게 검토한다면, 그 일이 아무리 수고롭다 할지라도 자신이 얻게 되는 도움과 뒤 안에 비교해 볼 때, 수고가 어렵거나 크다고 느껴지지 않을 것입니다.

독서는 온 마음으로 성경을 주의 깊게 살펴보는 것입니다. 묵상은 이성을 가지고 숨은 진리에 관한 지식을 찾는 전신의 적극적인 활동입니다. 기도는 선을 행하고 악을 멀리하기 위해 하나님을 향하는 마음의 헌신입니다. 관상은 그 마음이 하나님께로 들어 올려져 거기에 머무는 단계로, 영혼은 이 때 영원한 감미로움의 즐거움을 맛봅니다. 네 단계를 이렇게 설명해 보았으니, 이제 이들이 우리와 관련하여 어떤 역할을 하는지에 대해서 살펴보도록 하겠습니다.

Ⅲ. 네 단계들의 기능

독서는 복된 삶의 감미로움을 추구하고, 묵상은 그 감미로움을 인식하는 것이며, 기도는 그것을 청하는 것이고, 관상은 그것을 맛보는 것입니다. 말하자면 독서는 음식을 입으로 가져가는 것이고, 묵상은 그것을 잘게 씹어서 분해하는 것이며, 기도는 그 맛을 보는 것이고, 관상은 기쁨과 새 힘을 주는 감미로움 그 자체라 하겠습니다. 독서가 밖에 머무는 것이라면 묵상은 그 속 깊은 데까지 들어가는 것입니다. 기도는 우리가 갈망하게 된 바를 청원하는 것이라면 관상은 우리가 발견한 그 감미로움을 누리는 것입니다. 이점을 더 분명히 이해하기 위하여 많은 예 중 하나를 말하고자 합니다.

Ⅳ. 독서의 기능

나는 "마음이 가난한자는 복이 있나니 저희가 하나님을 볼 것임이요"라는 말씀을 듣습니다. 이것은 비록 짧은 성구이지만 아주 감미로운 말씀입니다. 이 구절은 영혼을 먹이기 위해 많은 감각들로 가득한 입속에 넣어지는 포도알과도 같습니다. 그 영혼은 이를 주의 깊게 살펴 본 후에 이렇게 되뇌입니다 "여기 뭔가 좋은 것이 있을 것입니다. 나는 내 마음으로 돌아가 이 순수함을 이해하고 발견하려고 노력할 것입니다. 왜냐하면 이것은 참으로 귀중하고 바람직한 것이기 때문입니다. 그것을 소유한 사람은 복되다고 불립니다. 그것의 보상은 영원한 생명이신 하나님을 뵙는 것입니다. 그리고 성경 여러 곳에서 칭송되고 있습니다." 그래서 이것을 더욱 완전히 이해하고자 하는 영혼은 마치 포도가 압착기에서 짜여 지듯이 이 포도알을 머금고 씹기 시작합니다. 이 때 영혼은 이성의 기능을 사용하여 이 고귀한 수순함이 무엇이며 또 어떻게 얻을 수 있는 것인지를 탐구해 보도록 합니다.

V. 묵상의 기능

묵상을 열심히 수행하게 될 때, 묵상 외에 마음을 두지 않고 중요하지 않는 것에 매이지 않으면서 더 높은 지점으로 발걸음을 옮겨서 속 깊은 곳을 꿰뚫고 모든 세세한 것들을 다 검토합니다. 그리고 묵상은 "몸이 청결한 사람은 복되다"라고 하지 않고, '마음이 청결한 사람들은 복되다' 라는 성경 구절에 주목합니다. 사실 우리의 마음이 악한 생각들로부터 정화되지 않았다면, 악한 행실에서 손을 씻는 것만으로는 충분하지 않습니다. 예언자가 "여호와의 산에 오를 자 누구이며 그 거룩한 곳에 설 자가 누군고 곧 손이 깨끗하며 마음이 정결한 자이니라"고 말할 때 여기에 예언자의 권위가 있습니다. 또한 이 동일한 예언자가 "하나님이여, 내 속에 정한 마음을 창조 하소서", 또 다른 곳에서 "내가 내 마음에 죄악을 품으면 주께서 듣지 아니하리라"라고 기도할 때 그가 얼마나 간절히 마음의 순결을 갈망하는지를 묵상을 통해서 인식합니다. 묵상은 또한 "나는 어떠한 처녀도 생각하지 않기로 내 눈과 약속하였네"라고 말한 욥이 이런 순수함을 유지하려고 노력한 것이라 생각합니다. 이 거룩한 사람이 어떻게 자신을 보호했는지를 보십시오. 그는 헛된 것을 보지 않으려고 두 눈을 감았고, 자신이 갈망하는 것이 후에 그 자신을 경멸하게 하는 모습으로 보지 않게 하려고 눈을 감았습니다.

마음의 순결에 대해 이런 생각들을 하고 난 다음, 묵상은 이제 약속된 보상과 간절히 갈망했던 주님의 얼굴을 뵈옵는 것이 얼마나 영광스럽고도 사랑스러운 일인지에 대해 생각하기 시작합니다. 주님은 사람의 모든 아들들 중에서 가장 아름다우며, 멸시나 거부의 대상도 아닐 뿐더러 그 모친으로부터 받은 인간적 아름다움의 모습도 아닙니다. 이것은 불멸의 옷을 입고, 당신의 부활과 영광의 날, 주님께서 만드신 날에 당신 아버지께서 씌워주신 관을 쓰고 계신 그러한 모습입니다. 묵상은 이런 비전이 "나는 주님의 영광이 나타날 때에 충만해 지리라"라고 말한 예언자의 충만함이 어떻게 이루어지는지에 대해 생각하게 합니다. 당신은 극히 작은 포도송이 하나에서 얼마나 많은 즙이 나오는지, 작은 불꽃 하나에서 얼마나 엄청난 불이 피어나는지 아십니까? "마음이 청결한 자는 복이 있나니 저희가 하나님을 볼 것임이요"라는 금속활자가 어떻게 묵상이라는 모루 위에서 망치질을 통해 새로운 차원을 얻게 되는지 아십니까? 전문가의 손을 통해서 더 많은 것이 나올 것입니다.

　'그 샘이 깊다'는 것은 느끼지만 저는 여전히 무지한 초심자입니다. 그리고 초심자인 저는 이러한 몇 방울의 물을 끌어올리는 것도 참으로 힘들다는 것을 발견했습니다. 우물은 깊되, 이러한 빛으로 불타오르고 이러한 열망으로 부추겨진 영혼은, 옥합을 깨뜨려버리고는, 아직 맛보지는 못하지만 냄새로써 향유의 감미로움을 이미 예감하기 시작합니다. 그리고 묵상만으로도 이렇듯 큰 기쁨을 누린다면, 그 순수한 체험이야말로 얼마나 감미로울 것인지를 알게 됩니다.

　그런데 어떻게 하라는 말입니까? 영혼은 얻고자 하는 갈망으로 타오르지만, 혼자서는 어떻게 해야 얻을 수 있는지를 모릅니다. 그리고 찾아 나서면 찾아 나설수록 갈증은 더 심해집니다. 묵상에 전념할수록 고통도 깊어집니다. 그것은 묵상이 마음의 순결 안에 있다고 일러주기는 하지만 전해주지는 않는 그 감미로움을, 영혼이 맛보지 못하기 때문입니다. 만일 이 감미로움이 위로부터 주어지지 않았더라면 맛보는 것은 애초부터 불가능한 것입니다. 이것이 독서나 묵상에 좌우되는 것이 아니기 때문입니다. 악인들이든 선인들이든 독서와 묵상은 다할 수 있습니다. 심지어 이교 철학자들도 이성의 인도 아래 참된 선의 정수(精髓)가 어디 있는지를 발견할 수 있었던 것입니다. 그러나 그들은, 하나님을 알았다 할지라도 하나님께 영광을 돌리지 않았습니다. 뿐만 아니라 스스로의 힘을 과신한 나머지 이렇게 말했습니다. "우리 자신을 찬양하는 노래를 부르자 우리의 말은 우리의 것이다" 이리하여 그들은 자신들이 볼 수 있는 능력을 소유했지만, 그것을 얻어 누릴 수 있는 은총을 갖지 못했습니다.

  그리고 그들의 생각이 허망하게 되어, 성령이 주시는 지혜가 아니라 인간적 학문 연구에서 얻은 그들의 지혜조차도 사라져버렸습니다. 성령이야말로 참된 지혜를, 저 감미로운 지혜를 주시는 유일한 분으로서 이 지혜는 자기가 거하는 영혼을 형언할 수 없는 감미로움으로 양육하며 즐거움을 줍니다. 이 지혜에 대해서는 이렇게 기록되어 있습니다. "지혜는 간악한 마음속에 들어가지 않는다" 이 지혜는 오직 하나님께로부터만 옵니다. 이 때문에 주님께서는 세례를 베풀 권한을 많은 이들에게 허락하셨지만 세례 안에서 죄를 용서할 능력과 권위는 자신에게만 유보하셨던 것입니다. 그래서 요한은 그의 직무를 "이 분이 세례를 주실 분이다"라고 정확히 말했던 것입니다. 마찬가지로 우리도 그분에 대해 이렇게 말할 수 있습니다. 주님은 지혜의 감미로움을 더해 주시는 분이시며, 영혼을 위해 지식을 감미롭게 해주시는 분이십니다. 그는 모든 이에게 말씀하시지만, 영혼의 지혜는 자신이 원하고 기뻐하는 소수에게만 주어집니다. 왜냐하면 나누어 주시는 분은 주님이시기 때문입니다.

Ⅵ. 기도의 기능

그러므로 영혼은 자기 힘만으로는 원하던 바, 곧 깨달은 것과 체험의 감미로움에 도달할 수 없음을 알게 되었습니다. 그리고 마음을 낮추면 낮출수록 하나님은 더 가까이 계심을 알게 되고, 스스로 겸손해져 기도에 전념하게 됩니다. 그리고 이렇게 말합니다. "주님, 주님께서는 오직 순결한 마음으로만 보여지십니다. 저는 독서와 묵상을 통하여 참된 마음의 순결이 무엇인지 알고 또 그것을 어떻게 얻을 수 있는지를 찾고 있습니다. 이로써 제가 단지 조금이라도 주님을 알고자 합니다. 주님, 제가 주님의 얼굴을 뵈옵고자 오랫동안 마음으로 묵상했습니다. 주님, 제가 추구하는 것은 주님의 얼굴을 뵙는 것입니다. 저는 묵상 안에서 당신을 더 깊이 알고자하는 끝없는 갈망이 큰 불꽃 같이 타올랐습니다. 주님께서는 제게 성경의 떡을 떼실 때, 주님 자신을 저에게 보여주셨습니다. 그리하여 제가 주님을 알면 알수록, 주님을 점점 더 깊이 더 알고자 하는 갈망이 생기게 됩니다. 이것은 단지 문자라는 겉껍질인 외적 양식이 아니라 문자 안에 숨겨진 참된 의미를 통해 주님을 더 깊이 알고자 하는 갈망입니다. 주님, 제가 이것을 청하는 것은 저의 공로 때문이 아니오라 당신의 자비 때문입니다. 무가치한 존재인 저 역시 '아무리 하찮은 개들도 제 주인의 상에서 떨어지는 빵 부스러기를 먹나이다' 라고 말했던 그 여인처럼 저의 죄를 고백합니다. 하오니 주님 저에게 장차 얻을 유산의 보증을 주십시오. 제 갈증을 조금이라도 식혀줄 저 천상의 비를 한 방울이라도 떨어뜨려 주십시오. 제가 사랑으로 불타오르고 있기 때문입니다"

Ⅶ. 관상의 효과

그러므로 사람은 갈망을 불태우는 말씀에 의해 자신의 상태를 알게 되고, 이러한 매력에 의해서 신랑을 가까이 부르는 것입니다. 그러나 주님은 의로운 자들에게 귀를 기울이시고 그들 기도의 말뿐만 아니라 그 의미 까지도 파악하시어 그 갈망하는 영혼이 모든 것을 다 말할 때까지 기다리지 않으시고 기도 중에 개입하시며, 그 영혼을 만나 주시려고 서둘러 달려오십니다. 그리고 이때 주님은 천상의 감미로운 이슬을 뿌리시며, 가장 귀중한 향료로 기름 바르고 계십니다. 또한 주님은 지친 영혼을 새로이 하시고, 주린 영혼을 배불리시며, 메마른 영혼을 적시기 위해 오십니다. 주님은 영혼으로 하여금 자기 망각 속에서 스스로를 무화(無化)시키면서 놀랍게도 되살리게 하시며, 지상의 사물들을 잊게 하시고, 영혼을 취하게 함으로써 깨어 있게 하십니다. 영혼이 육신에 속한 어떤 행실로써 지배를 당하면, 모든 이성의 능력이 상실되어 완전히 육적인 존재가 되어버릴 수 있습니다. 이와 반대로 고양된 관상 안에서는 모든 육적인 동기들이 영혼에 의해 온전히 극복되고 흡수된 나머지, 육적인 그 어떤 것에서도 영혼을 거스를 수 없는 일이 생기는 것입니다. 이리하여 육이 결코 영에게 대항하지 못하고 사람은 온전히 영적인 존재가 되는 것입니다.

Ⅷ. 은총이 다가오는 표시들

그러나 주님, 주님께서 언제 이러한 일을 하시는지 우리가 어떻게 알아볼 수 있으며, 또 무엇이 당신 오심의 표지일는지요? 이 위로와 기쁨의 전달자들과 증인들이 한숨과 눈물을 흘릴 때 입니까? 만일 그러하다면 그 위로의 말씀은 일반적으로 함축하고 있는 의미와는 정반대로 새로운 의미로 사용되는 것입니다. 만일 이러한 것들이 위로부터 부어져서 넘쳐흐르는 영적 이슬의 풍부함으로 불리는 것이 아니고, 내적 청결의 표지로서의 외적 정화도 아닌 단순한 슬픔에 불과하다면, 한숨을 동반한 위로와 눈물을 동반한 기쁨은 무엇입니까?

유아세례에서 내적인간의 세정을 표상하고 의미하는 것이 외적 세정이라면, 여기서는 동일하되 방향만 바꾸어서, 내적 세정으로부터 외적 세정이 진행됩니다. 이러한 복된 눈물에 의해서 우리의 내적인 더러움이 세정(洗淨)되고 우리의 죄에 대한 열기는 사라집니다. "애통하는자는 복이 있나니 위로를 받게 될 것이다" 나의 영혼아, 네가 이와 같이 슬퍼할 때 너의 신랑을 알아보고, 그 안에서 네 갈망하는 분을 포옹하며, 넘치는 즐거움에 흠뻑 취하고, 위안의 품에 안겨 그 젖과 꿀을 빨아 먹으라. 한숨과 눈물, 바로 이것이 네 신랑께서 네게 주시고 맡기시는 놀라운 상급과 위로이다. 이러한 눈물은 그 분이 네게 마시라고 주시는 은혜로운 음료이다. 이 눈물이 네게 밤낮으로 일용할 양식이 되게 하라. 이 양식은 사람의 마음을 굳세게 하며, 꿀과 벌집보다도 더 단 양식이 될 것이다.

오, 주 예수님! 만일 주님을 기억하고 갈망하는 데서 생기는 눈물이 벌써 이토록 달콤하다면 주님을 면전에서 뵙게 될 때 느끼는 기쁨은 그 얼마나 감미롭겠습니까? 주님을 위하여 우는 것이 이토록 감미롭다면, 주님으로 즐거워하는 것은 얼마나 더 감미로울까요?

그런데 무슨 이유로 우리가 이처럼 은밀한 정담을 사람들 앞에서 공개적으로 말합니까? 무슨 이유로 형용할 수 없는 정감을 일상적 언어로 표현해 보려 애쓴단 말입니까? 이것은 체험해 보지 않은 이들로서는 알아들을 길 없는 놀라운 일들입니다. 왜냐하면 하나님의 은총이 가르치는 체험의 책을 통해서만 그것들을 분명하게 배울 수 있기 때문입니다. 이것들을 세속적인 책들 안에서 찾으려하면 아무런 소용이 없습니다. 마음으로부터 길어 올린 해석이 그 내적 의미를 밝혀주지 않는다면, 문자적 의미에 대한 독서는 참으로 무미건조할 따름입니다.

IX. 은총의 숨어 있음에 대하여

오 나의 영혼아! 이야기가 너무 길어져 버렸구나. 하지만 베드로와 요한과 함께 신랑의 영광을 바라보며 잠시 그분과 함께 여기 머물기 위하여 우리가 여기 있는 것이 좋은 일입니다. 만일 그분이 여기에 천막 두 개나 세 개가 아니라 단 하나만을 치기를 원하시어서, 함께 거처하고 함께 기뻐할 수 있게 하셨다면, 그분과 함께 여기서 오래 머무는 것이 우리에게 더욱 유익했을 것입니다. 하지만 신랑은 이렇게 말씀하십니다. "이미 날이 밝았으니, 나를 떠나게 해다오. 너는 이미 은총의 빛을 받았고, 바라던 방문을 이미 받았느니라." 주님은 이리하여 당신에게 축복을 내려주신 후, 환도뼈를 다치게 하시고 이름도 야곱에서 이스라엘로 바꾸십니다. 그리고 아주 잠시 동안 그는 물러갑니다. 그렇게 오래 갈망해 온 신랑은 다시 가버렸습니다. 방문이 끝났기에 그가 가신 것은 사실이고, 그것과 더불어 관상의 감미로움도 끝나버리고 말았습니다. 그러나 그분은 아직도 머물러 계십니다. 왜냐하면, 그분은 우리를 인도하시고, 은총을 주시며 우리를 주님 자신에게 연결시키시기 때문입니다.

X. 잠시 감추어져 있음으로써
　우리의 선악에 협력하시는 은총에 대하여

신부여, 이제 신랑께서 잠시 당신에게서 그의 얼굴을 숨기신다 해서 두려워하거나 좌절하지 말며 자신을 경멸하지 마시오. 모든 것이 합력하여 선을 이루는 것입니다. 그분이 가까이 오실 때에나 물러나실 때에나 당신은 유익을 얻습니다. 그분이 오시는 것도 당신을 위해서이며, 가시는 것도 당신을 위해서입니다. 오시는 것은 당신을 위안하시기 위함이고, 가시는 것은 당신을 보호하시기 위함이며, 위안이 크다 하여 당신이 교만에 떨어지지 않도록 하시기 위함입니다. 그리고 신랑께서 언제나 당신과 함께 머무신다 하여 다른 형제들을 함부로 여기기 시작하는 일이 없도록 하시기 위함이며, 나아가 당신이 이러한 이들을 은총이 아니라 타고난 능력으로 치부하는 일이 없도록 하시기 위함입니다. 이 위안은 신랑께서 원하시는 때에 원하시는 이에게 나누어주시는 은총이니, 상속권을 통해 소유할 수 있는 것은 아닙니다. 속담에 "지나친 친숙함은 함부로 여김으로 받는다."라는 말이 있습니다. 그래서 신랑께서는 스스로 떠나가시는 것은 소홀히 여겨지는 일이 없도록 하시기 위함입니다. 오히려 그분의 부재(不在)로 인하여 더 갈망하게 되고, 우리가 갈망함으로써 그분을 더 절실히 찾게 되고, 그분을 찾음으로써 더 큰 감사를 드리게 될 것이라는 사실도 알고 계시는 것입니다.

 이 땅에서의 우리의 위안이 장차 나타날 미래의 영광에 비하면 희미한 그림자요 불완전한 것이 아니라면, 우리는 이 땅을 영원한 고향으로 여기고 영원한 생명을 덜 추구 할 수도 있습니다. 그러므로 우리가 유배지를 고향으로 삼고 담보물을 최종적 상급으로 삼는 일이 없도록 하기위해, 신랑은 오셨다가도 물러서고, 때로는 위안을 베푸셨다가도 이 모든 것을 바꾸어 약하게도 하십니다. 그분은 당신에게 한동안 감미로움을 맛보도록 해주셨다가 충분히 맛보기도 전에 모습을 감추십니다. 다시 말해서 그분은 우리 위에서 날개를 펼쳐 날면서 우리가 날도록 격려하시며 이렇게 말씀하십니다. "이제 보라. 내가 얼마나 좋고도 감미로운지를 조금 맛보라. 그러나 내 감미로움에 충만히 적셔지고자 한다면 달콤한 맛의 향수에 이끌리어 내 뒤를 좇아오라. 그리고 내가 아버지 오른편에 있는 나에게로 너의 마음을 높이 향하게 하라. 그때 너는 거울을 통해 어렴풋이 보는 것이 아니라 얼굴과 얼굴을 맞대고 나를 보게 될 것이다. 그리하여 네 마음의 기쁨은 완전해질 것이며, 아무도 이 기쁨을 너에게서 빼앗아 가지 못할 것이다."

XI. 은총을 받은 후 영혼이 신중하게 처신해야 함에 대하여

신부여! 스스로를 살펴 조심하시오. 신랑께서 떠나가시더라도 멀리 가신 것이 아니며, 당신이 그분을 못 뵙는다 해도 그분은 늘 당신을 보고 계십니다. 그분은 당신의 앞뒤에서 눈을 크게 뜨고 계시기에 당신은 어디로든 그분으로부터 숨을 수가 없습니다. 그분은 또한 자신의 사자들과 함께 당신 주위에 계시기 때문입니다. 사자들은 주님이 그곳에 계시지 않을 때 당신이 어떻게 처신하는지 주의 깊게 살펴서 보고, 당신이 정숙하지 못하거나 방심한 징후를 보이면 그분 앞에서 당신을 고발하는 임무를 지닌 영들입니다. 주님은 질투심이 강한 신랑입니다. 만일 당신이 다른 사랑을 맞아들이거나 그분보다도 다른 어느 누구의 마음에 들려고 애를 쓴다면, 그분은 즉시 당신을 떠날 것입니다. 당신의 이 신랑은 섬세하고 고귀하며 부요하시고, 좋은 혈통의 아름다운 분이십니다. 그래서 그는 의롭지 않은 신부를 취하지 않을 것입니다. 만일 그분이 당신에게서 흠이나 티를 보신다면, 즉시 당신에게서 눈길을 돌리실 것입니다. 그분은 순결하지 못한 그 어떤 것도 견딜 수 없으시기 때문입니다. 그러므로 당신이 신랑과 함께

하는 기쁨을 자주 누리기 원한다면, 순결하고 온유하며 또 겸손해져야 합니다.

형제님, 이에 대해서 너무나 길게 이야기한 것 같습니다. 하지만 이 주제의 풍부함과 감미로움이 저로 하여금 그렇게 하도록 하였습니다. 제가 의도적으로 이야기를 오래 끈 것이 아니라 그 감미로움이 제 의지를 거슬러서 그렇게 하도록 한 것입니다.

XII. 요약

이제 위에서 이야기한 내용을 더 잘 이해하기 위해 요약하는 형식으로 정리해 보겠습니다. 이미 제시된 예들을 통해 보듯이 형제께서는 지금까지 말한 각 단계들이 얼마나 서로 간에 밀접하게 연결되어 있는지를 볼 수 있습니다. 시간의 순서에서 뿐만 아니라 인과율의 순서에서도 하나가 다른 하나에 어떻게 선행하는지를 보실 수 있습니다. 독서가 맨 처음에 오는데 이것이 사실 기초입니다. 독서는 묵상에 사용될 주된 자료를 제공해줍니다. 묵상은 추구해야 할 것을 더 열심히 숙고하는 것으로써, 말하자면 땅을 파들어 감으로써 보물을 찾고 발견하는 것입니다. 하지만 보물을 갖는 것은 묵상의 능력 밖의 일이기에 묵상은 우리를 기도로 인도합니다. 기도는 온 힘을 다하여 자신을 하나님께로 들어 올리며 갈망하던 보물을 청하는 것이니, 그것은 곧 관상의 감미로움입니다. 이 관상은 하늘의 감미로움이라는 이슬로 목마른 영혼을 적시면서 이전 세 단계의 모든 노고에 보답을 해줍니다. 독서가 외적 감각과 관련된 훈련이라면, 묵상은 내적인 이해와 관련되며 기도는 갈망과 관련됩니다. 그리고 관상은 모든 기능을 초월한 것입니다. 첫 번째 단계는 초심자들에게 적합하고 두 번째 단계는 숙달된 이들에게, 세 번째 단계는 헌신하는 이들에게 그리고 네 번째 단계는 축복된 이들에게 적합합니다.

XIII. 이 여러 단계들이 어떻게 서로 연결되는지에 대하여

이 단계들은 서로서로 작용하며 긴밀히 결합되어 있는 것이어서, 앞선 단계들은 나중 오는 단계들 없이는 유익이 조금뿐이거나 전혀 없을 정도입니다. 그리고 앞선 단계들 없이는 나중 단계들에 도달하는 것이 전혀, 혹은 거의 불가능합니다. 우리가 긴 독서에 시간을 들여 성인들의 행적과 저술을 읽어내려 간다 할지라도 곱씹고 되씹어 자양분을 뽑아내어 마음 깊은데 까지 스며들도록 하지 못한다면 그것이 무슨 유익이 되겠습니까? 그들의 모범을 통해 우리 영혼 상태를 주의 깊게 숙고하고, 또한 우리가 그토록 열심히 읽는 분들의 생애를 우리 자신의 행위 안에서 반영할 수 있을 때 유익이 있습니다. 그러나 우리가 읽고 듣는 것에 의해 우리의 방향을 정하지 않으면, 우리의 거룩한 교부들이 설정해 놓은 한계를 넘지 않도록 주의할 수 있겠습니까? 과연 듣는 것은 어떤 점에서 읽는 것과 관계가 있다고 하겠습니다. 그러기에 우리는 직접 읽었거나 다른 이들이 읽어주어 듣게 된 책들의 경우뿐만 아니라, 스승들이 우리에게 설명해준 바 있는 그 책들의 경우를 두고도 "읽었다"고 말하는 것입니다.

다시 말해서 묵상을 통해 해야 할 바를 알았다고 하더라도, 기도의 도움과 하나님의 은총으로 그것을 성취할 힘을 얻지 못한다면, 그것이 무슨 도움이 되겠습니까? 모든 최상의 은사와 완전한 은사는 위로부터 오며 빛의 아버지로부터 내려오는 것이기에, 그분 없이 우리는 아무것도 할 수 없습니다. 우리 안에서 일을 이루시는 분은 바로 그분이십니다. 하지만 그렇다고 해서 우리 없이 일을 이루시는 것은 아닙니다. 사도들의 말처럼 "우리는 하나님의 동역자들"입니다. 하나님께서는 우리가 당신께 기도하기를 원하시며 은총이 임하여 우리의 문을 두드릴 때, 기꺼이 그분께 마음을 열어 들어오시도록 허락하기를 원하십니다.

이것은 주님께서 사마리아 여인에게 '남편을 불러오시오'라고 말씀하시면서 요구하신 것이기도 합니다. 그것은 마치 주님이 "나는 그대에게 은총을 부어주기를 원한다. 그대는 선택의 자유가 있다"라고 말씀하신 것과 같습니다. 그분은 사마리아 여인에게도 기도하기를 요구하십니다. "만일 네가 하나님의 선물을 알았더라면, 그리고 물을 달라고 너에게 요구하는 사람이 누구인지 알았더라면, 너는 그에게 생수를 청하였을 것이다." 그 여인은 마치 주님께서 직접 읽어주시는 것처럼 듣고 깨우침을 얻어, 이 물을 얻어 마시는 것이 그에게 좋고도 유익하리라고 자기 마음속으로 묵상합니다. 그리하여 이 물을 얻으려는 열망으로 달아올라 다음과 같이 기도하기에 이르는 것입니다. "주님, 제가 더 이상 목마르지 않도록 저에게 그 물을 주십시오." 그녀가 기도하게 된 것은 주님의 말씀을 듣고 이어서 그것을 묵상하였기 때문입니다. 만일 먼저 묵상이 여인으로 하여금 갈망으로 달아오르게 하지 않았다면 어떻게 청을 드릴 수 있겠습니까? 이어지는 기도에서 그녀가 갈망하는 것을 청하지 않았다면 묵상했다는 것이 여인에게 무엇을 가져다주었겠습니까? 묵상이 풍요로운 결실을 보려면 간절한 기도가 뒤따라야 합니다. 그리고 관상의 감미로움은 이 기도의 결과라 하겠습니다.

XIV. 몇 가지 결론들

정리해 보면 이렇습니다. 묵상 없는 독서는 메마르고, 독서 없는 묵상은 오류에 빠지기 쉽고, 나아가 묵상 없는 기도는 미지근하며, 기도 없는 묵상은 결실이 없는 것이라고 결론지을 수 있겠습니다. 기도가 열정적일 때 관상에 이르는 것이지 기도 없는 관상은 거의 희박하며, 그것은 기적에 가까운 것이라 하겠습니다. 하지만 하나님의 능력은 무한하며 그 자비하심이 그분의 다른 피조물들보다 뛰어납니다. 주님께서는, 때로는 돌들로 아브라함의 자손을 창조하십니다. 그리고 마음이 완고하고 반역하기 좋아하는 이들로 하여금 제멋대로 하게 놔두십니다. 그분은 탕자의 아버지처럼 행동하십니다. 혹은 잠언에 있듯이 "뿔을 잡고 소를 이끈다"는 말이 어울리는 분이시니, 부르지도 않았는데 나타나 도와주시고 찾지도 않았는데 자신을 온통 쏟아 부어 주시는 것입니다. 우리는 이것이 바울이나 다른 몇몇 사람들에게 가끔 일어났다는 말을 들을지라도, 그런 일이 늘 일어나리라고 추측해서는 안 됩니다. 이는 마치 하나님을 시험하는 것과 같은 소행이 될 수 있기 때문입니다. 오히려 우리는 할 바를 해야 합니다. 그것은 하나님의 율법을 읽고 묵상하면서 우리의 약함을 도와주시고 우리의 약함을 굽어보아주시기를 기도하는 것입니다. 그분이 몸소 그리하라고 우리를 가르치십니다. "구하라, 그러면 너희에게 주실 것이요 찾으라, 그러면 찾을 것이요 두드리라, 그러면 너희에게 열릴 것이다." 왜냐하면 "천국은 침노를 당하나니 침노하는 자가 빼앗기 때문이다."

이러한 단계들 간의 차이를 규명한 다음에는, 그 각각의 특성들이 어떻게 서로 연결되는지, 각 단계가 우리 안에서 어떤 결과를 맺는지 볼 수 있습니다. 다른 모든 일에서 다 벗어나 이 네 단계를 오르는 일에 늘 전념하고자 열망하는 사람은 복됩니다. 그는 모든 것을 팔아 그가 갈망하는 보물이 감추어져 있는 그 밭을 사는 사람입니다. 첫째 단계에서 열심히 노력하고, 둘째 단계에서 주의 깊게 숙고하고, 셋째 단계에서 기도에 헌신하고, 넷째 단계에서 자기 자신을 벗어나 들어 올려짐을 경험한 이 사람은 그의 온 마음이 이러한 상승에 의해서 점점 더 힘 있게 올라가 마침내는 신들의 신이신 하나님을 시온에서 뵈옵는 복이 있습니다. 이 제일 높은 단계에서 잠시라도 머무를 수 있는 사람은 복이 있습니다. "지금 나는 참으로 하나님의 은혜를 체험하고 있구나. 진실로 나는 지금 베드로와 요한과 함께 그 산에서 그분의 영광을 바라본다. 이제 야곱과 더불어 사랑스런 라헬을 껴안는 즐거움을 누리게 되었구나."

그러나 높은 하늘에까지 들어 올려졌던 사람은 관상이 끝난 후에 깊은 구렁텅이로 추락하는 일이 없도록 주의해야 합니다. 그토록 큰 은총의 방문을 입은 후, 세속적인 방탕과 육신의 유혹으로 돌아가는 일이 없도록 말입니다. 그러나 인간 마음의 눈이 유약하여 참된 빛의 광채를 더 이상 견딜 수 없을 때에는, 타고 올라왔던 세 단계들 중 하나로 천천히 순서에 따라 내려와야 할 것입니다. 그래서 자유의지의 움직임에 따라, 또 시간과 장소를 유념하면서, 때로는 한 단계에 또 때로는 다른 단계에 번갈아 머무르도록 해야 할 것입니다. 비록 제 견지에서 볼 때, 첫 단계에서 멀면 멀수록 하나님과는 더 가깝다고 하더라도 말입니다. 안타깝지만, 이것이 바로 인간 본성의 연약함과 참담함입니다.

이제 우리는 복된 삶의 완성이 이 네 단계에 담겨 있다는 것과 영적인 사람은 끊임없이 이 일에 전념해야 된다는 것을 이성과 성경의 증언을 통하여 분명히 보았습니다. 그런데 이 생명의 길을 꾸준히 걷는 이가 누구입니까? "그가 누구인지 말해주면 우리가 그를 칭송하겠습니다." "많은 사람이 원합니다만 성취하는 사람은 소수입니다" 우리가 이 소수에 속하기를 바랍니다.

XV. 각 단계로부터 우리를 떼어놓는 네 가지 장애물

일반적으로 이 단계들에는 네 가지 장애물이 있습니다. 이것들은 어쩔 수 없는 필연, 선행의 유익함, 인간적인 나약함 그리고 세속적인 어리석음입니다. 첫째 것은 용서될 수 있는 것이고, 둘째 것은 참을 수 있고, 셋째 것은 연민을 불러일으키지만 넷째 것은 비난을 받습니다. 이 넷째 장애물로 말미암아 자기 원칙으로부터 물러서는 사람의 경우, 하나님의 은총을 알지 못해서 세상에 대한 사랑 때문에 목표에 등을 돌린 것보다 더욱 나쁘기 때문입니다. 이 죄를 무엇으로 변명할 수 있겠습니까? 주님께서는 이런 이에게 이렇게 말씀하실 수 있으실 것입니다. "내가 너를 위해 무슨 일을 더 해야 한단 말이냐? 네가 존재하지 않았을 때 나는 너를 창조하였고, 네가 범죄 하여 악마의 노예가 되었을 때 나는 너를 구해주었고, 네가 이 세상의 악인들과 함께 사방으로 두루 헤매고 다닐 때 나는 너를 불러내었다. 나는 너를 내 마음에 들게 하였고 너와 함께 거하기를 원했지만, 너는 나를 경멸할 뿐만 아니라 네 욕망을 좇아 뒤돌아 가버렸다."

그러나 너무나 좋으신 하나님! 다정하시며 온유하시고 상냥한 친구, 지혜로운 상담자이시며 강력한 지지자이신 하나님! 그토록 겸손하고 온유하신 주님을 마음에서 몰아내는 사람은 얼마나 경솔하고 무모한 자인지요! 자기의 창조주를 팽개치고 대신 악하고 해로운 생각을 받아들이고, 얼마 전까지도 하늘의 기쁨으로 메아리치던 비밀스러운 마음의 장소인 성령의 내밀한 방을 그렇게 부정한 생각에 내주어서 돼지들로 하여금 짓밟도록 하는 것이 이 얼마나 비참하고 파멸적인 행동입니까! 아직 마음속에는 신랑이 남기고 간 흔적의 온기가 남았건만 불의한 욕망이 고개를 내밀다니요. 모두가 어울리지도 않거니와 부끄러운 일입니다. 얼마 전까지도 사람이 표현할 수 없는 말을 들었던 귀가 그렇게 빨리 꾸며낸 이야기와 분심거리들에 귀 기울이게 되다니, 또한 조금 전에 거룩한 눈물로 세례를 받았던 눈이 그렇게 빨리 헛된 것에 시선을 돌리다니, 조금 전에 달콤한 축혼가를 부르던 혀는 뜨겁고도 솜씨 좋은 언변으로 그분과 신부사이에 평화를 이루지 못하고, 오히려 상스럽고도 야비하며 헐뜯는 소리를 내다니. 주님, 이 허물로부터 저희를 지켜주소서! 그렇지만 인간적 연약함으로 인하여 이러한 잘못에 다시 떨어진다 해도 이 때문에 실망하지 않게 하소서. 그 대신 무기력한 사람들을 굴욕에서부터 들어 올려주시고 가난한 이들과 불행한 이들을 곤경으로부터 구해주시는 자비로우신 치유자에게 속히 돌아가게 하소서. 그러면 죄인의 죽음을 원하지 않으시는 그분께서 우리를 다시금 보살피시고 치유해주실 것입니다.

 이제 편지를 마무리할 때가 되었습니다. 관상으로부터 멀어지게 하는 장애물을 완화시켜 주시고, 머지않아 그것을 완전히 제거해주시기를 주님께 간청합시다. 그러면 이 단계들을 통해서 우리를 점점 더 힘 있게 인도하시어 장차 그 짐을 모두 거두어 주실 것입니다. 그리고 우리는 마침내 신들의 신이신 그분을 시온에서 뵐 수 있게 될 것입니다. 거기서 선택된 이들은 신적 관상의 감미로움을 맛보게 될 것입니다. 그때는 한 방울씩이나 이따금씩 맛보는 것이 아니라 누구도 빼앗을 수 없는 기쁨과 하나님의 변함없는 평화를 끝없이 누리게 될 것입니다.

 그러므로 내 형제 제르바제여! 언젠가 위로부터 은혜가 임하여 이 계단의 꼭대기까지 오르게 되어 거기서 행복을 누리실 때 저를 기억하시고 저를 위해 기도해주시기 바랍니다. 그래서 당신과 하나님 사이의 베일이 벗겨질 때, 저 또한 그분을 뵙고 그분께서 나에게도 또한 '오라' 고 말씀하실 수 있도록 말입니다.

부록 2
분노유형 체크리스트

이 검사는 당신의 분노유형을 평가하는 설문지입니다. 각 문항을 읽고 그 내용이 당신에게 적합한 곳에 표시를 하십시오.

【　】 01 습관적으로 화를 낸다.
【　】 02 잔소리를 해서 화를 푼다.
【　】 03 화가 나면 협박을 한다.
【　】 04 화가 나면 타인에게 상처를 준다.
【　】 05 화가 나면 벽이나 책상을 내리친다.
【　】 06 분노의 감정에 지배를 당한다.
【　】 07 욕이나 저주를 퍼부으면서 화를 푼다.
【　】 08 고함을 지르거나 폭력을 행사한다.
【　】 09 화가 가면 상대방의 됨됨이를 비난한다.
【　】 10 화내느라 정작 문제는 해결하지 못한다.
【　】 11 부당한 요구에도 '아니오'라는 말을 잘 못 한다.
【　】 12 절대로 화를 내서는 안 된다고 생각한다.
【　】 13 화가 나도 상대방의 반응이 두려워 아무 말도 못 한다.
【　】 14 화가 나면 자신에게 상처를 준다.

【　】 15 화가 났다는 것 자체가 인격 수양이 덜 됐다고 생각한다.
【　】 16 화난 감정을 절대로 다른 사람에게 보여서는 안 된다고 생각한다.
【　】 17 때로 화를 내지 못하는 나 자신에게 화가 날 때가 있다.
【　】 18 화난 감정을 직접적으로 알리는 대신 약자에게 화풀이한다.
【　】 19 술이나 과식, 쇼핑 등의 방법으로 화를 푼다.
【　】 20 분노의 감정을 철저히 억제하며 산다.
【　】 21 화가 나면 빈정거리는 태도를 취한다.
【　】 22 화난 감정을 직접적으로 알리는(앙갚음할) 방법을 찾는다.
【　】 23 협력하지 않음으로써 화를 푼다.
【　】 24 한숨을 쉬는 것으로 자신이 화가 났다는 것을 표현한다.
【　】 25 화가 나면 다른 사람을 선동하여 문제를 해결하려 한다.
【　】 26 좋지 않은 소문을 퍼뜨리는 것으로 화를 푼다.
【　】 27 상대방이 원하는 것을 해주지 않음으로써 화를 푼다.
【　】 28 상대방이 싫어하는 일을 하는 것으로 화를 푼다.
【　】 29 화가 나면 말하지 않는다.
【　】 30 화가 나면 약속한 일을 잊어버린 척하며 은근히 보복한다.

- **1~10번 중 5가지 이상**
  공격적 분노 관리 방식 (분노를 직접적으로 표현하는 유형)

- **11~20번 중 5가지 이상**
  수동적 분노 관리 방식 (가슴 속에 분노를 담아두는 유형)

- **20~30번 중 5가지 이상**
  수동 공격적 분노 관리 방식 (분노를 직접적으로 표현하지 못하지만 결국 간접적으로 다 표현하는 유형)

- 위의 세 가지 유형에 속하지 않는 경우는 **자기표현형** (자신의 분노의 원인을 논리적이며 완곡하게 표현하는 유형)

출처/ 송남용(내감정 조절법, 전나무숲, 2009)

분노지수검사(Anger Inventory)

이 검사는 당신의 분노와 분노를 일으키는 배경에 비추어서 당신이 어디에 있는가를 평가하는 설문지입니다. 각 문항을 읽고 그 내용이 당신에게 얼마나 적용되는지 0(아주 낮은)에서 10(아주 높은)의 점수 중에서 적어 넣도록 하십시오.

【　】 01 나는 자주 생기는 사소한 건강문제가 있다.
【　】 02 나는 사람들에게 가까이 하는데 어려움을 겪는 성향이 있다. 나를 보고 "차갑다"고 말한 사람도 있다.
【　】 03 나는 사업상 거래를 하는데 함정을 보지 못하는 실수를 계속한다.
【　】 04 나는 종교적인 일에는 별로 관심이 없다.
【　】 05 나에게는 하나님의 존재에 대하여 많은 의문이 있다.
【　】 06 나는 종교적인 사람들을 "일당의 위선자들"로 보는 성향이 있다.
【　】 07 나는 사람들을 판단하고 지나치게 비판하는 성향이 있다.
【　】 08 나는 일반적으로 나 자신의 약점을 보지 못하는 경향이 있다.

【　】09 나의 이미지는 나에게 매우 중요하다.

【　】10 나는 종종 낮은 자존감(열등감) 때문에 고민한다.

【　】11 나는 종종 나의 말과 행동이 다른 사람들의 감정에 상처를 준다는 것을 알지 못한다.

【　】12 내가 어렸을 때 나의 부모는 이혼했다.

【　】13 나의 부모 중 하나 또는 둘이 다 술을 많이 마셨다고 생각한다.

【　】14 나의 부모는 마약이나 다른 약물에 중독된 것처럼 보였다.

【　】15 나의 부모는 나를 성적, 언어적 또는 정서적으로 학대했다.

【　】16 나의 부모는 나에게 멀게 느껴졌고 나에게 무관심했다.

【　】17 나는 부모가 나를 너무 통제한다고 느꼈다.

【　】18 나는 종종 절망감이나 우울증세로 고생할 때가 있다.

【　】19 나는 오랜 기간 동안 몇몇 사람들과 사이가 안 좋게 보낼 때가 있다.

【　】20 나는 다른 사람들을 지나치게 통제하는 성향이 있다.

【　】21 나는 막연한 불안을 느끼는데 무엇에 대하여 불안한지 잡히지가 않는다.

【　】22 나는 자살에 대하여 생각해 본 적이 있다.

【　】23 나는 다른 사람이 나에게 상처를 주거나 좌절시킬 때 그들을 용서하기가 어렵다.

【　】 24 나는 다른 이들이 나에게 상처를 입힐 때 직면하기가 어렵다. 그리고 나는 분노를 표출하는데 미숙하다는 것을 알고 있다.

【　】 25 나는 대부분의 시간을 너무 바쁘게 보낸다.

【　】 26 나의 잘못에 대해 책임을 지는 것보다는 다른 사람을 탓하기가 쉽다.

【　】 27 나는 종종 다른 사람들이 나에게 하는 행동이나 말에 너무 민감하게 반응한다.

【　】 28 나는 실패하는 것에 대한 두려움이 동기가 되어서 행동할 때가 너무 많다.

【　】 29 나는 나에게 상처를 준 사람들이 어떻게든 처벌을 받았으면 하고 바랄 때가 있다.

【　】 30 나는 인생의 중요한 영역에서 사기를 당했다고 느낄 때가 종종 있다.

【　】 31 나는 다른 사람과 싸우다가 물건을 던진다든가, 따귀를 때린다든가, 치는 등 신체적 공격을 가할 때가 있다.

【　】 32 나는 나 자신 이외에는 사실 다른 사람을 믿지 못하겠다.

합계 : _____점 (32번까지의 점수를 모두 합산하세요)

- 당신의 전체 점수가 100점이 넘으면 주위 사람들의 조언을 받을 필요가 있습니다.
- 당신의 점수가 200점이 넘으면 치료가 필요함으로 상담자와 개인면담을 하는 것이 좋을 것입니다.

출처/ 한국심성교육개발원

부록 4

청소년 분노측정을 위한 검사도구

1. 상태-특성 분노경험 척도
(State-Trait Anger Expression Inventory Korean: STAXI-K)[2]

1) 상태분노표현 척도

Q. 이 순간에 자신이 느끼고 있는 상태를 가장 잘 나타내고 있다고 생각되는 곳에 ∨표시해주십시오. 이러한 문제에는 옳고 그른 답이 없습니다. 너무 오래 생각하지 마시고 자신의 현재 느낌을 가장 잘 나타내고 있다고 생각되는 숫자에 표시해주시기 바랍니다.

	언제 나는 어떻게 느끼는가?	거의 전혀 아니다	가끔 그렇다	자주 그렇다	언제나 그렇다
1	나는 지금 화가 머리끝까지 난다.	1	2	3	4
2	나는 지금 화가 나고 초조하다.	1	2	3	4
3	나는 일시적으로 약간 화가 난다.	1	2	3	4

---

[2] 본 도구는 Spielberger, Krasner와 Solomon(1988)의 상태-특성 분노표현 척도를 전겸구, 한덕웅, 이장호와 Spielberger(1997)가 한국판으로 개발한 것이다. 본 척도는 분노경험과 분노표현 형식을 동일한 척도에서 측정할 수 있도록 고안 된 척도로서 분노경험은 하위척도인 상태분노와 특성분노를 측정하는 각각의 10문항으로 구성되어 있으며, 분노표현 방식은 분노억제, 분노표출, 분노통제를 측정하는 각각 8문항씩 총 24문항으로 구성되어 있고, Likert 4점 척도로써 1점(거의 전혀 아니다), 2점(가끔 그렇다), 3점(자주 그렇다), 4점(거의 언제나 그렇다)로 평정하도록 되어 있다. 필자가 상태분노와 특성분노 문항만을 발췌하여 한국 청소년들에게 측정한 결과 Cronbach's α는 상태분노 .88, 특성분노 .89로 나타났다.

	언제 나는 어떻게 느끼는가?	거의 전혀 아니다	가끔 그렇다	자주 그렇다	언제나 그렇다
4	나는 누군가에게 소리치고 싶다.	1	2	3	4
5	나는 물건을 부수고 싶다.	1	2	3	4
6	나는 미칠 정도로 화가 난다.	1	2	3	4
7	나는 탁자를 꽝 치고 싶다.	1	2	3	4
8	나는 누군가를 때리고 싶다.	1	2	3	4
9	나는 너무 화가 난다.	1	2	3	4
10	나는 누군가에게 욕을 퍼붓고 싶다.	1	2	3	4

2) 특성분노표현 척도

Q. 평소에 일반적으로 느끼고 있는 자신의 성향을 가장 잘 나타 낸다고 생각되는 곳에 ∨표시해주십시오. 어느 한 문항에 너무 오래 생각하지 마시고, 당신의 일반적인 성향을 가장 잘 나타내고 있다고 생각되는 숫자에 표시해주시기 바랍니다.

	나는 평소에 어떻게 느끼는가?	거의 전혀 아니다	가끔 그렇다	자주 그렇다	언제나 그렇다
1	나는 화가 쉽게 잘 난다.	1	2	3	4
2	나는 불같은 성격이다.	1	2	3	4
3	나는 성격이 급한 사람이다.	1	2	3	4
4	나는 다른 사람의 실수로 내가 방해를 받을 때 화가 난다.	1	2	3	4
5	나는 내가 잘 한 일에 대해 인정을 못 받을 때 화가 난다.	1	2	3	4
6	나는 흥분을 잘 하는 성격이다.	1	2	3	4
7	나는 화가 많이 나면 심한 욕을 하기도 한다.	1	2	3	4
8	나는 다른 사람들 앞에서 비난을 받으면 좌절감을 느낀다.	1	2	3	4
9	나는 좌절감을 느끼면 누군가를 때리고 싶다.	1	2	3	4
10	나는 좋은 일을 하고도 나쁜 평가를 받으면 화가 머리끝까지 난다.	1	2	3	4

2. 분노사고 척도

1) 일차적 분노사고 척도
(Primary Delinquency Anger Thought Scale)[3]

Q. 본 질문지는 화가 나는 상황에서 흔히 하게 되는 생각들로 이루어져 있습니다. 여러분이 그 상황에 처했을 때 경험하는 생각이나 느낌과 얼마나 일치하는지를 V표시하여 주십시오. 혹시 문장 중에서 여러분이 경험하지 않은 것들이 있을 수도 있습니다. 그런 경우에는 여러분이 그 상황에 처해 있다고 상상을 하시고 평가하시면 됩니다.

	문 항	전혀	약간	어느 정도	상당히	거의 정확히
1	믿었던 친구가 날 비난하고 내게 공격적인 행동을 하면 나는 배신감을 느낀다.	1	2	3	4	5
2	누가 나를 무시하는 듯한 말투로 얘기하면, 그 사람이 나를 우습게 본다고 여겨진다.	1	2	3	4	5
3	믿었던 친구의 태도가 삐딱하면, 그가 자기감정대로 행동하고 남을 배려하지 않는다고 생각이 든다.	1	2	3	4	5
4	다른 사람을 심하게 비난하는 사람을 보면, 너무 이기적이고 자기감정밖에 모른다는 생각이 든다.	1	2	3	4	5

3) 청소년의 분노유발 상황에서 일어나는 일차적인 분노사고를 평가하기 위한 본 도구는 서수균과 권석만(2005)이 개발한 척도이다. 본 척도는 총 20문항으로 구성되어 있으며, Likert 5점 척도로써 1점(전혀 일치하지 않는다), 2점(약간 일치한다), 3점(어느 정도 일치한다), 4점(상당히 일치한다), 5점(거의 정확히 일치한다)으로 평정하도록 한다. 분노유발 상황에 대한 부정적인 평가를 반영하며, 20문항 가운데 10문항은 타인의 부당하고 이기적인 행동에 대한 예민성을 측정하고, 10문항은 친밀한 관계상황에서 무시와 실망을 측정하도록 이루어져 있다. 필자가 본 도구를 청소년을 대상으로 조사한 결과 Cronbach's α는 예민성 .88, 무시/실망 .89로 나타났다.

	문 항	전혀	약간	어느 정도	상당히	거의 정확히
5	중요하다고 여겼던 사람이 내게 중요한 어떤 사실을 얘기해주지 않으면, 나는 배신감을 느낀다.	1	2	3	4	5
6	아끼던 사람이 나에 대해 험담을 뒤에서 하고 다니면, 내가 바보같이 여겨지고 그 사람에 대한 나의 믿음이 헛되다는 생각이 든다.	1	2	3	4	5
7	친하다고 생각했던 사람이 내 말이나 행동을 받아주지 않으면, 나를 무시한다는 생각이 든다.	1	2	3	4	5
8	바빠서 정신이 없는데 나를 굳이 만나고 싶어하고 자기한테로 오라고 고집하면, 나는 그 사람이 다른 사람의 상황을 전혀 고려해주지 않는 자기 자신만 생각하는 이기적인 사람이라는 생각이 든다.	1	2	3	4	5
9	자기도 어려운 것을 다른 사람에게 시키는 사람을 보면, 그 사람이 다른 사람을 배려할 줄 모른다는 생각이 든다.	1	2	3	4	5
10	누가 연락도 없이 나를 기다리게 하면, 내 시간을 빼앗았다는 생각과 함께 이기적이라는 생각이 든다.	1	2	3	4	5
11	누가 내 말을 무시하면 내 자신이 그 사람에게 보잘 것 없는 존재라는 생각이 든다.	1	2	3	4	5
12	잘못을 하고도 내게 사과를 하지 않다니, 이는 나를 무시하는 것이다.	1	2	3	4	5
13	발표준비 기간 동안 한 번도 관심을 보이지 않던 동료가 발표를 앞두고 내게 어떻게 되어 가냐고 물어 왔다. 이 동료가 너무 염치없고 이기적이다.	1	2	3	4	5

문항		전혀	약간	어느 정도	상당히	거의 정확히
14	내가 미리 전화를 걸어 얘기를 했는데도 상대가 약속을 이행하지 않으면, 이는 나를 무시하는 것이라는 생각이 든다.	1	2	3	4	5
15	친한 사이인 줄 알았던 사람이 갑자기 냉랭한 태도를 보이며 오히려 나를 비판하면, 내가 이해 받지 못하고 수용 받지 못한다는 생각이 든다.	1	2	3	4	5
16	누가 자기 기분대로 나를 대하면, 이 사람이 나를 만만히 보고 있다는 생각이 든다.	1	2	3	4	5
17	나에게 거짓말을 한 것이 들통이 났는데도 미안하다는 말 한마디 없다는 것이 정말 참을 수 가 없다. 그럴 때는 그 사람이 날 대수롭지 않게 생각한다고 느껴진다.	1	2	3	4	5
18	내 말을 들어보지도 않고 화부터 내는 사람을 보면, 이 사람은 날 이해하려 하지 않는다는 생각이 든다.	1	2	3	4	5
19	누가 자기 입장에서만 생각하고 내 성격과 태도가 잘못되었다고 고치라고 하면, 이는 날 너무 만만하게 보는 것이다.	1	2	3	4	5
20	부모님이 내 얘기는 들어보시지도 않고 무조건 화를 내시면, 내 생각은 전혀 해주지 않는다는 생각이 든다.	1	2	3	4	5

2) 이차적 분노사고 척도 (Secondary Anger Thought Scale)[4]

Q. 다음은 화가 나는 상황에서 자연스럽게 떠오르는 여러 가지 생각들을 나열한 것입니다. 각 문장을 읽고 최근 몇 주 동안 화가 났던 상황들에서 얼마나 자주 이러한 생각들이 머릿속에 떠올랐는지를 ∨표시해주십시오.

	문 항	전혀	가끔	종종	자주	항상
1	자신의 잘못을 시인할 때가지 모든 방법을 동원해서 괴롭히고 싶다.	1	2	3	4	5
2	한 대 패주고 싶다	1	2	3	4	5
3	잘못을 하고도 사과도 안하다니, 너무 기가 막힌다.	1	2	3	4	5
4	내가 뭘 안 해줬나?	1	2	3	4	5
5	그 사람도 기분 나쁘게 해주고 싶다.	1	2	3	4	5
6	나쁜 놈!	1	2	3	4	5
7	이 세상에 나밖에 없구나.	1	2	3	4	5
8	따지고 싶다.	1	2	3	4	5
9	살기 싫다.	1	2	3	4	5
10	이 사람 버릇을 단단히 고쳐주자.	1	2	3	4	5
11	내가 어떻게 해야 하나?	1	2	3	4	5
12	나는, 내 자신은 어떤데?	1	2	3	4	5
13	저 사람이 치면 나도 그럴 것이다.	1	2	3	4	5
14	이걸 그냥 확 엎어버려.	1	2	3	4	5
15	내가 이렇게 흥분한 이유는 뭘까?	1	2	3	4	5
16	앞으로 이 사람에게는 말대꾸도 안 하고 쳐다보지도 말아야지.	1	2	3	4	5

---

[4] 청소년의 분노유발 상황에서 일어나는 이차적인 분노사고를 평가하기 위한 본 도구로는 서수균과 권석만(2005)이 개발한 척도이다. 본 척도는 총 31문항으로 구성되어 있으며, Likert 5점 척도로써 1점(전혀 이런 생각을 하지 않는다), 2점(가끔 이런 생각을 한다), 3점(종종 이런 생각을 한다), 4점(자주 이런 생각을 한다), 5점(항상 이런 생각을 한다)으로 평정하도록 되어있다. 필자가 본 도구를 청소년을 대상으로 실시한 결과 Cronbach's α 는 타인비난/보복(21문항) .95, 무력감(10문항) .85로 나타났다.

	문 항	전혀	가끔	종종	자주	항상
17	혼 내줘야겠구먼.	1	2	3	4	5
18	모든 게 귀찮다.	1	2	3	4	5
19	아무 소리도 듣고 싶지 않고 말하고 싶지도 않다.	1	2	3	4	5
20	이 자식은 죽여 버려!	1	2	3	4	5
21	막 소리 지르고 싶다.	1	2	3	4	5
22	재수 없다.	1	2	3	4	5
23	이번에는 절대 그냥 넘어갈 수가 없다.	1	2	3	4	5
24	난 왜 이렇게 못났을까?	1	2	3	4	5
25	울고 싶다.	1	2	3	4	5
26	내 상황도 조금 고려해 보고 배려를 해주면 좋겠다.	1	2	3	4	5
27	앞으로 이 사람을 무시해 줘야지.	1	2	3	4	5
28	다른 사람에게 이 사람의 실체를 다 알릴까보다.	1	2	3	4	5
29	뭐 이런 인간이 다 있나.	1	2	3	4	5
30	욕을 퍼붓고 싶다.	1	2	3	4	5
31	앞으로 잘해주지 말자.	1	2	3	4	5

3) 분노인지반응검사 (Novaco Anger Scale: NAS)[5]

Q. 아래의 질문을 잘 읽고 각 문제에 대해서 자신이 현재 생각하고 있는 것을 V표시해주십시오.

	문 항	전혀 그렇지 않다	때때로 그렇다	항상 그렇다
1	나를 짜증나게 만드는 일은 대체로 금방 느껴진다.	1	2	3
2	일단 어떤 일 때문에 화가 나면 계속 그 일에 대해 생각한다.	1	2	3
3	나는 매주 싫은 사람을 만나게 된다.	1	2	3
4	내가 없을 때 사람들이 나에 대해서 얘기한다.	1	2	3
5	어떤 사람이 내게 언짢은 말을 하면 그냥 듣지 않고 무시한다.	1	2	3
6	무슨 잘못을 하고 나면 잠이 오지 않는다.	1	2	3
7	내가 싫어하는 사람이면, 그 사람의 기분이 상해도 상관없다.	1	2	3
8	어떤 사람이 불쾌한 행동을 하면 그 일이 내 머리에 남아 있다.	1	2	3
9	어떤 사람이 나를 화나게 하면, 복수할 생각을 한다.	1	2	3
10	누가 나를 속이면, 후회하도록 만들 것이다.	1	2	3
11	사람들은 숨기는 것이 있으면서도 정직한 체 한다.	1	2	3
12	일단 화가 나면, 어떤 일에 집중할 수가 없다.	1	2	3
13	나는 정당한 대접을 못 받는다는 느낌이 든다.	1	2	3
14	좋아하지 않는 사람한테는 친절할 필요가 없다.	1	2	3
15	누가 나한테 친절하게 해주면, 왜 그러는지 의심이 간다.	1	2	3

---

[5] 본 도구는 Novaco(1994)가 개발한 분노검사(Novaco Anger Scale: NAS)를 남궁희승(1997)의 연구에서 번안하여 사용한 것이다. 본 척도는 인지영역, 각성영역, 행동영역으로 구성되어 있으며, 각 16문항씩 총 48문항으로 이루어져 있다. Likert 3점 척도로 되어 있으며, 1점(전혀 그렇지 않다), 2점(때때로 그렇다), 3점(항상 그렇다)으로 평정하도록 한다. 필자는 연구의 주제에 따라 인지영역을 측정하는 15개의 문항만을 발췌하여 반추(5개 문항)와 적대적 태도(10개 문항)로 나누어 청소년을 대상으로 조사하였다 조사결과 Cronbach's α는 주의/반추 .89, 적대감 .87로 나타났다.

참고문헌 · 찾아보기

국내서적

강경림(1999). **영성과 경건**. 서울: CLC.
강사문(1986). 하나님의 진노와 사랑의 분노. **빛과 소금**. 17권. 34.
강신덕(1997). 비행청소년 분노조절 교육 프로그램 개발 및 효과 연구. **청소년상담연구**. 5(1), 81-143.
강연정(2006). 전인건강과 영성상담. **기독상담학회지**. 제11권. 26-28.
강준만(2000). **대중문화의 겉과 속**. 서울: 인물과 사상사.
강치원(2007). 베네딕트 규칙서에 나타난 말씀묵상기도. **선교와 신학**. 장로회신학대학교 세계선교연구원. 제19집. 187-220.
강치원(2008). 중세의 영성과 루터: 말씀묵상기도(Lectio Divina)를 중심으로. **장신논단**. 장로회신학대학교 제33집. 117-151.
고명규(1998). REBT에 관한 이론적 접근. **제주대학교 학생생활연구**. 제19권. 25.
고영인(1994). 대학생의 분노 표현양식과 우울 및 공격성과의 관계. 부산대학교 대학원 박사학위논문.
고희경(2006). 완벽주의와 분노 표현양상 간 관계에서의 인지적 대처전략의 매개효과 검증. 중앙대 대학원 석사학위논문.
곽금주, 김하연, 윤진(1991). 청소년의 범죄와 비행. 한국심리학회지. **발달**. 4(1), 145-56.
곽금주, 문은영(1993). 청소년의 심리적 특징 및 우울과 비행간의 관계. 한국심리학회지. **발달**. 6(2), 29-43.
곽금주, 문은영(1995). 심리적 특징 및 우울과 비행간의 관계(Ⅱ): 청소년 전기를 중심으로. 한국심리학회지. **발달**. 8(1), 1-11.
권혜진(2005). 청소년 분노현상의 근거 이론적 접근. 이화대학교 대학원박사학위논문.

권효정(2007). 아동이 지각한 학대경험과 자기조절능력 및 분노표현과의 관계. 숙명여자대학교 대학원 석사학위논문.

김경애(2005). 프로이드의 정신분석 상담 기법을 통한 인성교육 연구. 부산교육대학교 교육대학원 석사학위논문.

김계현(1999). **상담심리학**. 서울: 학지사.

김광수(2003). 청소년의 분노수준, 분노대처방식과 학교생활적응. **교육심리연구**. 17(3), 393-410.

김교헌(1997). 인지-이완법을 통한 분노감소 프로그램개발. **대한신심스트레스학회**. 5(2), 33-44.

김교헌, 전겸구(1997). 분노 적대감 및 스트레스가 신체 건강에 미치는 영향. 한국심리학회지. **건강**. 2권. 79-95.

김남성(1992). **행동상담**. 서울: 성원사.

김성혜(1999). 분노조절 훈련프로그램이 청소년의 공격성 감소에 미치는 효과. 계명대학교 대학원 석사학위논문.

김열규(2004). **한국인의 화**. 서울: 휴머니스트.

김오실(2001). REBT를 통한 분노 치료에 관한 연구. 석사학위논문: 감리교신학대학교대학.

김용배(2004). 분노에 대한 목회상담적 접근. 고신대학교 신학대학원 석사학위논문.

김교헌(2006). 분노 억제와 고혈압. 한국심리학회지. **건강**. 5권. 제2호.

김용식 등(1975). 농촌주민의 정신질환에 대한 태도, 지식 및 견해. **신경정신의학**. 14(4).

김용태 외(1995). "청소년의 분노조절 훈련프로그램." 청소년 상담원. **청소년상담연구**. 7-162.

김용태(2001). 분노조절에 대한 기독교의 관점. **한국기독교상담심리치료학회**. 1-26.

김유신, 고영인(1996). 비합리적 신념과 분노와의 관계. **경성대학교 학생생활연구**. 제4집. 73.

김의식 외(2003). **일반상담과 목회상담**. 서울: 예영커뮤니케이션.

김정원, 오경자(1993). 청소년기 우울과 비행간의 관계: 인지적 몰락을 매개 변인으로. 한국심리학회지. **임상**. 12(2), 126-41.

김현옥(2001). 분노조절훈련과 명상훈련이 청소년의 분노와 공격성 감소에 미치는 효과. 영남대학교 대학원 석사학위논문.

김종덕(2005). 기독교인의 분노조절을 위한 목회상담학적 모형 연구. 호남신학대학교 대학원 석사학위논문.

김향미(2001). 놀이중심의 인지적 행동수정 훈련이 아동의 공격성, 분노, 자아존중감에 미치는 영향. 부산대 교육대학원 석사학위논문.
김혜숙(2007). 바람직한 영성훈련방안 연구. 목원대 신학대학원 석사학위논문.
김혜원, 이해경(2002). 고등학생들의 성행동 경험분석. **청소년학 연구**. 9(2), 247-72.
김호숙(2001). 인지행동적 분노대처훈련이 분노수준이 높은 아동의 분노, 충동성 및 공격성에 미치는 효과. 경성대 교육대학원 석사학위논문.
김홍근(2004). **심층심리와 기독교 영성**. 서울: CLC.
남　민, 조수철(1994). 소아와 청소년의 행동장애와 우울, 불안증상과의 상호관계. **신경정신의학회**. 33(6), 1273-83.
대한예수교장로회 총회교육자원부(2008). **숨은눈물닦아주기**. 서울: 장로회신학대학교출판부.
류은수(2006). 인지 행동적 집단치료가 가출청소년의 자아 존중감, 우울, 불안, 분노에 미치는 효과. 성신여대 대학원 석사학위논문.
류창현(2006). **분노치료**. 서울: 도서출판 불 카페.
류창현, 이수정(2009). 비행청소년의 분노조절과 분노감소를 위한 웃음치료와 인지행동치료의효과비교. 한국심리학회. **임상**. 28(1), 55-79.
류충열(2008). 영성수련의 한 과정으로서의 관상기도에 관한 연구. 한신대 신학전문대학원 박사학위 논문.
민성길(1989). 화병의 개념에 대한 연구. **신경정신의학**. 28(4).
민성길 등(1986). 화병에 대한 진단적 연구. **대한의학협회지**. 29. 653-661.
민성길, 김진학(1986). 보길도에서의 화병에 대한 연구. **신경정신의학**. 25(3).
민성길, 이만홍, 강홍조(1987). 화병에 대한 임상적 연구. **대한의학협회지**. 30. 187-197.
민성길, 남궁기, 이호영(1990). 화병에 대한 일 역학적 연구. **신경정신의학**. 29(4).
민성길(1992). 화병과 한. **연세대학교 의과대학 정신과 연구실**. 통권 제319호, 20-30.
민성길, 박청산, 한정옥(1993). 화병에 있어서의 방어기제와 대응전략. **신경정신의학**. 32(4).
박노권(2000). **프로이드의 종교이해**. 대전: 목원대학교출판부.
박노권(2002). 기독교 영성에 대한 심리학적 접근. 서울: 한국기독교학회. **한국기독교신학논총**, 제24권. 4-13.
박노권(2007). 기독교영성과 융의 개성화이론에 대한 비교연구. 서울: 한국신학연구소. **신학사상**. 제13권. 14-18.
박노권(2008). 말씀묵상기도를 통한 영성훈련. 서울: 한들출판사.
박문옥(1999). 공격적인 청소년에 대한 인지-행동 수정의 교육적 활용. **기독교교육논총**. 제4집. 229-278.

박미영(2003). 유방암 여성의 분노에 관한 인지적 인과구조 모형. 충남대 대학원 박사 학위논문.

박미향(2004). 중세 수도원에서의 성독 형태에 관한 연구. 중앙대학교 교육대학원 석사 학위논문.

박승호(1998). **상처받은 하나님의 마음**. 서울: 대한기독교서회.

박영배(2010). 한국교회 영성 훈련의 대안적 고찰에 관한 연구: 말씀묵상기도(Lectio Divina)의 영성 훈련. 호서대연합신학전문 대학원 석사학위논문.

박영수(2003). 프랭클의 의미요법에 대한 교육적 의의와 적용. 순천대학교 대학원 석사학위논문.

박은정(2004). 놀이중심 인지적 행동수정이 아동의 공격성과 분노에 미치는 효과. 진주교육대학교 교육대학원 석사학위논문.

박주태(2006). 한국교회 영성훈련을 위한 새로운 방안: 렉시오 디비나. 박사학위논문: 호남신학대 목회전문대학원.

박혜성(2004). 분노표현방식에 따른 감정표현기법과 인지이완기법의 효과. 부산대 대학원 석사학위논문.

박혜성, 홍창희(2008). 고등학생들의 분노표현방식에 따른 감정표현기법과 인지이완기법의 효과. **한국사이코드라마학회**. 11. 53-69.

박효숙(2005). 통전적 분노치료 프로그램 연구. 서울신학대학교 상담대학원 석사학위논문.

반신환(2004). 기독교 영성과 관점으로 살펴보는 기독교 상담의 정체성. **기독상담학회지**. 제7권. 58-61.

배의숙(2002). 학교생활부적응 청소년의 분노조절을 위한 인지행동적 집단상담 프로그램의 개발과 그 효과. 경성대 대학원 석사학위논문.

서덕남(2009). 감사프로그램이 청소년의 분노조절에 미치는 효과. 청주교육대학교 교육대학교 석사학위논문.

서수균(2004). 분노와 관련된 인지적 요인과 그 치료적 함의. 서울대 대학원 박사학위논문.

서수균(2005). 분노사고 척도 개발과 타당화 연구: 일차적 분노사고와 이차적 분노사고. 한국심리학회지. **임상**. 제24권. 제1호. 187-206.

서수균, 권석만(2005a). 분노조절 인지행동프로그램을 통한 이중인지매개모델의 검증. 한국심리학회지. **임상**. 제24권. 제3호. 495-510.

서수균, 권석만(2005b). 분노사고 척도 개발과 타당화 연구: 일차적 분노 사고와 이차적 분노사고. 한국심리학회지. **임상**. 25(2), 187-206.

서수균, 권석만(2005c). 비합리적 신념, 자동적 사고 및 분노의 관계. 한국심리학회지. **임상**. 24(2), 327-39.
서수균(2006). 내담자 집단의 분노와 우울 수준에 따른 분노사고와 비합리적 신념의 특성. 한국임상심리학회지. **임상**. 제25권. 제2호.
서원자(2001). 청소년의 분노에 대한 목회상담이론 적용: 인지행동주의상담 중심으로. 한세대 신학대학원 석사학위논문.
서인석(2002). **말씀으로 기도하기**. 서울: 성서와 함께 출판사.
서현아, 지은주(2000). 사회정보처리모델을 중심으로 한 공격성에 관한 연구. **경성대학교 논문집**. 21(2), 137-55.
석지현(1994). **선으로 가는 길**. 서울: 일지사.
손창화(2006). 내러티브치료의 목회상담적 적용. 장로회신학대 목회전문대학원 석사학위논문.
손태주(2009). Lectio Divina를 통한 그리스도인의 삶의 형성에 대한 연구: 경기성서신학원을 중심으로. 장로회신학대 목회전문 대학원 박사학위논문.
송미경(2005). 알코올 의존 환자를 위한 인지정서 행동적 분노조절 프로그램 효과 검증. 한국 심리학회지. **상담 및 심리치료**. 제17권. 제2호.
송현옥(2005). 분노조절 집단상담 프로그램이 초등학생의 공격성감소에 미치는 효과. 홍익대 교육대학원 석사학위논문.
신현균, 임지영(2003). 한국판 청소년 분노 평가 척도의 신뢰도와 타당도 연구. 한국심리학회지. **임상**. 22(2), 449-62.
심수명(2004). **인격치료**. 서울: 학지사.
심용호(2007). 수도 전통에 따른 거룩한 독서의 고찰. 한신대 신학전문대학교 석사학위논문.
양돈규, 임영식(1998). 청소년 비행의 최근 동향과 원인에 관한 고찰. **사회과학연구**. 11. 109-132.
오동재(2008). **청소년 비만탈출 프로젝트**. 서울: 북드림.
오오현(2007). 용서를 통한 분노의 치유. **정신이해**. 제32집. 143-172.
오윤선(2007). **청소년의 이해와 상담**. 서울: 예영B&P.
오윤선(2008). **청소년 이젠 이해할 수 있다**. 서울: 예영B&P.
오윤선(2010a). **청소년 세대진단과 이상행동 치료**. 서울: 예영B&P.
오윤선(2010b). 청소년 분노조절에 대한 기독교 상담학적 접근. 복음과상담. 14권. 23-24.
오치선(1999). **청소년지도학**. 서울: 학지사.
오혜진(2006). 분노에 대한 통찰이 분노조절에 미치는 영향. 상명대학교정치경영대학원 석사학위논문.

우혜자(2004). 분노에 대한 성경적 이해와 상담적 대안. 안양대학교 신학대학원 석사학위논문.
유경수(2006). 말씀묵상훈련을 통한 내적치유 연구: 말씀 묵상기도를 중심으로 한 연구. 장로회신학대 신학대학원 석사학위논문.
유상진(2004). 분노치료를 위한 REBT 활용 및 기독교적 치료 연구. 장로회신학대 대학원 석사학위논문.
윤영조(2008). 기독교 전통에 의한 영성훈련 방법 연구. 목원대 신학 대학원 석사학위논문.
이경님(2003). 청소년의 애착과 우울이 비행에 미치는 영향. 한국생활과학회지. 12(1), 1-13.
이경신(2005). 빅터프랭클의 의미요법과 고통의 의미. 협성대학교 신학대학원 석사학위논문.
이경용(2010). **말씀묵상기도**. 서울: 스텝스톤.
이관직(2006). **성경인물과 심리분석**. 서울: 생명의 말씀사.
이관직(2007). **성경과 분노심리**. 서울: 도서출판대서.
이규미(1998). 청소년의 분노와 분노처리과정에서의 공격행동에 관한 체험분석. 이화여자대학교 대학원 박사 학위논문.
이남표(2000). **의미요법**. 서울:학지사.
이만홍(2006). **영성치유**. 서울: 한국영성치유연구소.
이만홍(2008). 기독교 상담학의 오늘과 내일. **한국정신치료연구원 10주년 기념회지**. 14-15.
이미경(2006). 초등학생의 분노유발상황에 초점을 둔 인지행동적 분노조절 프로그램의 개발과 효과. 진주교육대 교육대학원 석사학위논문.
이선경(2005). 인지행동 수정프로그램이 초등학생의 분노 수준과 공격성 감소에 미치는 효과. 경북대 교육대학원 석사학위논문.
이성식(2003). 청소년들이 폭력환경이 상황인지와 분노, 폭력행동에 미치는 영향력: 가정, 학교, 지역환경의 영향 비교. **형사정책연구**. 14(2), 357-81.
이승재(1995). **기독교 청소년 상담 지도서**. 서울: 은혜출판사.
이시형(1977). 화병에 대한 연구. **고의**. 1(2), 63-69.
이시형 등(1989). 화병의 임상연구(2): 분노반응으로서의 화병. **고의**. 12.
이시형, 조소연, 이성희(1989). 울화병으로서의 화병형성 기전. **고의**. 12.
이영애(2000). 청소년 공격행동과 상황조건에 따른 의도지각, 귀인 및 분노에 대한 연구. **한국청소년연구**. 11(2), 5-28.
이우경(2005). 분노의 인지적 과정 및 조절 방략. 용인정신의학연구소: **용인정신**

의학보. 제12권. 제1호 .54-67.
이은아, 정혜정(2000). 가정환경 변인에 따른 청소년의 비행 연구. **한국가정과학회지**. 3(2), 1-12.
이은영(2003). 노인상담을 위한 목회상담학적 연구. 나사렛대학교 신학대학원 석사학위논문
이은정, 송종용(2000). BDI, SDS, MMPI-D 척도의 신뢰도 및 타당도에 대한연구. 한국심리학회지. **임상**. 10(1), 205-20.
이은주(2000). 청소년 비행에 대한 자아개념과 사회적 지지의 상호작용효과. **청소년학연구**. 7(1), 149-68.
이은주(2005). 말씀묵상기도를 응용한 독서 프로그램이 청소년의 자아정체감에 미치는 효과. 가톨릭대 교육대학교 석사학위논문.
이은주(2007). 청소년의 분노경험과 분노표현방식의 관계에서 인지적 왜곡의 매개효과. 숙명여자대학교 석사학위논문.
이정순(2004). **영성과 실천**. 서울: 민들레책방.
이지우(2008). 말씀묵상기도를 응용한 독서 프로그램이 청소년의 영성에 미치는 영향. 가톨릭대 교육대학원 석사학위논문.
이창재(2004). 프로이트의 신경증 원인론: 외상, 환상, 사후작용. **라깡과 현대정신분석학회지**. Vol.6, No.2.
장석진(2007). 말씀묵상기도를 통한 영성훈련에 관한 연구. 목원대신학대학원 석사학위논문.
전겸구(2007). **똑똑하게 화를 다스리는 법**. 경기: 북이십일.
전겸구, 한덕웅, 이장호, Spielberger(1997). 한국판 STAXI척도 개발: 분노와혈압. 한국심리학회지. **임상**. 2(1), 60-78.
전겸구, 김동연, 이준석(2000). 한국판 상태-특성 분노 표현 척도(STAXI-K)개발 연구: Ⅳ. **미술치료연구**. 7(1), 33-50.
전겸구, 한덕웅, 이장호, Spielberger(1998). 한국판 상태-특성 분노 표현 척도(STAXI-K): 대학생 집단. 한국심리학회지. **임상**. 3(1), 18-32.
정대권(2006). 인간의 분노에 관한 정신분석적인 연구. 호서대학교 연합신학전문대학원.
정선화(2004). 특성 분노를 보이는 여대생들의 인지 행동적 치료 효과. 덕성여대대학원 석사학위논문.
정신간호학회(2006). 우리나라 청소년의 정신건강 실태 조사. **정신간호학회지**. 제15권. 308-312.
정옥분(2008). **청년발달의 이해**. 서울: 학지사.

정용석 외(1997). **기독교 영성의 역사**. 서울: 은성.
정태혁(1994). **명상의 세계**. 서울: 정신세계사.
조영희(2006). 분노조절 집단상담 프로그램 적용이 아동의 공격성에 미치는 영향. 경인교육대학교 교육대학원 석사학위논문.
조용래(1998). 역기능적 신념과 부적응적인 자동적 사고가 사회공포증에 미치는 영향. 서울대학교 대학원 박사학위논문.
조은뉴스. 2010. 04. 21.
천성문(1999). 신경증적 비행청소년의 분노조절을 위한 인지행동적 집단치료 효과. 영남대 대학원 박사학위논문.
천성문, 이영순, 이현림(1998). 인지행동적 분노치료 모델 설정을 위한 탐색적 연구. 동서정신과학 제1권. 제1호. 120-132.
천성문(2000). 신경증적 비행청소년의 분노조절을 위한 인지행동적 집단치료 효과. **한국심리학회지**. 12(1), 53-82.
천성문 외(2006). **상담심리학의 이론과 실제**. 서울: 학지사.
최명희(2007). 분노의 심리학적 과정과 치료에 관한 연구. 국제신학대학원대학교 석사학위논문.
최상진(1993). 한국인의 심정심리학: 정과 한에 대한 현상학적 한 이해. **한국심리학회 연차대회 심포지움**. 5-21.
최상진(1994). 한국인의 심정심리학, 사회과학심포지움: 한국사회과학에서의 사회 문화적 정체성. **한글학회**. 우리말 큰 사전, 어문각.
최영민(2001). 기독상담에서 종교성과 영성의 평가. 기독상담학회지. 148.
최영희, 김은정(2009). 영화를 활용한 분노조절 프로그램이 중학교 남학생의 공격성에 미치는 효과. 한국심리학회, **상담 및 심리치료**. 21(3), 625-41.
최유미 외(2000). **현대 청소년심리학**. 서울: 학문사.
최창국(2010). 영성형성의 실천적 방법으로써 말씀묵상기도(lectio divina). **복음과 실천신학**. 한국복음주의 실천신학회. 제21권. 124-51.
최해림(2002). 상담에서 영성의 문제. **심리치료와 영성**. 5-8.
최헌진(2003). **사이코드라마: 이론과 실제**. 서울: 학지사.
하은혜(2006). 청소년기 부정적 자동적 사고의 내용특수성 검증: 내재화 장애와 외현화 장애를 변별하는가?. 한국심리학회지. **임상**. 25(2),429-47.
한국가정상담연구소(2006). **가정과 상담**. 제103권. 119-121.
한국교육신문. 2010. 02. 24.
한국성서학연구소(1996). 분노. **그 말씀**. 제53호. 166.
한국성폭력상담소(2008). 2007년 한국성폭력상담소 상담현황 보고서. 5-24.

한기연(2001). **분노 스스로 해결하기**. 서울: 학지사.
한상철(2003). **청소년문제행동**. 서울: 학지사.
한상철(2008). **청소년학**. 서울: 학지사.
한승희(2003). 슬픔성향인과 분노성향인의 인지 및 성격 특성. 서울대 대학원 석사 학위논문
한영순(2002). 빅터 프랭클의 의미요법에 관한 목회상담적 이해와 적용. 이화여자 대학교 신학대학원 석사학위논문.
한재희(2006). **상담패러다임의 이론과 실제**. 서울: 교육아카데미.
허성준(2005). **수도 전통에 따른 말씀묵상기도**. 서울: 분도출판사.
허성준(2006). 베네딕도 규칙서에 나타난 말씀묵상기도 신학전망. **광주 가톨릭대학교 출판부**. 제153호. 70-89.
허혜경, 김혜수(2002). **청년발달심리학**. 서울: 학지사.
홍근호(2007). 한국인의 자기이해와 분노처리방안 연구. 침례신학대 신학대학원 석사 학위논문.
홍선미(2002). 사회지지체계적 관점에 입각한 청소년 분노조절 프로그램의 효과 분석. 한림대학교 대학원 석사학위논문.
홍인희(2004). 분노조절 게슈탈트 집단상담 연구. 서울신학대학교 상담대학원 석사 학위논문.
홍정길(2002). **분노**. 서울: 두란노.
황호기(2007). 관상기도를 이용한 목회상담 방법론 연구. 장로회신학대 목회전문대학원 석사학위논문.

외국서적

Ada Brunk & Ethel Metzler (1975). *The Christian Nurture of Youth*. Scottdale, Pa: Herald, 44.

Adams, Dan P.(1994). *The Person: An Introduction to Personality Psychology*. New York: Harcourt Brace College Publishers.

Albert Ellis, 홍경자·김선남 편역(2004). **화가 날 때 읽는 책**. 서울: 학지사.

Ambrose Watten, 신 마리노엘 역(1986). 수도적 독서(Monastic Lectio): 전문 용어로 본 몇 가지 실마리들. **코이노니아**. 11, 30-31.

Ann Vernon(2004). *Children & Adolescents*. Denver, Colorado: Love Publishing Company, 19-21.

Armistead, L., Wierson, M., Forehand, R.,& Frame, C.(1992). Psyshopathology in Incarcerated Juvenile Delinquents: Does It Extend beyond Externalizing Problems?*Adolescene, 27*, 309-328.

Augsburger, David W.(1985). Anger and Aggression In Clinical Handbook of Pastoral Psychotherapy. Edited by Robert J. Wicks. Richard D. Parsons, and Donald Capps. New York and Mahwah: Paulist Press.

Averill, J. R. (1983). Studies on anger and aggression: Implications for theories of emotions *American Psychologist*, 38, 1145-60.

Baker, D. A., Stark, R. S., Thacker, S. & Eiswerth-Cox, L.(1996). State- Trait anger theory and the utility of the trait anger scale. *Journal of Counseling Psychology*, 43(2), 149-57.

Bandura, A. (1974). Behavior theory and models of man. *American Psychologist*, 29, 859-70.

Barna, George (1985). *Generation Next*. Ventura, Calif: Regal.

Baron, R. A.(1974). Aggression as a function of victim's pain cues, level of prior anger arousal, and exposure to an aggressive model. *Journal of Personality and Social Psychology*, 29(1), 48-55.

Baron, R. M, & Kenny, D. A.(1986). The moderate mediate variable distinction in social psychological research: Conceptual,strategic, and statistical considerations. *Journal of Personality and social Psychology*, 51, 1173-82.

Barry, William A. and Connolly, William J.(1983). *The Practice of Spiritual Direction*. New York: Harper Collins.

Beck, A. T.(1967). *Depression: Causes and Treatment*. Philadelphia: University of Pennsylvania Press.

Beck, A. T.(2000). *Prisoner and hate: The cognitive basis of anger, hostility, and violence*. New York: Perennial.

Benner, David G.(1992). *Strategic Pastoral Counseling*. Grand Rapids: Baker.

Benner, David G.(1998). Care of Souls: *Revisioning Christian Nurture and Counsel*. Grand Rapids: Baker Books.

Berkeley(1994). James D.(ed.) *Leadership Handbook of Management and Administration*. Grand Rapids: Baker.

Berkowitz, L.(1977). *Advances in experimental Social Psychology,10*, New York: Academic Press.

Berkowitz, L.(1990). On the information and regulation of anger and aggression: A cognitive-neoassociationstic analysis. *American Psychologist*, 45, 494-503.

Bobgan, Martin & Bobgan, Deidre(1985). *How to Counsel from Scripture*. Chicago: Moody.

Boice, Jame M.(1978). *God the Redeemer*. Downers Grove, IL:Inter-Varsity Press.

Bondi, R. C.(1983). "Apophatic Theology." *in A New Dictionary of Christan Theology*. London: SCM Press.

Booth, B. A.(1995). A Cognitively Based Anger Control Training Program with Aggressive Adolescents in the School Setting. *Unpublished doctoral dissertation*. State University of New York, Albany.

Browning, Don S.(1987). Religious Thought and the Modem Psychologies: *A Critical Conversation in the Theology of Culture*. Philadelphia: Fortress Press.

Bruner, J.(1990). *Acts of Meaning*. Harvard University Press.

Brunk Ada & Metzler Ethel(1975). *The Christian Nurture of Youth*. Scottdale, Pa: Herald.

Buck, R.(1984). *The Communications of Emotion*. New York: Guilford Press.

Bushman, B. J., & Baumeister, R. F., & Phillip, C. M.(2001). Do people aggress to improve their mood? Catharsis beliefs, affect regulation opport and aggressive responding. *Journal of Personality and social Psychology*, 81, 17-32.

Buss, A. H. & Durkee, A.(1957). An inventory for assessing different kinds of hostility. *Journal of Consulting Psychology*, 21, 343-49.

Buss, A. H.(1961). *The Psychology of Aggression*. New York: John Wiley & Sons.

Calvin S. Hall, 함희준 역(1992). 프로이트 심리학의 기본이론. 서울: 배재서관.

Capps, Donald(1987). *Deadly Sins and Saving Virtues*. Philadelphia: Fortress Press.

Carter, Les & Minirth, Frank(1997). *The Choosing to Forgive*. New York: Workbook, Thomas Nelson Inc.

Carter, Les and Frank Minirth. The Anger. 이승재 역(2001). 분노로부터 평안을 얻는 삶. 서울: 은혜출판사.

Carter, Les and Minirth, Frank(1993). The Anger Workbook: *A 13-step Interactive Plan To Help You*. Nashville: Thomas Nelson.

Cavenar, Jesse O. Jr. & Brodie(1983). *Keith H. Signs and Symptoms in Psychiatry*.

Chapman, Gary. Other side of Love. 장동숙 역(2002). 사랑의 또 다른 얼굴, 분노. 서울: 두란노.

Choi. S. C.(1994). Sim-Jung Psychology: The Indigenous Korean Perspective, Asian Psychological workshop, Asian Psychologies: Indigenous, *Social and Cultural Perspectives*, 6-38.

Clinton, Richard & Leaveworth, Paul(1994). *Starting Well*. Atlanta: Barnabas.

Collins, Gary(1988). *Christian Psychotrerapy*: A Comprehensive Guide, Revised Edition. Dallas and London: Word Publishing.

Corey. Gerald(2005). *Theory and Practice of Counseling and Psychotherapy*. Belmont: Thomson.

Cornell, D. G, Peterson, C. S, & Richards, H. (1999). Anger as a predictor of aggression among incarcerated adolescents. *Journal of Consulting and Clinical Psychology*, 67(1), 108-15.

Cosgrove, Mark P.(1988). *Counseling for Anger*. Texas: Word Books Publisher.

Crabb, Lawrence J.(1975). *Basic Principles of Biblical Counseling*. Grand Rapids: Zondervan.

Culbertson, Philip(2000). *Caring for God's Peaple*. Minneapolis: Fortress.

Cyprianus, 이형우 역(1987). 치쁘리아누스: 도나뚜스에게 가톨릭교회 일치주의. 왜관: 분도출판사.

Dale, Robert D.(1986). *Pastoral Leadership*. Nashville: Abingdon.

Dayringer, Richard(1998). *The Heart of Pastoral Counseling Healing through Relationship*. New York: Haworth.
Deffenbacher, J. L, Oetting, E. R. Thwaites, G. A, Lynch, R. S, Baker, D. A, Stark, R. S, Thacker, S, & Eiswerth-Cox, L.(1986). State- Trait anger theory and the utility of the trait anger scale. *Journal of Counseling Psychology*, 43(2), 149-57.
Deffenbacher, J. L. & Mckay(2000). *Overcoming situational and general anger*. Oakland: New Harbinger.
Deffenbacher, J. L., & Stark, R. S. (1992). Relaxation and cognitive-relaxation treatments of general anger. *Journal of Counseling Psychology*, 39, 158-167.
Deffenbacher, J. L., Story, D. A., & Stark, R. S., Hogg, J. A., & Brandon, A. D. (1987). Cognitive-relaxation and social skills intervention in the treatment of general anger. *Journal of Counseling Psychology*, 34, 171-176.
Dellas, M. & Jernigan, L. P. (1990). Affective personality characteristics associated with undergraduate ego identity formation. *Journal of Adolescent Research*, 5, 306-24.
Dodge, K. A, & Coie, J. D.(1987). Social-Information-Processing factor in reactive and proactive aggression in children's peer group. *Journal of Personality and Social Psychology*, 53(6), 1146-58.
Dodge, K. A, Price, J. M, Bachorowski, J, & Newman, J. P.(1990). Hostile attributional biases in severely aggressive adolescents. *Journal of abnormal Psychology*, 99(4), 385-392.
Dodge, K. A.(1986). A multidimensional approach to individual difference in empathy. *JSAS Catalog of Selected Documents in Psychology*, 10, 85.
Dodge, K. A.(1993). Social-cognitive mechanism in the development of conduct disorder and depression. *Annual Review of Psychology*, 44, 559-84.
Dollard, J. L.(1939). et al. *Frustration and Aggression*. New Haven: Yale University press.
Donald Capps(1987). *Deadly Sins and Saving Virtues*, Philadelphia: Fortress Press, 51.
Doran, Robert(1979). Jungian Psychology and Christian Spirituality: III, *Review for Religious* 38, 858.
Downey, Michael(1997). *Understanding Christian Spirituality*. New Jersey: Paulist Press.
Dunkin, Michael J. & Biddle, Bruce J.(1984). *The Study of Teaching*. New York: Holt, Rinehart & Winston.

Eckhardt, C. L. Kassinove, H, Tsytsarev, S. V., & Sukhodolsky, D. G.(1995). A Russian version of the state-trait anger expression inventory: Preliminary data. *Journal of Personality Assessment*, 64(3), 440-55.

Eduardo Ghiotto(1991). Lectio Divina in the Monastic Community. *Allance International Monasticism Monastic Bulletin*, 51, 39-40.

Edward D. Seely(1978). *Teaching Early Adolescents Creatively*. Philadelphia Westminster, 100-103.

Elias Mallet da Rocha Barros(2009). Foward in On Freud's *splitting of the ego in the process of defence*. London: Karnac Books.

Elkind, D. E.(1978). Understanding the young adolescent. *adolescence, spring*, 127-34.

Enns, Paul(1989). *The Moody Handbook of Theology*. Chicago: Moody Press.

Enzo Bianchi. Pregare La Parola. 이연학 역(2001). **말씀에서 샘솟는 기도**. 서울: 분도출판사.

Erickson, Millard, J.(1998). Christian Theology: *Second Edition*. Grand Rapids: Baker Books.

Eugene H. Peterson H. 한국기독교출판부 역(2003). **응답하는 기도**. 서울: 한국기독교 학생회출판부.

Faw, Harold W.(1995). *Psychology in Christian Perspective*. Grand Rapids: Baker.

Feinder, E. L.(1991). Cognitive strategies in anger control intervention for children and adolescents. *Child and adolescent therapy: Cognitive behavioral procedures*. New York: The Guilford Press, 109-23.

Feindler, E. L.(1989). Adolescent anger control: Review and critique. In Hersen, M, Eisler & M. Miller(Eds.) *Progression behavior modification*. Newbury Park, CA: Sage.

Feindler, Eva L. and Ector, Randolph B.(1986). Adolescent Anger Control: *Cognitive Behavioral Techniques*. New York: Pergamon.

Foster, Richard J. *Celebration of Discipline*. 보이스사 편집부 역(1986). **영적성장을 위한 제훈련**. 서울: 보이스사.

Frank B. Minirth, Paul D. Meier, Frank B. Wichern & Donald E.(2003). Ratcliff. Introduction to Psychology and Counseling: *Christian Perspectives and Applications*. Grand Rapids: Baker.

Freke, Timothy(2000). *Encyclopedia of Spirituality*. New York: Sterling Publishing.

George Barna(1995). *Generation Next*. Ventura, Calif: Regal.

Gerald G. May. *The Dark Night of Soul*. 신선명, 신현복 역(2006). **영혼의 어두운**

밤. 서울: 아침영성지도연구원.
Glenn Taylor & Rod Wison(1992). *Helping Angry People*. Grand Rapids: Baker.
Gosgrove, mark P. 김만풍 역(1996). **분노와 적대감**. 서울: 두란노.
Graham, S. Hundley, C, & Williams, E.(1992). Attributional and emotional determinants of aggression among African-American and Larino young adolescents. *Developmental Psychology*, 139, 1257-61.
Graham, Sandra & Hudley, Cynthia, and Williams, Estella(1992). Attributional and Emotional Determinants of Aggression Among African-American and Latin Young Adolescents. *Developmental Psychology*, 28(4), 731-740.
Greenberg, M. A., & Stone, A. A.(1992). Writing about disclosed versus undisclosed traumas: Immediate and long-term effects on mood and health. *Journal of Personality and Social Psychology*, 63, 75-84.
Grudem, Wayne(1994). Systematic Theoligy: *An Introduction to Biblical Doctrine*. Grand Rapids: Zondervan Publishing House.
Guthrie, Donald (1981). *New Testament Theoligy*. Downers Grove: Inter-Varsity Press.
Harmon-Jones, E, & Sigelman, J.(2001). State anger and prefrontal brain activity: Evidence that insult-related reactive left-prefrontal activation is associated with experienced anger and aggression. *Journal of Personality and Social Psychology*, 80(5), 797-803.
Haugaard, J. J.(2001). *Problematic Behaviors During Adolescence*. New York: The McGraw-Hill Co.
Hazaleus S. L. & Deffenbacher, J. L.(1986). Relaxation and cognitive treatments of anger. *Journal of Consulting and Clinical Psychology*, 54, 222-26.
Holms Urban T.(1982). *Spirituality for Ministry*. Harper & Row Publishers.
Holt. Bradley P.(1993). *Thirsty for God*. Pennsylvania: Auguburg Fortress.
Ignatius Loyola, 윤양석 역.(2001). **성 이냐시오의 영성수련**. 서울: 한국천주교중앙협의회
Jaffe, Michael L.(1991). *Adolescence*. New York: John Wiley & Sons, Inc. Development in Context. New York: McGraw-Hill, Inc.
Jame M. Boice(1978). *God the Redeemer*. Downers Grove, IL: Inter-Varsity Press.
James Fowler(1996). *Faithful Change*. Nashville : Abindon Press.
James, William(1950). *The Varieties of Religious Experience*. New York:Bantam.
Jean Leclercq(1961). *The Love of Learning and Desire for God*. NewYork: Fordham University Press.

Jenson, M. R. (1987). Psychological facters prediciting the course of breast cancer. *Journal of Personality*, 55, 317-42.

Johnson, E. H.(1984). Anger and Anxiety as Determinants of Elevated Blood Pressure in Adolescents. *Unpublished doctoral dissertation*. University of South Florida, Tampa.

Johson, W. B. & Ridley, C. R.(1992). Sources of fain in christian counseling and psychotherapy. *The Counseling Psychologist*, 20, 159-175.

Jones, Stanton L. and Butman, Richard E.(1991). Modem Psychotherapies: *A Comprehensive Christian Appraisal*. Downers Grove: Inter Varsity press.

Jones, Stanton L.(1986). *Psychology and the Christian Faith*. Grand Rapids: Baker.

Kabat-Zinn, J.(1993). Mindfulness meditation health benefits of an ancient buddhist practice. In, *Mind-Body medicine*, 259-76.

Kaplan, P. S. (2004). *Adolescence*. Houghton Mifflin Company.

Katz K. Keniston (1970). Youth: a new stage of Life. *American Scholar*, 39, 639-41.

Kazdin, A. E.(1987). Treatment of antisocial behavior in children: Current status and future directions. *Psychological Bulletin*, 102(2), 187-203.

Kelly, E. W.(1995). *Spirituality and religion in counseling psychotherapy*. V A: The American Counseling Association.

Kemp, Simon & Strongman, K. T.(1995). "Anger Theory and Management: A Historical Analysis," *American Journal of Psychology*, 108(3), 397-417.

Keniston, Katz K. (1970). Youth: a new stage of Life. *American Scholar*, 39, 639-641.

Kim, Yong Tae(1995). Park, Han Sam, and Kang, Shin Duck. *A Training Program of Adolescents in Anger Control*. Seoul: Korea Youth Counseling Institute.

Kirwan, William T.(1984). *Biblical Concepts for Christian Counseling*. Grand Rapids: Baker.

Kohut, H. & Wolf, E. S. (1978a). The Disorders of the Self and Their Treatment. *International Journal of Psychoanalysis*, 59: 413-425.

Kohut, H. (1959). Introspection, empathy and psychoanalysis: An examination of the relationship between modes of observation and theory. Journal of American Psychoanalytic Association, 7: 459-483.

Kohut, H. (1966). Forms and transformations of narcissism. Journal of the American Psychoanalytic Association, 14: 243-272.

Kohut, H. (1968). The Psychoanalytic Treatment of Narcissistic Personality Disorders. Psychoanalytic Study of the Child, 23: 86-113.

Kohut, H. (1971). The Analysis of the Self. New York: International Universities Press.
Kohut, H. (1972). Thoughts on Narcissism and Narcissistic Rage. Psychoanalytic Study of the Child, 27: 360-400.
Kohut, H. (1974). Remarks about the formation of the self. In: The Search for the Self (ed.) Ornstein, P., (1978). 2: 737- 770. New York: Int. Univ. Press
Kohut, H. (1976). Creativeness, charisma, group psychology. In P. Ornstein, (ed.), The Search for the Self. New York: International Universities Press, 1978, 793-843.
Kohut, H. (1977). *The Restoration of the Self*. New York: International Universities Press.
Kohut, H. (1978b). A note on female sexuality. In P. Ornstein (Ed.), The search for the self: Volume 2. New York: International Universities Press, 783-792.
Kohut, H. (1979). The Two Analyses of Mr. Z. *International Journal of Psychoanalysis*. 60: 3-27.
Kohut, H. (1980). *Summarizing reflections*. In Advances in Self Psychology, ed. A. Goldberg, New York: International Universities Press.
Kohut, H. (1982). Introspection, empathy, and the semi-circle of mental health. *International Journal of Psychoanalysis*, 63: -407.
Kohut, H. (1984). *How Does Analysis Cure?* ed. A. Goldberg and P. Stepansky. Chicago: University of Chicago Press.
Kohut, H. (1985). *Self Psychology and the Humanities*. C. Strozier, ed. New York: W. W. Norton, 290.
Kohut, H. (1987). *Addictive Need for an Admiring Other in Regulation of Self-Esteem*. In M. Elson, (ed.), The Kohut Seminars on Self Psycholog and Psychotherapy with Adolescents and Young Adults. New York: W.W.Norton & Company, Chapter 8, 113-132.
Kohut, H. (1996). *The Chicago Institute Lectures*. P. Tolpin & M. Tolpin, ed. Hillsdale, NJ: The Analytic Press.
LaHaye & Phillips (2002). *Bob Anger is a Choice*. Michigan: Grand Rapids.
Laurence steinberg & Jay Belsky (1991). *Infancy, Childhood & Adolescence: Development in Context*. New York: McGraw-Hill, Inc, 435.
Lawrence O. Richards (1975). *A Theology of Christian Education*. Grand Rapids: Zondervan.
Lawrence O.(1975). *Richards, A Theology of Christian Education*. Grand Rapids: Zondervan, 84-85.

Lawrence, C. H. (1989). *Medieval Monasticism*. New York: Longman.
Lazarus, R. S.(1991). *Emotion and adaptation*. New York: Oxford University press.
Len Sperry(2002). *Transforming Self and Community*. Collegeville, Minnesota: Liturgical Press.
Les Carter & Frank Minirth(1997). *The Choosing to Forgive*. New York: Workbook, Thomas Nelson Inc.
Levenson, Hanna. *A Guide to Clinical Practice*. 정남은, 변은희 공역(2008). 단기 역동적심리치료. 서울: 학지사.
Lin, K.(1983). Hwa-Byung: A Korean Culture - Bound Syndrome? *American Journal of Psychiatry*, 140, 105-107.
Lochman, J. E, & Dodge, K. A.(1994). Social-Cognitive processes of severely violent, moderately aggressive, and nonaggressive boys. *Journal of Consulting and Clinical Psychology*, 62(2), 366-74.
Lochman, J. E.(1989). Cognitive-Behavioral Intervention with Aggressive Boys: Three Year Follow-up Effects. *Paper presented to the American Psychological Association*, Atlanta, Georgia.
M. Klein(1946). *Notes on some Schizoid Mechanisms*, Melainie Klein, New York: Free Press.
M. Klein(1956). A study of Envy and Gratitude. *Melainie Klein*, New York: Free Press.
M. Klein(1963). Some reflections on The Oresteia. in *Envy and Gratitude and other works*, New York: The Free Press.
MacMinn, Mark R. & Phillips, Timothy R.(2001). *Care for the Soul*. Downers Grove, IL.: InterVarsity Press.
Maiuro, Roland D, Caha, Timothy S, Vitaliano, Peter P, Wagner, Barbara C. and Zegree, Joan B. Anger(1988). Hostility, and Depression in Domestically Violent Versus Generally Assaultive Men and Nonviolent Control Subjects. *Journal of Consulting and Clinical Psychology*, 56(1), 17-23.
Malcolm. B.(1989). *Wittgenstein's Philosophy of Psychology*. East Washington, PN.: J. B. Lippincott.
Marilyn A.(1996). Ganje-Fling & Patricia Mc Carthy "Impact of childhood sexual abuse on client spiritual development: Counseling implications," *Journal of Counseling & Development*, 74, 253-58.
Marjorie J. Thompson, 고진옥 역(2000). 영성훈련의 이론과 실천: 기독교 영성생활을 위한 초대. 서울: 은성.

Martin Bobgan & Deidre Bobgan(1985). *How to Counsel from Scripture*. Chicago: Moody.
May, Gerald(1982).Will and Spirit: *A Contemplative Psychology*. San francisco: Harper.
McAll, Kenneth(1982). *Healing the Family Tree*. Rondon: Sheldon.
McCarty, Shaun S.(1995). Basics in Spiritual Direction, *in Handbook of Sprituality for Ministers*. New York: Paulist, 1995.
McDowell, Josh & Hostetler(1996). *Bob. Handbook on Counseling Youth*. Tennessee: W Publishing Group.
Menninger, Karl(1973). *Whatever Became Of Sin?*. New York: Hawthom Books.
Michael Downey(1993). *The New Dictionary of Catholic Spirituality*. Collegeville: Liturgical Press.
Michael J. Dunkin & Bruce J.(1984). *Biddle, The Study of Teaching*. New York: Holt, Rinehart & Winston, 134-135.
Michael L.(1998). *Jaffe, Adolescence*. New York: John Wiley & Sons, Inc, 73-8.
Mikulincer, M.(1998). Adult attachment style and individual difference in functional versus dysfunctional experiences of anger. *Journal of Personality and Social Psychology*, 74(2) 513-24.
Miller, William R. & Jacson(1985). Kathleen A. *Practical Psychology for Pastors*. Englewood Cliffs, NJ.: A Simon & Schuster.
Minirth, Frank B.(2003). Meier, Paul D., Wichern, Frank B. & Ratcliff, Donald E. *Introduction to Psychology and Counseling*. Grand Rapids, Baker.
Monn, J. R. & Eisler, R. M.(1983). Anger control: An experimental comparison of three behavioral treatments. *Behavioral Therapy*, 14, 493-505.
Moreno. J. J(1999). *Acting Your Inner Music*. Saint Louis: MMB Music.
Morganett, R. S.(1990). Skills for Living: Group Counseling *Activities for Young Adolescents*. Circle Pines, MN: Research Press.
Murphy, C. M, Taft, C. T, & Eckhardt, C. I. Anger problem profiles among partner violent men: Differences in clinical presentation and treatment outcome. *Journal of Counseling Psychology*, 54(2) (2007): 189-200.
Muuss Rolf E.(1975). *Theories of Adolescence*. New York: Random House.
Muuss, Rolf E.(1996). *Theories of Adolescence*. New York: McGraw-Hill.
Nederhood, J. H.(1970). *The Church's Mission to the Educated American*. Grand Rapids: Eerdmans.
Noreen Hunt(1967). *Cluny under St. Hugh*. Indiana: Notre Dame Press.

Novaco, R. W.(1976). Treatment of chronic anger through cognitive and relaxation controls. *Journal of Consulting and Clinical Psychology, 44(4)* 681.

Novaco, R. W.(1994) Anger as a risk factor for violence among the mentally disordered. In J. Monahan & H. J. Steadman(Ed.). *Violence and Mental Disorder*. Chicago: The University of Chicago Press.

Novaco. R. W.(1986). *Anger as a clinical and social problem*. N Y: Academic Press.

Oates, Wayne(1973). *The Psychology of Religion*. Waco: Word Books.

Parrott, Les Ⅲ (2000). *Helping The Struggling Adolescent*. Grand Rapids: Zondervan.

Patton, John(1983). *A Ministry of the Church*. Nashville: Abingdon.

Paul Welter, 정태기 역(2002). **기독교 상담과 의미요법**. 서울: 두란노.

Pennebaker, J. W.(1997). *Opening Up*. New York: Guilford Press.

Pennebaker, J. W., Mayne, T. J., & & Francis, M. E.(1997)Linguistic predictors of adaptive bereavement. *Journal of Personality and Social Psychology*, 72, 863-871.

Peterson, A. C. & Hamberg, A.(1996). Adolescence: A developmental approach to problems and psychopathology. *Behavior Therapy*, 10 ,480-499.

Prout, Thompson H. & Brown, Douglas T.(2007). *Counseling and Psychotherapy*. New Jersey: John Wiley & Sons, Inc.

Rebecca Stefoff (1978). *Adolescence*. New York: Chelsea House Publishers.

Rehm, L. P., & Rokke, P.(1988). *Handbook of Cognitive Behavioral Therapies*. New York: Guilford Press.

Richard Baxter(1830). *Practical Works*. London: N.P.

Richards, Lawrence O.(1975). *A Theology of Christian Education*. Grand Rapids: Zondervan.

Rieff, Phillip(1966). *The Triumph of the Therapeutic*. New York: Harper & Row.

Robert Waelder (1936), The Principle of Multiple Function: Observations on Over-Determination. *Psychoanalytic Querterly 5*.

Roth, B. & Creaser, T.(1997). Mindfulness meditation based stress reduction: experience with a bilingual inner city program. *The Nurse Practitioner, 22(3)*, 150-75.

Ryrie, Charles C.(1986). *Basic Theology*. Wheaton: Victor Books,1986.

Saussy, Carroll(1995). *The Gift of Anger*. Louisville: Westminster John Know.

Schimmel, Solomon (1992). The Seven Deadly Sins. New York: Free.

Schlichter, J. K & Horan, J. J.(1981). Effects of stress inoculation on the aggression management skills of institutionalized juvenile delinquents. *Cognitive Therapy and Research*, 5, 359-65.

Schneider, Stanley and Rimmer, Esti.(1984). Adoptive Parents' Hostility Toward Their Adopted Children, *Children and Youth Service Review*, 6(4), 345-52.

Sebald, H.(1968). *Adolescence*: A Sociological Anaysis. New York: Appletion-Century Crofts.

Seely, D.(1978). *Teaching Early Adolescents Creatively*. Philadelphia: Westminster.

Selye. H.(1984). *Selye's Guide to Stress Research*. Scientific and Academic Editions.

Sharkin, B. S.(1986). The measurement and treatment of client anger counseling. *Journal of Counseling and Development*, 66, 361-65.

Sharkin, B. S.(1996). Understanding anger: Comment on Deffenbacher, *Journal of Counseling Psychology*, 43(2), 166-169.

Siegman Aron W. & Smith, Timothy W.(1994). *Anger, Hostility, and the Heart*. Hillsdale, N J.: Lawrence Erlbaum Associates.

Smedes, Lewis B.(1993). Shame and Grace: *Healing the Shame We Don't Deserve*. New York: Zondervan Publishing Company.

Spielberger, C. D., Jacobs, G. A., Russell, S. & Crane, R. S.(1983). Assement of anger: The State-Trait Anger Scale. *Advances in Personality Assessment, Vol.2*.New York: LEA, 159-187.

Spielberger, C. D., Reheiser, E. C. & Sydeman, S. J.(1995). Measuring the experience, experience, expression, and control of anger. In H. Kassinove(Ed.), *Anger disorders: Definition, diagnosis, and treatment*. Washington, DC: Taylor and Francis.

Spielberger, C.. D., Feheiser, E. C., & Sydeman, S. J.(1985). Measuring the experience, *expression and control of anger*, 48-67. Kassinove, H.(Ed). Anger Disorders: Definition, Diagnosis, and Treatment. Taylor & Francis.

Stairs, Jean (2000). Listening for the Soul: *Pastoral Care and Spiritual Direction*. Minneapolis: Fortress.

Stanley Schneider & Esti Rimmer (1984). Adoptive Parents' Hostility Toward Their Adopted Children. *Children and Youth Service Review*, *6(4)*, 345-352.

Stanton L Jones and Richard E. Butman, Modern Psychotherapies, 이관직 역(2002). **현대심리치료법**. 서울: 총신대학교 출판부. 228.

Stefanek, M. E, Ollendick, T. H. Baldok, W. P, Francis, G, & Yaerger, N. J.(1987). Self-statements in aggressive withdrawn and popular children. *Cognitive Therapy and Research*, 11(2), 229-39.

Stefoff, Rebecca(1978). *Adolescence*. New York: Chelsea House Publishers.
Steoms, F. R.(1972). Anger, *Psychology, Physiology, Pathology*. Springfield. IL: Charles C. Thomas.
Stone, Howard W.(1994). *Brief Pastoral Counseling*. Minneapolis, Fortress.
Taylor, Glenn & Wilson, Rod.(1997). *Helping Angry People*. Grand Rapids: Baker.
Thelma Hall. *TOO DEEP WORD: Rediscovering Lectio Divina*, 차덕희 역(2001). 깊이 깊이 말씀 속으로: 거룩한 독서(Lectio Divina)의 재발견. 서울: 성서와 함께.
Thomas Keating(2006). *Foundation for Centering Prayer and the Christian Contemplative Life*. New York: Continuum.
Thomas Keating(2006). *Open Mind Open Heart: The Contemplative Dimension of the Gospel*. 권희순 역. 센터링 침묵기도. 서울: 가톨릭출판사.
Thomas Keating. 한국관상지원단 역(2006). 내 안에 숨어계신 하나님. 서울: 가톨릭출판사.
Thomas Merton (1986). *Opening the Bible*. Collegeville: Liturgical Press.
Tim LaHaye & Bob Phillip (1995). 이진영 역. Anger is a choice. 화를 내야 하느냐. specific anger problems: A meta-analytic review. *Clinical Psychology Review*, 24, 15-34.
VandenBos, Gary R.(2007). *APA Dictionary of Psychology*. Washington, DC.: American Psychological Association.
Vernon, Ann(2004). *Children & Adolescents*. Denver, Colorado: Love Publishing Company.
Viktor E. Frankl, 이시형 역(2005). 삶의 의미를 찾아서. 경기: 청아출판사.
Viktor E. Frankl, 오승훈 역(2005). 의미를 향한 소리 없는 절규. 경기: 청아출판 서울: 생명의 말씀사.
Viktor E. Frankl, 이봉우 역(1983). 심리요법과 현대인. 왜관: 분도출판사.
Viktor E. Frankl, 이시형 역(2005). 죽음의 수용소에서. 경기: 청아출판사.
Vygotsky. L. S.(1978). *Mind in Society*. Harvard University Press.
Walter&Fremont, Trudy (1996). *Becoming and Effective Christian Counseler*. Greenville, SC.: Bob Jones University.
Wilfred Bion (1957). Attacks on linking. *Melinie Klein Today*, Routledge.
William Johnson. 김규돈 역(1996). 그리스도인의 참선. 서울: 분도출판사.
Williams, R. B.(1984). An untrusting heart. *The Sciences*, 2 ,147-159.

Wimberly, Edward P.(1990). *Prayer in Pastoral Counseling*. Louisville: John Knok Press.
Wimberly, Edward P.(1994). *Using Scripture in Pastoral Counseling*. Nashivill: Abingdon Press.
Wright, Norman (1986). *Crisis Counseling*. San Bernadino, CA.: Here's Life.
Yaconelli, Mark(2007). *growing souls*. London: Great Britain.

찾아보기

인 명

강신덕 / 16, 118, 195
강준만 / 43
고영인 / 66
권석만 / 80, 234, 237
권혜진 / 114, 190
김교헌 / 71, 120
김용태 / 118, 122, 123, 126
김현옥 / 93, 119, 120, 192

박노권 / 132, 144, 145, 160
박주태 / 160, 167

사미자 / 46
서수균 / 67, 80
서태지 / 28
석지현 / 169

오오현 / 93
원호택 / 60
이경용 / 132, 144, 184
이관직 / 105

이규미 / 113, 190
이기춘 / 96
이성식 / 16, 118, 195
이연학 / 133
이은순 / 113
이은주 / 16, 118, 190, 195
이훈진 / 60
임소영 / 16, 118, 195

조혜정 / 27

천성문 / 16, 118, 195
최명희 / 16
최헌진 / 120

태상록 / 16, 118, 195

허성준 / 19, 126, 132, 144, 156, 182

A. Bandura / 45
Abraham Maslow / 92

Albert Bandura / 26
Ambrose Watten / 132
Ann Vernon / 40
Anna Freud / 26
Aristoteles / 23
Averill / 61, 65, 71, 114

Beck / 16, 70, 73, 75, 80, 118, 195
Brody / 59

Carl Rogers / 92
Charles Darwin / 25
Charles W. Taylor / 76
Cyprianus / 138

D. E. Elkind / 39
D. Powlison / 102
David Benner / 19
David Kertzer / 28
David Mason / 57
Delmonte / 19, 196
Dominicans / 147
Donald Capps / 42
Donald Winnicott / 87

E. L. Feindler / 118
Edward D. Seely / 50
Enzo Bianchi / 138, 159, 166, 203
Erik Erikson / 26
Erik Homburger Erikson / 46
Eugene H. Peterson / 151

Frank Minirth / 56

Gerald G. May / 147
Gervase / 203, 204

Grant Dahlstrom / 69
Gregorius Magnus / 142
Guntrip / 87

Harry S. Sullivan / 26
Heinz Kohut / 88
Holms / 155

Ignatius Loyola / 149

J. L. Deffenbacher / 119
J. W. Pennebaker / 120
James Fowler / 45, 46
Jean Leclercq / 153, 155, 157
Jean-Jacques Rousseau / 25
Joannes Cassianus / 137
John Markoff / 30
Joseph Breuer / 82

Kabat-Zinn / 119, 192
Katz K. Keniston / 34
Kernberg / 62, 90
Kurt Lewin / 26

L. Berkowitz / 79
Lawrence O. Richards / 51
Lazarus / 74, 75, 80
Les Carter / 56
Lewis Henry Morgan / 25
Louis the Pious / 143

Mahler / 62
Margaret Mead / 26
Mark P. Cosgrove / 17, 103, 195
Mark Yaconelli / 18
Melanie Klein / 84

Novaco / 16, 118, 190, 195, 239

Oregenes / 136
Otto F. Kernberg / 90

Pachomius / 136
Perlis / 59
Piaget / 38
Platon / 23

Richard Baxter / 149
Richard M. Lerner / 26
Richard Walters / 56
Riley / 59
Robert Selman / 26
Robertus / 144
Rolf E. Muuss / 24, 26
Rollo May / 92
Ronald Fairbairn / 85
Ronald Goldman / 45, 48

Sacks / 19, 196
Sigmund Freud / 26, 82
Smaragdus / 152
St. Ambrosius / 138
St. Augustius / 139
St. Basilius / 137
St. Benedictus / 139
St. Hieronymus / 138
St. Joannes Chrysostomus / 137
Stanley Hall / 25
Sullivan / 106

Thomas Keating / 164, 168
Thomas Merton / 151, 153

Urie Bronfenbrenner / 26

Viktor E. Frankl / 92, 94

William Johnson / 169

내 용

가르멜 묵상법 / 157
가상청중 / 39
감사프로그램 / 121
강박성 인격장애 / 58, 61
거룩한 독서 / 150
거짓자기 / 88
격분(rage) / 56
경계성 인격장애 / 58, 62
계몽주의 사조 / 25
계약법전 / 133
고립된 파괴욕동 / 90
골방에서의 네 가지 훈련 / 152
공격성 대체훈련프로그램 / 16
공동독서 / 140
관계욕구 / 86
관상동맥 / 67, 68
구강기 / 83, 86, 91
구강욕동 / 82
구심기도 / 164
그리스도교 영성 역사 / 162
급성 화병 / 97
기도의 스승 / 146
깊이깊이 말씀 속으로 / 185, 186

남근욕동 / 82
남성호르몬 / 36
내분비선 / 36
내사 / 85

단극성 우울장애 / 59
단전호흡 / 170, 192
대리자아 / 85

도보명상 / 119, 192
독립된 인격체 / 25
동맥경화증 / 68, 69
동맥근육세포 / 68
동방교회 / 162
동질성 / 29, 190

렉시오 디비나 / 131, 132

만성 화병 / 97
만트라(mantra) / 119
맥락적 조망 / 26
먹기명상 / 119, 192
메세추세스 병원 / 192
메주자 / 133
명상훈련 / 192
모바일 컴퓨팅 / 29
모성적 종교 / 96
문화 코드 / 28
문화 환경적 요인 / 26
미술치료 / 120

바디스캔 / 192
반복이론 / 25
반사회성 인격장애 / 58, 63, 64
배변훈련 / 83
베네딕도 규칙서 / 139, 140, 142, 185
베트남전쟁 / 27
복식호흡 / 119, 170
복음적 독서 / 142
부모의 역할모델 / 45
부성적 종교 / 96

찾아보기 **269**

분개(resentment) / 56
분노경험 / 65, 67, 75, 190, 198
분노사고 척도 / 189, 190, 234
분노억제 / 71, 232
분노인지반응검사 / 190, 239
분노조절 리트릿(Retreat) / 183, 184
분노증후군 / 95
분노통제 / 71, 81, 232
분노표현 척도 / 189, 232
불교문화 / 96
비행 청소년 / 27

사다리의 네 단계 / 204
사이코드라마 / 120
산업역군 / 27
상태분노 / 65, 189, 191, 196, 232
상호주관성 / 80
상황적 완벽주의 / 61
생물학적인 원인 / 26
선행사건 / 76
섭식장애 / 35
성독 / 132
성서 독서 / 138, 173
성욕동(Libido) / 82, 84, 86
센터링 침묵기도 / 164
소셜 네트워크 / 31
수도규칙 / 140, 142
수도승들의 왕관 / 152
쉐마 / 133
슈투름 운트 드랑(Sturm und Drang) / 25
스팸메일 / 31
시멘틱 웹(Semantic Web) / 270
식욕부진증 / 35
신경성 폭식증 / 35
신적독서 / 132

심레스 / 30
심상법 / 192

아드레날린 / 66, 68
아포파틱 / 161
애정결핍 / 177
양극성 우울장애 / 59
억제된 적대감 / 60
에밀 / 25
여성호르몬 / 36
연령 효과 / 28
연역적인 사고 / 38
영성수련 / 147, 148
영적독서 / 132
영화치료 / 120
예수회 / 147, 148
오이디푸스 콤플렉스 / 83
오이디푸스기 / 82, 84
완벽주의 / 61, 62, 106, 115
외부대상 / 85
요가 / 41, 82, 119, 192
우울장애 / 59
울화병 / 95
웃음치료 / 121
유비쿼터스 / 29, 30
유사실험설계 / 190
음악치료 / 120
의미요법 / 92
의분(indignation) / 54, 102
이완기법 / 119, 120, 192
이완반응 / 119
이차적 분노사고 척도 / 189, 190, 237
인지적인 재구조화 / 93
인지치료 / 17, 73, 81, 195
인지행동치료 / 16, 17, 72, 73, 78, 116, 120, 17,6 194

자기심리학 / 82, 88, 89, 90
자기애적 상처 / 89
자기지향적 완벽주의 / 61
자민족중심주의 / 106
자비명상 / 192
자연살상세포 / 69
재탄생 / 25
저항운동 / 27
전례독서 / 140
정서장애 / 35, 58, 59
정좌명상 / 192
제2의 탄생 / 25
주요 우울장애 / 59
죽음욕동 / 84, 85
중간그룹 / 85, 87
지성화 작업 / 18
진정한 자기 / 87, 88
진화론 / 25
집중기도 / 164

차가운 친밀함 /32
착한 청소년 / 27
참된 목자 / 149
청각적인 독서 / 155
청소년학 / 25
추론적 묵상법 / 157
추상적인 사고 / 38
축소된 성인 / 24, 25
칠층산 / 151

카타파틱 / 161
코티졸 / 67
코호트 효과 / 28
콜레스테롤 / 68
쾌락원칙 / 82
쾌락주의 / 26

트위터 / 33
트윈엑스 / 29
특성분노 / 60, 65, 189, 191, 198, 233

파코미오 공동체 / 136
파괴욕동 / 84, 89, 90
페이스북 / 32
편집분열자리 / 85
편집성 과민성 / 60
편집성 인격장애 / 58, 60
폐쇄증 / 95
피해망상 / 60

합리적 정서행동치료 / 73
항문기 / 83
항문욕동 / 82
핵심자기 / 89, 90
향심기도 / 164
형식적 조작기 / 38
호흡명상 / 119
화병(hwa-byung) / 95
히스테리성 성격장애 / 35

저 자 소 개

오 윤 선
(ysoh@bible.ac.kr)

학력
한국성서대학교, 기독교교육학 전공(B. A)
Washington Baptist University, 신학 전공(Th. B)
건국대학교 대학원, 상담심리학 전공(M. A)
총신대학교 신학대학원, 실천신학 전공(M. Div)
Washington Baptist Theological Seminary, 기독교교육학 전공(M.R.E)
명지대학교 대학원, 청소년심리 전공(Ph. D)
Minnesota Theology Graduate School, 상담심리학전공(D. C. C)
Regent University, School of Psychology & Counseling,
　　임상전문가(Doctoral Program in Supervision)

주요경력
한국복음주의 기독교상담학회장 역임
한국성서대학교 기획실장, 산학협력단장 역임
Regent University 초빙교수 역임
MBC 생방송 '오늘 아침' 상담전문가
극동방송 '청소년 우리 꿈' 진행
현) 한국성서대학교 대학원 상담학교수
현) 기독교감독상담자
현) 서로사랑상담연구소 이사 및 지도교수
현) 군·경찰 상담심리학회 사무총장
현) 의정부지방법원 상담위원
현) 경기도 청소년 상담자문위원
현) 서울 노원구 평생교육자문위원

상담·심리관련 저서
교육의 심리학적 이해(도서출판 다락방, 2000)
기독교 상담윤리(두란노출판, 1997)
기독교 상담학(공저)(한국가정상담연구소, 2004)
가정상담학(공저)(CLC, 2006)
청소년 이해와 상담(2006, 예영B&P)
기독교 상담심리학의 이해(2007, 예영B&P)
청소년 이젠! 이해 할 수 있다(2007, 예영B&P)
숨은 눈물 닦아주기(공저)(장로교회출판, 2008)
인간의 심리학적 이해(예영B&P, 2009)
사람은 어떻게 변화되는가(공역)(생명의 말씀사, 2009)
청소년 세대진단과 이상행동치료(2010, 예영B&P)